Unlawful Killings

Life, Love and Murder

Trials at the Old Bailey

成為惡人之前

老貝利法院最具聲望女法官的6個人性思辨

溫蒂・約瑟夫 Her Honour Wendy Joseph QC—著　呂玉嬋—譯

謹以此書獻給我的姊姊伊莉莎白（Elizabeth），
她永遠是我的第一個讀者，
也永遠是我最好和最寬容的讀者。
對她，我心中充滿了愛與感激。

CONTENTS

前言

二〇〇〇年至二〇一八年期間，英國每年大約有五十萬人死亡，絕大多數人死於病痛或事故，但也有相當多的人既沒有生病，也不是運氣不好，而是遭到非法殺害。

確切數字比你想像的更難計算，看起來像謀殺的案件，如果陪審團裁決被告是自衛，那麼就不是殺人案，如果陪審團說是意外一樁，那麼可能判定為過失致死，而不是非法殺害。但無論具體數字為何，在英國每天都有生命突然地被奪走，手法既殘忍又邪惡，受害者或遭槍擊，或被刺傷，勒斃、窒息或毆打致死的情況少一些，毒殺、從高樓推下、淹死或縱火燒死的例子則是罕見。此外，許多人死於危險駕駛或企業嚴重過失。

要殺死一個人，有很多很多的方法。我知道，因為我近距離接觸過大多數的手法。

我天天接觸，因為我的工作就是主持隨之而來的審判。我的工作是坐在老貝利法院的法官席，確保交由我審理的每個案件證據都經過仔細客觀的篩選，兇手是誰，手法為何，行兇理由，也都經過理性認真的調查。我的工作是把冷靜的注意力，帶到人類捲入的最可怕情況。一起命案就是一則故事，每一場審判都有需要理解的人物，需要解開的動機，需要揭露的計畫和手段，牽涉到人性的善惡，有時甚至是大惡。

你可能認為這一切——發生在我們身邊的一切——與你無關，是別人的事，與你的生活毫不相干。但是，這些殺人案從許多層面微妙地影響著我們每個人。幫派殺人案、毒品殺人案和持刀殺人事件層出不窮；年僅十五、六歲的兇手，有精神健康問題或來自邊緣化背景的兇手，也是越來越多——這反映出了我們生活的社會，反映出你和我。甚至你會感到驚訝，我們之中有多少人與這些兇手或死者生活有所關聯。

有的關聯很明顯，誰都可能成為受害者，成了躺在太平間的屍體。我們可能獨自慢跑時，遭到持刀歹徒盯上；可能睡覺醒來發現暴力盜賊闖入家中；可能承受家庭暴力；可能坐在公園裡，被誤認為他人而遭槍擊。我們可能是孩子在校門外遭到同學刺傷的家長；我們可能是孩子持刀刺傷同學的家長。我們可能是死者的家屬，也可能是被告困惑驚恐的家人。不過，每個被控殺人的嫌犯被送上法庭時，牽涉到的人比這更多更廣，因為一起殺人案就像一塊石頭墜入深不見底的黑水池，一圈圈漣漪不停往外擴散開來。

當然，如果你在法律和秩序的世界裡工作，這一切會是你的日常。對於警察、法醫病理師、法醫師、電話分析師、心理學家以及其他專家，這些是家常便飯。至於監獄管理人員、緩刑觀護人、法庭書記官、庭務員、法院行政人員、律師、法官和其他許多人，這些則是他們平日的工作內容。此外，每年有數不清的人目睹犯罪或與犯罪有關的事物，成了目擊證人。每年有幾十萬人收到陪審傳票，必須密切參與一起審判。每天我們聽到一些我們無法相信人會對彼此做出的事，許多人或多或少會被審判中展開的故事所觸動，特別是審判的主題是一個人類同胞的死。

為什麼現在要寫這本書？因為我們現在陷入了麻煩，而且是真正的麻煩。因為Covid19疫情對於刑事法庭運作造成嚴重影響，被羈押的囚犯的審判日期一延再延，因為如此，我們有了一個集中心思的機會。由於疫情帶來的暫停，我們可以退後一步，認清我們的方向。即使疫情還未爆發時，貫穿我們社會的裂痕也已經越來越難忽視，如今如果繼續忽視，那就是自討苦吃了。

當然，我們早該更加注意那些揮舞示警紅旗的人，不該讓事態發展到這個地步。我們都該更大聲、更頻繁、更堅定地問自己：「我們的社會到底是怎麼了？」除了懲罰殺人犯以外，我們也應該要求更明確地分析殺人犯的殺人動機，探究出更好的答案。我們不光應該考慮阻嚇方法，也應該考慮如何阻止這種事情發生。我們應該想一想，為什麼我們沒有及時提供幫助，讓事情走到了冰冷驗屍檯上的冰冷屍體的這一步。我們應該體認到，殺人犯不是從天而降的外星人，而是我們社會的一分子，是我們養出了他們。

那麼，究竟發生了什麼？有些事不用說，比如心理疾病讓越來越多人容易成為犯罪的受害者和加害者，但是病患可以得到的幫助卻越來越少。網路讓戀童癖有機會實現性變態想法，而暗網（Dark Web）[1]卻在我們控制的範圍之外。毒品交易滋生暴力，貪婪滋生毒販，生財炫富的持續社會壓力則滋生了貪婪。我們構建出一套規則，期望這個國家的人民按照這套規則生活，而數量驚人的年輕人不滿社會，選擇退出，改遵循另一套規矩，也就是幫派。在幫派世界中，他們正在創造自己的語言，自己的規則，自己的生活方式，於是與我們的生活方式發生了直接衝突。

我很適合寫這本書，因為我見過的殺人案審判比普通人多，甚至比普通法官還要多。我以大律師身分在刑事法庭執業三十二年，其中近十年被授予皇家大律師（Queen's Counsel）[2]的資格。在這些年裡，我在許多殺人案中擔任辯護律師或檢察官。二〇〇七年，我當上法官，一開始在全英最大、最繁忙的刑事法院工作，自二〇一二年起，調任到俗稱「老貝利」（Old Bailey）的中央刑事法院。只有少數法官有資格審理殺人案件，而這些法官大多數一年也只審理幾起。英國所有的刑事法庭之中，只有在老貝利法院，殺人案是日常司法工作的一部分。我熟悉這個制度的運作，我見過它伸張正義，也看過它導致可謂為不公的結果。我見過有罪之人和無罪之人，我遇過出色的陪審員和坦白說糟糕透頂的陪審員，我聽過令人擊節稱賞的辯護，也聽到了很多蹩腳的辯解。這都是工作的一部分。

多年來，除了這份「日常工作」，我還有另一個角色。二〇一二年起，我擔任「多元化和社區關係法官」，每個刑事法庭至少有一名法官被授予這個「職位」，除了促進法庭的多元化，這個職位還附帶著一個更廣泛的職責，那就是深入接觸社區，特別是那些想要理解或被刑事司法制度理解的人。因此，舉個例子，我常常與學童或中學生互動，與精神病患、更生人和囚犯家屬的代表接觸，與因為背景、種族、宗教、性取向或身分而感覺受到法律不公平對待的人溝通——實際上，我與任何關心自己與法律關係並有耐心和我打交道的人交流。

多元化和社區關係法官一職的目的，是試圖消除社會與司法機構之間的分歧。這種分歧有時感覺如同一道黑黝黝的鴻溝，但不應該如此，法庭的運作不該有任何神秘之處，也不該有什麼可怕的地方——除非你碰巧犯了罪。一切都該透明，每個刑事法院的法庭事務也幾乎總是對大眾和媒體公開。如果大眾仍然覺得訴訟程序令人困惑，規則不明，判決莫名其妙，這是不對的，也是不必要的。所以，在這本書中，我要揭開窗簾，讓日光照進來。我會形容法庭內的情景，說說身為法官坐在那裡看著故事、人物和犯罪情節逐漸明朗的感受。我也要告訴你目睹遺屬和被告家屬受苦，旁觀證人

1. 只能透過特殊軟體存取的網路。
2. 皇家大律師是部分大英國協王國中資歷較深的大律師的資格頭銜，也可泛指獲得此資格的大律師。符合各王國制度規定的資格的訟務律師由君主或君主在該地的代表任命為「國王陛下博學的法律顧問」，女性君主在位時稱「Queen's Counsel」，簡稱「QC」。

和陪審員掙扎，以及看著一個孩子的眼睛判他無期徒刑的心情。

我會說幾個不同的審判故事和其中相關的角色。揭露實際案件中的特定個人身分並不適當，也會造成傷害，我並沒有透露這些訊息，因此試圖把書中任何內容與我審理過的案件聯繫起來沒有意義。事實上，我從各個方面結合了數十年眼見耳聞的人物、事件和議題，為你述說一個在我這樣的法庭可能發生也確實發生過的情景。還有身為法官的心頭點滴。

利害關係人

讓我向你們介紹一下中央刑事法院，由於位於狹仄的老貝利街，它通常被稱為「老貝利」，英國若干大案子就在這裡審理。法院大廈有十八間正常開庭的法庭，但若想感受一下此地的氛圍，一號法庭是不二之選，這間法庭有一百多年審判的歷史，可能是世上最知名的法庭，二十世紀十惡不赦的罪犯坐過那裡的被告席，大名鼎鼎的律師也曾在那裡的律師席侃侃而談。如果要向你描述走進裡面的感覺，最好是透過那些像你一樣沒有實際參與這些活動的人的眼睛。

五月下旬的一個午後，我在一號法庭主審一起殺人案。外面天氣晴朗，這是庭務員告訴我的，我只能相信她的話，因為老貝利的法庭沒有窗戶，裡面的人看不到外面，外面的人看不到裡面，我們隔著一個世界。五點了，審判在半小時前就已經休庭，被指控殺人的被告被押回了羈押候審室，之後將由廂型車送回監獄過夜，陪審團坐地鐵搭公車回家，大律師也返回辦公室準備翌日工作，書記官和庭務員則忙著處理開庭結束後必須完成的行政工作。就剩我一人，依舊坐在我坐了一整日的地方——法官席上的法官椅。我正在等候一群九年級的學生，顯然我是他們公民課的一部分，符合「在社會中積極充分發揮作用」的概念，教學大綱沒有明確說明我如何實現這個概念，但如果孩子們願意試一試，我也願意設法讓他們明白。

除了日常工作——參與審判、依法裁決、判決處分犯罪者——身為一個多元化和社區關係法官，我做了相當多這類額外的活動，不單與各級學校學生交流，也與有耐心和意願聽我說話的人一起討論。我與任何關注自身與法律關係的團體交談，這些團體可能認為自己的成員受到不公的對待，沒有得到公平的聽審，受到排擠，或者他們只是想了解更多。我也鼓勵來自不同背景的聰明年輕人進入律師界（並最終進入司法界），誰知道呢，也許有用，每一位首席大法官絕對都讀過九年級。

孩子半小時前就該到了，卻還不見蹤影，所以我坐在空蕩蕩的法庭，聽著白天這裡發生的事情的微弱回聲。過了一會兒，我發現回聲越來越響亮，最後變成了紛紜雜沓的腳步聲，還有兩個聲音從敞開的門傳進來。第一個聲音表達了顯然是深思熟慮後的總結意見，這個聲音說：「老師，這真是他媽的浪費時間。」

第二個聲音說：「謝恩（Shane），你有權表達你的觀點，但你在表達時不要使用加強語意的形容詞。」

欽佩！欽佩！我都不知道「他媽的」是一個加強語意的形容詞。

謝恩也不簡單，他修正他的語言，改為「煩死了，老師」。

更多的腳步聲傳來，「老師」開始集結他的部隊，我聽到他壓低聲音，嚴厲地下達命令：「不許拿任何東西，什麼都不可以，鉛筆也不行。不許損壞或破壞任何東西，不許在任何東西上刻下你們的名字，這件事尤其不可以做，因為他們會知道是誰幹的。」

「老師，他們怎麼知道？」有人說。

「笨欸。」另一個人說。

老師的頭從門外探進來，看了一圈法庭，發現我高高坐在法官席上。他看清楚我的黑袍和背心，簇新的白色圍領，我脫下放在一旁的假髮。他看清楚了我的表情。

他堅定且愉快地說：「你好，希望我們沒有讓你久等。」

「沒有。」我說了謊，我從早上七點開始翻閱卷宗，十點進法庭，在今天結束之前，至少還要閱讀資料三個小時，但我要先等學校參訪過後才能開始，如果他們能準時到就好了。他完全了解情況。

他說：「真的很抱歉，我們遲到了，但有個女學生暈車。」他說話帶有一種無奈的口氣，好像幾乎每天都有他負責的孩子哪裡不舒服。

我想，畢竟還有比坐在通風的法庭裡苦等更糟糕的事。

在他身後，一張張的臉蛋往裡面窺視。

我說：「歡迎，進來，都進來吧。」這班十四歲的學生擠進門來。「我非常高興你們能夠來這裡。」我也許說得太誇張了。「進來，自己找座位坐下，快一點，但請保持安靜。」

他們進來了，但動作既不快也不安靜，你推我擠，坐進了一小時前坐著大小律師的那幾排椅子。我不知道我敢不敢使用一個加強語意的形容詞，想了想，還是算了吧。他們開始伸手摸律師留下的卷宗。下午審判時，我們查看殺人現場的照片，我提醒過律師，有一群學生要來，他們的卷宗要綁好，堆放整齊，如果不綁好，或是把照片隨意放在文件上面，那就太殘忍了。

我說：「如果可以的話，請不要碰任何文件。」看來他們就是手癢——他們伸出手，扯開粉紅絲帶，打開卷宗，開始翻頁，一翻就後悔了。太驚人了，人體居然能夠產生這麼多的血，但願那個暈車的女孩留在車上。儘管如此，照片達到了預期的效果，他們全安靜了下來。

一年到頭都有許多學校會到中央刑事法院。有的學校——比如這群孩子——把參訪行程列入課程，有的學校則是帶著考慮從事法律工作的學生來。也有的學生是被拖來的，因為老師認為瞧瞧過分不守規則的下場對他們有好處。至於穿著昂貴制服，乘坐私人包車，帶著精心準備的嚴肅問題到這裡的人，則幾乎是在浪費他們和我的時間，因為他們能從父母或父母的朋友或學校昂貴的網路系統學到想知道的一切。值得到老貝利的，是謝恩這樣的孩子，他們可能從參訪中得到一些東西，而我也會從這些謝恩身上學到一些東西。

我說：「謝謝你們來。」我告訴他們我的名字，說我是老貝利的法官。我告訴他們，他們坐在一號法庭，世上最著名的法庭之一。他們抬頭看著我，有幾個人（屈指可數）很感興趣，有幾個先不作判斷，有幾個則坦率地表示敵意。我好奇謝恩是哪一種人。

「我猜——」我說：「你們有人認為這是在浪費你們的時間。」

少數認為沒有這回事的人禮貌地傻笑了幾聲，許多人低聲表示贊同。

「你可能認為這個地方跟你的生活沒有關係，永遠不會有關係。」

一個戴著大眼鏡的小男孩舉起手。天哪，他舉手！我以為現在的孩子已經不知道發言前要先舉手了，除了那些穿昂貴制服搭私人包車的學生。我把注意力集中在那個男孩身上，他的眼鏡好大好大，個頭好小好小，不是青春期對他玩了一個低級的把戲，就是他的大腦有火箭般的力量，讓他在學校裡的表現超乎了同齡。他說，他相信法庭會在他的生活中扮演非常重要的角色，因為他以後想做大律師。這顯然是一個不需要使用加強語意形容詞的男孩。坐在他後面的某人呸了兩聲。我同情那孩子，但還是要激發孩子的抱負心，所以我從眼鏡弟轉向了呸呸。

「你想你會成為一個大律師嗎？」我問。很蠢的問題，真的很蠢。

男孩說：「你在取笑我嗎？」他判斷我不是在取笑他後解釋：「我曾經考慮當被告。」

「很好。」

他瞪著眼睛。

我笑著說：「沒有被告，我就失業了。」一群人之中總會出一個愛開玩笑的人，我再仔細瞧他，心想：「他不是在開玩笑。」他隔壁的男生也不認為他在開玩笑，二號男生說他跟呸呸是生死之交（他的措辭可能不盡然如此），如果他的死黨是被告，他有信心成為共同被告。這兩個人肯定有一個是謝恩。

我說：「太好了，現在我們有兩名被告，請上被告席。」

呸呸和死黨四目相覷，一臉驚訝。呸呸說他認為這是一個用了形容詞強化語意的蠢點子，不過老師認為不錯，鼓勵他們照著我的話做。一號法庭的被告席是一個巨大方形木頭結構，從地板墊高，坐在那裡，被告可以直視法官的臉，法官也可以直視著被告。呸呸和死黨盯著我。

我對他們說：「你們坐的位置，坐過英國幾個惡名昭彰的殺人犯，你們正坐在喬治．約瑟夫．史密斯（George Joseph Smith）[3]坐過的地方。」

「他做了什麼？」呸呸問。

「他娶了三個老婆，每一個都被他淹死在浴缸裡。」

死黨說：「媽的。」

「而你坐在克里彭醫師（Dr Crippen）[4]坐過的地方，他毒殺他的妻子，然後分屍，頭和四肢始終找不到，不過她的軀幹被發現藏在地板下。」

全班學生在思索我這段話時，眼鏡弟猛地站起來，眉頭深鎖，思考起法醫學的問題。

「老師請問——」我認為很有禮貌。「如果她的手不見了，不能採集指紋，臉也不見了，無法指認，他們要怎麼知道地板下的是她？」我本來想說，如果一個女人從家中消失，結果地板底下出現了一具軀幹，我們會合理地推論那就是她。但我沒有這麼說，而是告訴他真相。我嚴肅地說：「軀幹的腹部有一道疤痕，克里彭太太的那裡恰好也有一道疤痕，他們把皮膚剝下，放在湯碗，讓陪審團傳閱。」

眼鏡弟用力吞了一口口水，我在法官席上都聽到了。不過，如果他想成為優秀的律師，越早面對現實越好。

「這個被告席上，還坐過約克郡開膛手（Yorkshire Ripper）[5]、索厄姆殺人魔（Soham murderer）[6]和克雷雙胞胎兄弟（Kray twins）[7]。」呸呸和死黨不自覺地挪

3. 一八七二～一九一五，英國的連續殺人犯和重婚犯，一九一五年因謀殺了三名婦女而被定罪並被吊死。
4. 一八六二～一九一〇，美國藥劑師與耳部和眼科專家，因謀殺妻子而被吊死在倫敦的彭頓維爾監獄（Pentonville Prison）。
5. 一九四六～二〇二〇，英國連環殺手，被新聞媒體稱作「約克郡開膛手」，於一九八一年被裁定謀殺了十三名女性，另還有七人企圖謀殺未遂。

了挪身子。「還有人認為自己將來會坐在那個被告席上嗎？還有人想加入我們的兩名被告嗎？」不知道我會不會太過分了，不過老師笑咪咪，我認為是好兆頭。我說：「好，那麼我有被告，我有……」我頓了一下，看著眼鏡弟。「我想你願意負責起訴？」眼鏡弟鄭重地點點頭。「那麼我也有檢察官了，好，有沒有人想當被告的律師？這是不錯的生活……非常有趣，如果你很有成就，報酬還算不錯，也有不錯的同事，有機會交到好朋友……」

有兩個女生之前裝模作樣坐到眼鏡弟旁邊，現在互看了一眼，然後看著眼鏡弟。一個說：「辯方大律師能和控方大律師做朋友嗎？」

我說：「當然能，他們在同一個更衣室換衣服，在同一間律師交誼廳用餐，經常在同一間房間工作……這是一個關係緊密的小世界。」

兩個女生看著彼此，又看著眼鏡弟，然後宣布兩人一直都想從事法律工作。我對這個男孩有了新的敬意，如果他已經有了這樣的影響力，當遲到的青春期終於到了，那還得了。我轉向老師。

我說：「你的學生真有抱負。」

他回答：「他們總是給我驚喜。」

「所以你們這一班有五個人認為自己以後有可能到這個法庭，其他人呢？有沒有人認為自己可能當獄警？」

「才不要」、「好遜」……空氣中響起了一連串的回應。呸呸和死黨得意洋洋，呸呸笑著說：「沒有人把我們關起來。」但是之前我沒留意的兩個男生站起來了，我定睛再看一次他們，雖然明顯有兩個男孩，但他們只有一張臉，這對雙胞胎長得一模一樣，如同一個模子刻出來，我無法分辨。哥哥（也可能是弟弟）說，他們不排除將來成為監獄管理人員的可能性，願意試一試。我很驚訝居然有年輕人對這個領域的工作有興趣，我說出心中的疑問，問他們家裡有沒有人就是獄警。弟弟（也可能是哥哥）說沒有，原來是他們的爸爸現在就在裡面，他們想到一個點子，如果他們手上有鑰匙，爸爸的生活不就能更輕鬆了？他們拿手機給他，媽媽就可以和爸爸通話，他們也可以給他一點大麻打發時間。在這些方面，他們有許許多多違法的妙點子，不過沒有別人想擔任這份職位，所以我就派他們坐到被告的兩側。死黨正在挖鼻孔，還想把挖出來的東西黏在被告席前面的玻璃窗上，雙胞胎對死黨採取嚴厲態度，我看了很滿意。

6. 二〇〇二年八月四日在英格蘭劍橋郡索姆（Soham）發生的雙重兒童謀殺案，受害者是兩個十歲的女孩荷莉．瑪麗．威爾斯（Holly Marie Wells）和傑西卡．艾咪．查普曼（Jessica Aimee Chapman），她們被引誘到當地居民的家中，隨後被學校的管理員伊恩．凱文．亨特利（Ian Kevin Huntley）殺害，屍體還被棄置在灌溉溝渠裡，直到八月十七日才被人發現。

7. 羅納德．克雷（Ronald Kray）和雷金納德．克雷（Reginald Kray）是一對雙胞胎兄弟，也是英國二十世紀五、六〇年代倫敦東區最惡名昭彰的黑幫頭目。

角色一個接一個分配下去，演員被派去了他們在法庭的位置。我任命了庭務員、書記官、緩刑監護官、律師、皇家檢察署代表各一，還有幾個警探。最後的角色很有趣，沒有人想當穿制服的警察，但自告奮勇做便衣工作的人數卻多得驚人。我沒問理由。我數了數，剩下十三人，好極了。

我說：「你們十二個人當陪審團，一個當證人。」

一個胖嘟嘟的男孩緩緩站起來，臉色凝重，雙臂交叉抱在胸前。我想我有麻煩了，但老師的表情卻沒有改變，他問：「謝恩，你自願當什麼？」

謝恩說：「證人，我要當他媽的證人，我會有種站出來說出真相，不會被你們這些混蛋嚇到的。」他盯著被告席，我擔心呸呸和死黨的反應，但他們沒有生氣，只是看向別處，好像知道這不是針對他們個人。老師小聲說：「謝恩的哥哥去年捲入幫派鬥毆，被人刺死，有很多人看到，但到現在還沒有人站出來說是誰幹的。」

開庭進行順利，眼鏡弟表現出辯護的天賦，我提醒自己不要忘記告訴老師，要是這個孩子願意，我會在年底邀這個男孩和我在法庭度過一天。謝恩很聰明，也很勇敢，陪審團非常投入，經常提出比扮演辯護律師的女孩們更好的問題。他們把腦袋湊到一塊，為了裁決爭論不休，不過最後都認定被告有罪。他們顯然不願意譴責誰犯下了什麼罪，但他們都發過誓，要根據證據作出真正的裁決，所以很認真對待這件事。陪審團主席鄭重宣讀裁決，後排一個嬌小的女孩突然哭了，一邊打嗝一邊抽泣，問道：「老師，判決是什麼？他們會坐牢嗎？」

「會。」

「多久？」

我頓了一下，「如果他們是成年人，我會考慮判他們四年。」

一陣沉默。

「他們只要服一半的刑期。」哥哥（或弟弟）說得好像他很有見識。

沉默變成了沉思。

「他們不能參加期末同樂會了。」一個辯護律師說，看來眼鏡弟只能接受其中一個，另一個可能希望與坯坯合作。

陪審團主席說：「啊，那麼，繼續吧，把他們帶去地下的牢房。」

我和老師費了一番工夫解釋，這不包括在活動中，老師帶多少學生來，就應該帶多少學生走。

我抱歉地說：「這是規定。」

主席說：「我們老是要守規定。」

「每個人都要守規定。」

「你一定都不用守規定。」

我微微一笑。不過，他錯了，每個人都有必須遵守的規定，我也不例外，甚至我還得格外遵守規定。我的工作有數不清的規定，在工作日，從上班到下班，我都必須遵守——法規、刑事訴訟規則、量刑委員會準則、實務指示……不勝枚舉。法官幾乎沒有自由意志，即使有司法自由裁量權，也必須在嚴格的範圍內行使。日復一日，我作出我或許不願作出的判決，作了我可能不願作下的決定，因為這就是我的工作，這就是法律。法律有其規則——但未必不會有問題。

演員陣容

到目前為止，在「利害關係人」部分，我已經從局外人角度向你展示了法庭人物的樣子，現在讓我告訴你們，他們從我坐在法官席上看起來的樣子。

被告

我跟呸呸和死黨說「沒有被告，我就失業了」，這句話是認真的。在刑事法庭上，如果沒人被指控犯罪，那也就不需要法官了。不需要大律師、控方律師、辯方律師、陪審團或證人。不需要書記官、庭務員和電腦技術人員，不需要法警維持被告席的秩序。也用不著法醫科學家和法醫病理師。你可以撤走老貝利的監獄人員、緩刑監護官以及心理健康護理師，警衛、清潔工、接線員、分案科長、法庭經理和行政人員，以及法官餐廳、陪審團餐廳、律師交誼廳和大眾食堂的餐飲人員，都是多餘的。而這還沒有說到許多熱心的志願者，比如支持證人的志工。當中央刑事法院每間法庭都在審理案件時，每日人流量可高達兩千人，有的是遊客，但大多數是在那裡工作的人。從某個角度來說，一個被告，就能創造出無數的就業機會。

那麼，這些被告是誰？在中央刑事法院，大多數案件中都少不了一具屍體，或者沒死也只剩半條命的人。大多數站在被告席的人面臨著以下罪名的指控：殺人、殺人未遂、密謀殺人、過失致死、重傷、危險或粗心駕駛致死。往往還會被指控持有槍枝彈藥刀器，尤其是刀，通常是藍波刀、格鬥刀和獵刀，但一把菜刀也可以輕易殺人，而且發生的次數多到教人吃驚。當然，有很多被指控犯有這些罪行的年輕人有幫派和毒品背景，但我們絕對不該以為所有的被告都是這樣。不久前，站在我面前的被告有一位年長的女校長（因粗心駕駛導致一名路人死亡），一位品格完美大有前途的少女（因危險駕駛導致親妹妹死亡），一位愛好單車運動的青少年（因騎乘單車時魯莽激烈導致一人死亡）。我最近判決的人中，有一個是大律師的兒子，他做小生意，受人尊敬。我還判決了一個看似體面和工作勤奮的家庭，但他們殺了兒子年輕戀情的情敵。所有人都犯了嚴重的罪行，當他們走進我的法庭時，自己都幾乎無法理解當時的情況，但每個人確實都做得出讓他們在老貝利受審的事，每個人。

律師

嫌犯一旦被捕，就會被帶至警局，警察會告知其「權利」，包括自由和尋求獨立法律諮詢的權利，於是辯護律師登場了。經過盤問調查後，如果警方有理由對嫌犯提告，他們就會把這件事交給他們的律師——皇家檢察署（CPS）的控方律師。

大律師是什麼人？是做什麼的？在英國，法律專業有兩個主要分支：律師

（solicitor）和大律師（barrister）。律師為客戶提供各個領域的法律諮詢，商業、財產、犯罪、家庭、個人傷害等等十多個領域，可以在律師事務所或組織機構的法律部門工作，也可以在政府或在其他地點工作。英格蘭和威爾斯大約有十三萬六千名執業律師，主要在法庭之外工作，但他們可以在初級法院出庭，也可能有資格在較高級的法院被賦予出庭發言權。但在涉及嚴重刑事犯罪的起訴中，控方律師和辯方律師都可能另外委託大律師代表出庭，這兩類律師一起合作。皇家檢察署有自己的預算，而辯方律師（和大律師）的服務費用由當事人自理，或者以公共法律援助基金支付。律師一旦委託了大律師，就會在大律師的指導和建議下做「腳力」（foot work）工作。

大律師

大律師（通常又稱為counsel）是專門從事特定法律領域的法庭辯護人。在英國，要成為大律師，必須加入倫敦歷史悠久的四大律師學院之一：中殿律師學院、內殿律師學院、格雷律師學院和林肯律師學院。自中世紀以來，律師學院就是訓練有志成為出庭律師者的組織，學生達到適當的專業水準後，就將他「喚」進「律師界」（自一九二二年起，女性在英國也可以成為大律師）。如今，甫獲執業資格的大律師可以受雇於任何單位，也可以獨立執業，「分租」律師事務所，與一群具有類似專長的大律師共同分擔租金人事等等開銷。英格蘭和威爾斯大約有一萬六千名執業大律師。在刑事法庭上，許多人時而擔任控方大律師，時而擔任辯方大律師。無論年齡大小，大律師一律稱為「初級大律師」（junior counsel），除非因能力傑出，被任命為皇家大律師（Queen's Counsel，QC）[8]。皇家大律師往往也被稱為「絲袍」（silk），因為他們可以把傳統的「毛料」法袍放到一旁，改穿漂亮的絲製法袍。

法官

沒有「法官學校」，沒有「法官碩士學位」，你不能選擇在任何正式教育階段學習法官專業知識，只有經過公開競爭，你才可以被委任受薪的司法職位。競爭由司法任命委員會舉行，他們所尋找的關鍵標準之一是經驗，唯有擔任多年的律師之後才有資格申請。因此，在刑事法庭擔任法官，嚴格來說是第二個職業，你必須先做過很長一段時間的大律師或律師。由此可以猜到，我們這一群刑事法庭的法官——我們這些主持陪審團審判的法官——看上去都很老，有點怪。我們的種族顏色也顯得不自然地偏白，而且，直到最近，男性仍舊占了大多數，真是令人擔憂。為了增加多元化，很多工作正在進行，但還有更多的工作需要做。

證人

他們主要分為三種類型——目擊證人、專業證人和專家證人。如同味道一樣，他們可以相互影響，警察一類的專業證人也可能是目擊者，不過這樣的分類還是有用的。

證人除了「目」擊之外，也可能是「耳」擊或「鼻」擊，他們看到、聽到或嗅聞到某事發生了，能夠提供第一手的描述。說這些話的鄰居就是證人，「我晚上十點鐘聽到尖叫，十點十五分看到血從前門滲出來，我早知道總有一天會發生這種事，因為我聽過他威脅要割斷她的喉嚨十幾次。」

專業證人是目擊證人的一種，但通常在事發之後才參與。例如，他們可能是警察，梳理現場周圍區域，找到了沾有血跡的刀子、丟棄的夾克、交通儲值卡或手機，許多被告在逃離犯罪現場時會不小心掉落這類東西。

專家證人是一種獨特的證人，他們出席不是為了說出所見所聞，而是為了表達他們的看法。他們是唯一獲准表達一己觀點的證人，為陪審團提供調查發現的證據，以及從發現中所推得的結論。專家所精通的科學領域，對我們其他人來說往往是個謎，涵蓋各種學科領域，病理學、毒理學、血跡分析、生物分析、彈道學和槍擊殘渣，還有手機、監視器影像、精神病學、心理學，甚至是筆跡、纖維和指紋，數也數不清。專家一般來自具有良好基礎和良善管理的專業機構，但總有新的技術出現，比如面

8. 原註：如果是國王在位，則為King's Counsel（ＫＣ）。

部、聲音和步態辨識分析。雖然新知識對於陪審團總有幫助，但在法院認可任何類型的專業知識之前，該技術或科學必須得到適當的認證，必須證明經過測試（同行評審、發表、運用、獲得認可），並建立起一套標準，有任何的不足都可能危害判決的安全性。如果您對新技術的成敗感興趣的話，耳紋辨識是一個案例豐富的領域。

書記官和庭務員

書記官負責管理法庭，也管理法官，少了書記官，一切都無法運轉。在法庭中，沒有人能先坐下，除非書記官打開DARTS系統（以無情效率取代速記員的錄音設備），「宣讀案件」，把該案相關人士們帶到我的面前。書記官準確迅速記錄被告的認罪和判決、陪審團的紀錄、法官的裁決、命令和判刑。他負責為今日「遠距」進行的簡短預審與監獄等地建立通話和視訊連結。他坐在我面前，利用一堆技術設備，不時轉動旋鈕，把鬆散的電線推回，總之，他讓系統正常運作。

其他事情的運作則由庭務員負責，諸如開啟法庭，傳喚被告，請大律師入庭，讓證人進入。庭務員主持陪審員和證人的宣誓，為證物貼標籤，在陪審團「退庭」到審議室考慮裁決時照顧他們。確保我不會沒戴假髮就走進法庭，在一天開始的時候「敲門」讓我進去，在一天結束的時候帶我離開，也都是庭務員。

陪審團

來說說陪審團吧。陪審團幾乎是所有刑事法庭審判的核心，也值得用一個段落來介紹。英國陪審團的起源尚不清楚，但通常懷疑與丹麥人有關，他們大約在西元七九三年乘著長船來到英國，帶來了他們的語言，也帶來了他們的執法官，每十二個執法官負責一區。在有「決策無方者」之稱的埃塞爾雷德（Ethelred the Unready）領導下，執法官逐漸發展成十二位地方領主（thegn），在亨利二世的統治時，又轉變為十二個自由人（freeman）組成的陪審團，負責向巡迴法官舉報罪行。我之所以籠統地使用「法官」和「陪審團」兩個詞，因為除了指控之外，陪審團幾乎不做任何事，法官則根本什麼都不做，當時審判的方式是透過戰鬥，想想一〇七七年沃爾夫斯坦主教（Bishop Wulfstan）對抗沃爾特修道院院長（Abbot Walter）的例子[9]，或是通過考驗（例如水和火），人相信神會決定審判的結果。這種司法制度簡單，成本低廉，缺點是可能導致明顯的不公正結果，使神蒙上惡名，最後教會不贊成這種做法，於是就有了《大憲章》。它（用拉丁文）寫著：「任何自由人都不得被俘虜、監禁或被剝奪其自由保有的產權、自由權或自由的習俗……除非經由同儕的合法判決或國家法律。」從此開啟了由十二個陪審員提出裁決和指控的道路，其餘的——套句老話，

9. 沃爾特修道院院長在一〇七七年與沃爾夫斯坦主教有過一場法庭訴訟，當時的判決方式則是以決鬥來執行。

成了歷史。然而，過去只有男性可以擔任陪審員，而且必須符合財產資格，例如擁有年淨收益至少十英鎊的自有土地，或者至少二十一年的租約，且年收入至少二十英鎊。然而，到了一九二〇年，只限男性的規定取消，隨著一九七四年《陪審團法》通過，財產資格也取消了。現在，只要你在選舉時登記投票，就可以進入陪審團的候選名單中。

如果你沒有收過陪審團傳票，大概也認識收過的人。收到傳票不等於就成了陪審員，還沒，但你確實得到一個機會。每逢週一，候選陪審員便如潮水從大倫敦M25外環高速公路以內的四面八方湧入老貝利，帶著他們的陪審團傳票，也帶來了他們各自不同的人生。幾個月前，他們收到郵寄的傳票，還有一本指南，指南說「陪審團服務是任何人可能被要求履行的最重要的公民義務之一」，但沒有說「沒什麼大不了，因為其他主要的公民義務是納稅和守法」。不過指南還是會告訴你一些有用的東西，比如如果你的英語程度聽不懂庭審（或是根本看不懂指南），你可能不能擔任陪審員。指南也說，如果被傳喚了，只要你年滿十八歲、未滿七十六歲，做了選民登記，就必須提供服務。如果你以為你把自己從選民名單中刪除，就可以豁免陪審服務，那麼我要告訴你，如果你從十三歲起就在英國住了五年，你也有資格。如果你想搬去海峽群島或馬恩島，這些偏遠小島也算是英國境內。海岸線附近有些無人居住的岩石，法令管不著，但你究竟為什麼不乾脆來做陪審員呢？你會發現那比你想像的更有趣。

指南接著會告訴你什麼情況不能擔任陪審員，有一份排除在外的名單，也列出在不該的情況下自我推薦的懲罰。比如你缺乏心智能力，或者可能根據一九八三年《精神健康法》或類似法律被拘留（不過在這種情況下，沒有人能阻止你投票）。如果你曾經被判處無限期監禁[10]或五年以上徒刑，或在過去十年因任何事被定罪（超速或未支付電視執照費除外），你也被排除在外。這麼多限制，但還有足夠的陪審員可以輪流擔任，這真是令人驚訝。

如果你收到陪審團傳票，你的英語能力足以理解傳票內容，也沒有因為年齡、精神錯亂或犯罪傾向而被排除在之外，你就會抵達法院，通過安檢，進入陪審團法警的懷抱，他們負責組織和照顧陪審員。你會被要求看一段影片，影片解釋你的職責與未能履行職責的風險。你的資料會被輸入電腦，在適當的時候，你就會成為陪審團的一員，被帶往十八個法庭之一。但即使你跨越了年齡、心智能力不足和犯罪背景的障礙，即使你被電腦選中，沒有從洗手間出來的路上迷路，你還是有可能落馬，因為還有柵欄待跨越。在你面對這一切之後，到了法庭，辯護律師和法官還要決定，除了精神病人和罪犯之外，還有誰不允許加入他們的陪審團。

參與審判的陪審員都不能有偏見，我們無法過於要求一個人保持客觀，所以法官

10. 原註：沒有最低刑期，但也沒有固定刑期的判刑。

會盡量過濾掉那些住得離犯罪現場太近，認識涉案人士，或可能對一方有極度同情的人。陪審員人數眾多，而且來自四面八方，你可能會認為候選陪審員怎麼可能恰巧就是被告的鄰居、死者的同學，或是在控方主要證人手下工作。但你錯了，這些巧合我都遇過。

因此，當你以陪審員身分出現在我的法庭上，在不熟悉的環境中眨眼，我會要求控方律師用一句話告訴你這個案子是怎麼回事，並朗讀有關人士的名字。接著，叫到你的名字的時候，我會要你告訴我，你與本案是否有任何關聯，接著告訴你審判預計持續多久。在老貝利，大多數審判歷時三週，或三週以上，每當說到這裡，我就會看到陪審團中出現了焦慮的眼神。如果審判將持續超過一個月，就有人開始皺眉搖頭。如果是五週，我會看到有人掏出手帕抹脖子，有人翻白眼。超過六週，臉上就清清楚楚寫著：「她是要我做**什麼**？」

陪審員慷慨付出自己多週的時間，放下自己的問題，來解決他人的問題，對此我永遠感到驚嘆。我也永遠感激他們如此嚴肅對待這項職責，感激他們所付出的關心和關注。少數人使出渾身解數想擺脫這個責任，對此我也從未停止感到驚訝。但一旦審判開始，他們都會投入，大多數人會全神貫注，因為故事的展開，真相的逐步揭露，他人生活的交錯和解開，確實非常引人入勝。有機會參與，不僅是一項公共責任和公共服務，更是一種私人特權。

所以書記官會拿著寫著姓名的卡片，如果是一個漫長的審判，可能有多達六十張。他先洗牌，然後開始選擇陪審員的流程。與美國不同的是，在英國這是一個迅速並不受干擾的過程，律師不會詢問候選陪審員的私生活、興趣或隸屬關係等等私人問題，隨機就是隨機，選到誰，就是誰，除非陪審員提出問題或有其他正當理由，比如被告或律師認識該陪審員，才會被詢問或質疑。

一旦獲選，陪審員就坐上陪審席，幾乎每個刑事法院的每個法庭都有陪審席。法官坐在法官席，辯護律師也有專屬席位，另外還有被告席、媒體席和旁聽席。但讓刑事法庭與幾乎所有其他法庭非常不同的代表性席位，就是陪審席。

陪審團是一個生命體，在開審時誕生，在終審時消亡。隨機找來的十二個人[11]，坐上陪審席的十二個位置，當他們發誓或朗讀結文時，看啊，一個十二頭生物誕生了。判決結果出爐後，它就消逝於無形，或如某法律學者所說，「functus」（不要問我意思，我們不應該再使用拉丁語）。

無論審判持續幾天還是幾個月，大家關注的焦點始終是陪審員，因為決定被告是否有罪的是他們（除了最罕見的例外情況）。

陪審團應該代表其所屬社區，應該是一種實現由被告同儕進行審判的方式，可以

11. 原註：在較長的審判中，我們會找十四個陪審員聆聽檢方的開審陳述，接觸更多的事實，以防止原本選出的十二人中有誰發現自己其實不能參與審判。

自由按照集體良知行事。換句話說，有十二套生活經驗的十二個人，比來自單一背景、擁有單一生活經驗的一個法官，更能找出正確的裁決。這是一個全球讚揚的系統，但並不一定會被效法，因為它也有缺點。首先，它麻煩且花錢。另一方面，陪審團的好壞取決於其中的成員，大部分時候他們都很優秀，但在隨機的選擇中，偶爾會選中一些不大理想的陪審員。我遇過一個年輕的女子，發現不能把手機帶進評議室，就變得歇斯底里；遇過一位老先生，在被要求表決時，哭著躲進了廁所；遇過一個女人對其他陪審員大喊大叫，說如果他們給任何人定罪，就再也睡不著了；遇過一個放蕩不羈的年輕人，因為一個原則不明的問題，拒絕和其他陪審員一起討論。制度容許這種情況發生，也允許多數裁決所造成的更自然的意見相左。在多數裁決中，十二個人中至少要有十個人同意，如果陪審團達不到這個程度的協議，就會形成「僵局」陪審團，必須解散，隨後可能重審[12]，增加公共開支，也徒增個人悲傷。

每天，在全英各地，我們把陪審員送進上鎖的小房間，圍坐在一張桌子旁，根據事實，裁斷在他們從未去過的地方，他們幾乎不認識的人之間所發生的事，他們只能想像那些人的生活，把這些事實適用於法律上。我們要求他們在沒有培訓或經驗的情況下做這件事，這是一個很困難的要求，可能使人筋疲力盡。陪審團大多時候能夠作出明智的裁決，這充分說明了一般陪審員都是誠實耿直的。但為什麼我們不協助他們，為什麼我們不教導學童十人或十二人一組討論問題，表達有理有據的觀點，學習傾聽他人意見，在不同的想法出現時修正自己的想法呢？我想不出任何好的理由，因為只要稍加訓練、鼓勵和練習，謝恩和他的同學一定學得會。我敢說有的學校已經這麼做了，但我從來沒有見過這樣的學校到老貝利參訪。

希望有一天，謝恩、呸呸、眼鏡弟和他們所有的同學，都能成為陪審團的一員，把自己獨特的知識和生活經驗帶到法庭，拋開自己的問題，嘗試解決他人的問題。他們將與十一個陌生人一起工作幾天、幾週，甚至是幾個月之久，以求伸張正義。希望他們能把這件事做得非常好。

12. 原註：如果第一個陪審團成了「僵局陪審團」（hung jury），檢察官有權重審一次。如果第二個陪審團又陷入僵局，檢方通常不會進一步提供證據，於是留下「無罪」裁決的紀錄。然而，今日在罕見的情況下，檢方也有可能尋求第三次，甚至是第四次的審判。

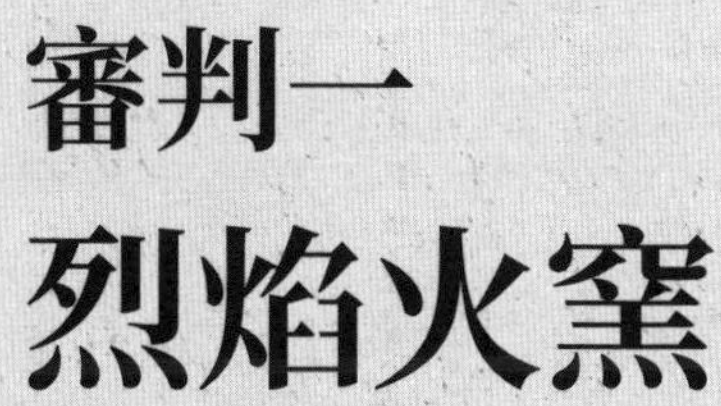

審判一
烈焰火窯

Trial One
The Fiery Furnace

夏末，一個陽光明媚的日子，走在人行道上很熱，四個男孩在倫敦北部一條商店街閒逛，其中一個是但以理（Daniel）。

他週六在一家炸雞店打工，那是他的第一份工作，他很喜歡。他喜歡賺錢，他喜歡吃炸雞，他喜歡他的生活。出門前，他親親外婆跟她說再見，他十五歲了，覺得自己長大了，不可以親吻女友以外的人，不過可以為外婆破例。他穿了新的白T恤，T恤底下是結實的十五歲身體，雖然還沒有長成魁梧的男子漢體格，但看樣子離那天也不遠了。在他的胸膛裡，他那顆十五歲的心臟怦怦直跳。十一點，午餐尖峰時間還沒到，客人較為稀疏。

「你可以先休息，但以理。」老闆叫道。

但以理咧嘴一笑，脫下工作服，「我可不可以吃幾根薯條？」

「當然可以。」老闆看著他把薯條鏟進紙盒。「不要全裝走了。」

但以理又笑了，「二十分鐘後見……」

他撒了謊，二十分鐘後，他不會見到老闆，他再也見不到老闆了。不到兩分鐘後，他就會跑進大街上的一條小巷子裡，他會被一個持刀的人追到死巷。但以理，永遠不要跑進死巷子，千萬不要這麼做，你會走投無路，你會被抓到，接下來會發生什麼呢？刀刃會壓在你的皮膚外層上，壓得很用力，因為皮膚比你想像的要堅韌，刀刃很難穿過皮膚。但一旦刺穿，就無法停止，它會滑過你薄薄的脂肪層，你年輕的肌肉，你的肋骨之間，刺入你的心臟。那將是結局。

1

但以理的結局。但以理的外婆和母親的結局。但對另外三個被指控殺害但以理的男孩來說，這是一個嶄新而可怕的開始。從某種角度來說，他們也失去了他們的人生——絕對是失去了曾經擁有的人生。在曾經擁有的人生中，法律代表街上的警察，如果他們被逮到身上有大麻或偷來的運動鞋，也許會難以招架警察的問話，也許會被帶去警局，甚至收到口頭告誡，相對來說沒什麼大不了。不過，現在法律代表著地方法官、拘留、少年矯正機構、一段事情發展太快又太慢的時光；代表坐在囚車的籠子中，抵達老貝利的地下，進了一個勉強能擠進一頭不大壯的乳牛的羈押候審室；代表進入我的法庭；代表見到我。

在老貝利法庭，我們每週都在審判像這三個被控持刀殺人的男孩，我們的少年矯正機構有太多這樣的孩子，由於他們若被定罪將會關押到成年，所以我們的成人監獄也都是這樣的人。法庭阻止不了，法官能做的就是執行法律，而法律公開聲明的目的是懲罰、矯治、關押危險分子並遏止他人。殺人犯關押的刑期很長，在二〇〇三年《刑事司法法》及其後續修正案施行後，英國殺人犯在獲釋前必須服刑的時間明顯變長，一個被判定持刀刺死他人的成年人，申請釋放前的最低服刑刑期，從平均約十五年延長到二十五年。延長刑期是為了遏止人們攜帶和使用刀具，但持刀殺人案的數量並沒有下降，近幾年來甚至不減反增。

如果我將審判的這三個男孩被判定謀殺但以理，他們會成為必須在獄中度過半生的成千上萬名囚犯之一，在遙遠的未來才能重返社會。他們改過自新，但他們成年以後在男子監獄長期生活，不曾與婦孺進行正常互動，不用承擔安排自己的生活或作出自己決定的真正責任。許多人在「裡面」時，從非法毒品尋求慰藉，在更強的罪犯羽翼下保持安全。如果我們認為他們出來後可以順利融入社會，那麼可就錯了，我們可能是在搬石頭砸自己的腳。

在但以理死後將近六個月，我第一次見到這三個男孩，姑且就稱他們為沙得拉（Shadrach）、米煞（Meshach）和亞伯尼歌（Abednego）吧[13]，他們跌跌撞撞穿過綠色皮革門，進入了第八法庭的被告席，那道門背後有一連串石階，通往地下深處的羈押候審室。男孩站在明亮的燈光下，猶豫不決，眨著眼睛。沙得拉是混血兒，十八歲，一個胖乎乎的高個子。亞伯尼歌是黑人，才十五歲。米煞是白人，剛在少年矯正機構度過十六歲生日。生日快樂，米煞。每一個都有普通的五官，平凡的四肢，每一個都穿著規定的運動服，這只是中央刑事法院一個平凡普通的週一早晨。又一樁謀殺案，面孔不同，但在許多方面都是同樣的故事。只是永遠不會是完全相同的，因為每一具死去的身體，都是一個與眾不同的生命的結束，每一個被告，每一個傷心的親屬，也都是不同的。每一個經歷殺人案審判的陪審員和證人，也永永遠遠改變了。

沙得拉盯著法庭周圍，好像糊塗了。他打量媒體席和陪審席，前者座無虛席，後者空無一人，旁聽席上則有他熟悉和不熟悉的面孔。他盯著審判活動區的律師們的背影，他的目光越過書記官和庭務員往上看，看到我坐在法官席。他把拇指放進嘴裡輕輕咬著。米煞和亞伯尼歌看著他，然後看著彼此。他們和沙得拉中間隔著幾個座位，兩人湊到一起低聲說話，法警於是將他們分開。米煞向旁聽席揮手，還得意地笑著。我告訴自己，記住，他只是個孩子，記住，過不了多久，這種笑臉就會從他臉上消失，很快這個男孩就會像所有被告一樣非常害怕，或者應該會害怕。他的人生將由陌生人決定，對任何一個理智的人，這都足以讓人感到害怕。

還押候審的被告不管犯了什麼罪，或沒犯什麼罪，幾乎已經失去掌控自己生活的全部權力。他的選擇不多，他可以走出牢房，也可以拒絕出來；他可以認罪，也可以不認罪；他可以作證，可以保持緘默，可以說謊，也可以實話實說。有時他可能覺得實在不能說實話，免得有人報復他和他的家人，這也是他無法控制的事。你可以說他活該，誰教他選擇加入幫派，使用毒品，攜帶刀械，隨波逐流。你或許會說，就讓他

13. 在《但以理書》中，沙得拉、米煞和亞伯尼歌是但以理的三個友人，後來被尼布甲尼撒王扔進火窯，這也是本章標題的典故。

嚇得發抖好了，誰教他也讓他的受害者嚇得發抖呢。但是，從被告的角度來看，這是一個可怕的處境；而從我們的角度來說，在所有事實清楚之前保留判斷比較明智。

與幾乎所有的被告一樣，我與這三個人的溝通管道是他們的律師。我可以直接與被告席上的被告交談，但我大多時候透過他們的大律師或律師與他們打交道。在謀殺指控案中，每個被告會有一名首席律師（皇家大律師[14]）和一名初級出庭律師。當然，還有一對代表檢方的律師，所以這場審判共有八名大律師，他們是辯護人（advocate），他們「advocate」，從拉丁語的意思來說，就是「為他們的目標說話」。說白了，他們為自己的利益而戰，這就是他們職責所在。歐洲大陸國家普遍施行「審問制」（inquisitorial system），由法官負責盤問事實，英國則採取「對抗制」（adversary system），控辯雙方在法庭上對抗，有點像是法官擔任裁判的戰爭遊戲。

我掃視戰線。從法官的角度來看，一場審判能否順利進行，與參與的律師相當有關。棘手人物只要一個，就能把案子變成惡夢——故意刁難，為辯而辯，讓其他律師情緒不佳，破壞明智而有用的妥協。今天燙手山芋不多，所以是其他法官運氣不佳了，很好。法庭的八位律師是一個典型的組合：只有一位女性首席律師和兩位女性初級律師，其中有一張非白種人的面孔，是亞伯尼歌的首席律師。亞伯尼歌很幸運，他請到一個很棒的人，皇家大律師傑瑞米．保羅（Jeremiah Paul）。

四個皇家大律師彼此很熟，互相尊重，甚至處得不錯。灰溜溜的律師假髮暗示他們經驗豐富，狡猾的大腦正在假髮底下工作。他們所做的一切，目的都在說服陪審團支持他們的當事人，因為辯護首先就是一門說服的藝術。如果他們得到追求的結果，以他們工作的語言來說，就是「贏了」，反之就是「輸了」。當事人按照法律被定罪時，沒有一個辯護律師會說「我贏了這個案子」，當被告被正當宣告無罪釋放時，也沒有檢察官會說「我贏了」。

因此，我們在這裡，三個被告，八個大律師，一個法官。「準備好開庭了嗎？」我抱著希望問，畢竟這也可能是一個沒有問題的罕見案件。

兩名皇家大律師站起來。啊，好吧，奢望一下並無妨。

「什麼事，拉奇大律師？」

「法官，我代表第一被告。」被告順序取決於檢方在起訴書中提出指控的順序，第一個是沙得拉。拉奇大律師說：「很抱歉，但是……」

「但是」代表他有一個問題，「很抱歉」則意味他沒有解決的辦法。

「法官，我擔心……」他停了下來，言詞是這個人的行當工具，現在他卻說不出話來。里奧內爾・拉奇（Lionel Larch）皇家大律師經驗豐富，知識廣博，如果他擔心，我也一定會擔心。他再一次表達他的擔憂，「沙得拉在被告之中是年齡最大的，

14. 原註：皇家大律師是訴訟代理領域中受到公認的精英專家，每年經過公開競爭，只有一定數量的大律師得以晉升至這個令人羨慕的職位。

但是……」他轉頭看了一眼他的當事人，我們也都紛紛轉過頭去，沙得拉凝視著天花板上閃爍的燈。「他似乎無法把注意力集中在審判程序上，我跟他談話時，這個情況還不明顯，但現在……」

我閉了一下眼睛，但沒有用，沙得拉現在改目不轉睛看著自己的左手拇指，好像那是一樣很有趣的東西，也許是吧。「你是說你的當事人不適合受審嗎，拉奇大律師？」

皇家大律師搖頭說：「我希望我說的不是這個意思。」

我也希望不是。「受審能力」是一個非常複雜的問題，需要與審判不同的程序，必須判斷被告的精神狀態是否讓他無法理解與參與審判程序，少不了精神病學或其他方面的專業證據。這件事很棘手，「你是否需要一些時間來考慮這個問題，如果有必要的話，可以獲得幫助？」

從法庭的後面，米煞相當大聲地說：「沙得拉笨得像坨屎，你不可能幫得了他。」

米煞恰好錯了。對於無法理解法庭複雜情況的證人和被告，我們都有辦法幫助他們。如果母語不是英語或是失聰，我可以指派一名通譯或手譯員。對於非常年幼或智力受損的被告，我可以指派一位中間人。只要有需求，在審判的任何階段，通譯、手譯員和中間人都可以陪被告或證人坐在一起，確定他理解旁人所說的話，促進溝通。

此外，我可以控制法庭的運作方式，處理幼童或心智障礙者時，我可以要求律師使用簡單的語言和句子結構，不使用成語（攻擊者可能個子高大，但一個四歲證人聽不懂「人高馬大」），不說「附加問句」（「他狠狠地打了你，這是對的吧？」這個四歲幼童會回答「不對」，因為狠狠打人顯然是不對的）。以前我們有一個護理長，裁員後沒了，但是（我很幸運，沙得拉也很幸運）法院還有一個心理健康護理師。我停下來想了想，派人去請護理師來。

在護理師來之前，我轉向另一位想發言的皇家大律師。西蒙．巴靈頓（Simon Barrington）身材高大，灰眉灰眼，鷹鉤鼻的顯眼鼻尖泛紅。他說：「我的初級律師想提出一項聲請。」他聳聳肩，這個動作意味深長：這是她的主意，不要怪我。

他的初級律師倏地站起來，律師袍沒有磨損，假髮非常潔白，人很年輕，資淺但有幹勁，她的當事人恐怕出現在法庭的次數多過於她。然而，這是她的時刻，她不會浪費這個機會。她以書面形式闡述她的法律論點，並將備妥的精美副本交給我的書記官，數量足以分給每一個可能對此事有興趣的人。她用彩色標籤標明她能挖出的所有早期判例法或「判決先例」，貌似要在最高法院演講一樣，我敢打賭，有一天她會在最高法院演講，只是現在火候還不足。

「庭上，米煞的人權是我提交的資料的重點。」

「我想也是。」律師席上有人嘀咕道，我朝他們的方向皺了皺眉頭，但所有的大律師都饒有興趣地看著手中惠托爾．布萊絲（Whittall-Blythe）小姐提供的資料。

她口若懸河，解釋為什麼她的當事人不應該坐在被告席，應該坐在她身邊，這樣她可以引領他度過審判的心理創傷，畢竟他只有十六歲。

「亞伯尼歌才十五歲。」我提醒她。

惠托爾．布萊絲小姐說：「我相信他的律師會提出跟我一樣的聲請。」

我們都看向亞伯尼歌的律師，他正在研究水壺。惠托爾．布萊絲小姐也許有一天會出現在最高法院，她是個不錯的女孩，但即使是這樣，傑瑞米．保羅也不會讓自己出洋相。

我輕聲說：「看來不會，但繼續說，不要停下來。」

她沒有停下來。在接下來的十分鐘裡，我了解到她對人權法律懷抱許多期望，接著心理健康護理師來了，我表示我已經理解她的所有論點，然後轉向檢察官。

「萊特（Wright）檢察官，我就不用麻煩妳回應了。惠托爾．布萊絲律師，非常感謝妳完整的陳述，但我恐怕要反對妳。這三名被告都能妥善應付審判程序，按一般規定坐在被告席上。如果他們有誰不在被告席上，法庭內的安全可能會受到影響。況且，給其中一人不同的待遇，可能使他與其他被告顯得不同，這是沒有道理的。」

惠托爾．布萊絲小姐冷靜地接受我的說法，這點非常值得讚揚。

我請護理師去找沙得拉和他的律師團隊，半小時後，拉奇大律師報告說，只要我們定期休息，不要使用拉丁語，沙得拉應付得來。

已經發生了這麼多事，我都還沒有機會見到陪審團一眼。到目前為止，一切都稀鬆平常。此外，還一件事也是慣例。在被告席上坐著應該還在學校念書的少年，在其他的情況下，我們會稱他們為孩子，但在這裡他們是「被告」。控方律師喜歡以他們的姓氏加上「先生」來尊稱他們，對於非常年幼的被告，則是加上「少爺」。的確有道理。辯方律師則喜歡用名字來喚起人情味，但大多數情況下，他們只是「被告」。如果說忽視被告席上三個人的現實情況很容易，那麼忽視死去的孩子的現實情況就更容易了。

但以理外出時不過十五歲，他沒有回家，再也不會回家了。在法庭上，我們最接近看到他的方式是物證一：照片。第一頁是四張年輕面孔的照片，被告的照片是被逮捕後拍攝，悶悶不樂，不知所措，臉上寫著害怕和內疚，這並不奇怪。但以理的照片來自於他悲慟的家人，這也難怪他看起來很開心，眼睛閃閃發亮，笑著迎向他不被允許擁有的未來。在「現場照片」中，他被殘忍殺害的屍體經過馬賽克處理，避免使陪審員感到不安。遺體檢驗（有必要，否則但以理怎麼討回公道？）的冷漠凌辱在照片中經過美化，陪審團永遠不會看到他的肋骨被切開，醫療小組伸手進入他的身體，試圖讓他的心臟再次跳動，卻徒勞無功。他們不會看到被刀刺穿的心臟，而是看到一個普通男性的電腦生成圖像，上頭標示出但以理的傷口。但他們不會感覺到血液，一開始是溫暖的，然後迅速冷卻，大量流入胸膛，壓縮已經撲通撲通衰竭的心臟。他們不會嚐到他當時一定嚐到的鐵腥味，因為被刺傷後的那一刻，他還能動能喊，想知道自己發生了什麼事，也隱隱約約意識到自己快要死了，他只剩一個軀體，他完了。法庭上，大多數人會很容易忽視但以理的現實情況，但我不會，因為審判開始之後，我的視線中不僅有被告席上的男孩，還有陪審團看不見的但以理的母親和外婆，她們會豎起耳朵，聆聽令人心碎的步驟，看看他們的孩子是如何從他們身邊被帶走。

回到法庭後，我又問了一次，「現在可以開始進行陪審團選任了嗎？」

萊特檢察官說她準備好了，語氣顯示她老早準備好了，如果辯方也能這樣說，她會很感激。最後，惠托爾．布萊絲小姐臉紅了。

「拉奇大律師，你準備好了嗎？」

他是否喃喃說了一句「我也只能準備好了」？沙得拉又盯著他的拇指，不過，準備好了就是準備好了，所以我派庭務員上樓，到陪審團法警照顧候選陪審員的那層樓，法警會隨機選出三十個人，帶到我的法庭。然後，書記官同樣以隨機方式，從這些人中選出十二人來審理此案。

2

這三十個人拖著腳步進來，不自在地站在法庭一側，我開始了常規的程序。我解釋說，每個陪審員參與案件時都必須不帶偏見，萊特檢察官簡潔概述案件發生的時間、地點、性質，以及死者、被告和證人的姓名。我問他們有沒有人和此案有私人關係，三十個人都搖頭，很好。

我告訴他們，這次審判預計要四週時間，解釋只有極為少數的情況我可以豁免他們出庭，他們確實有困難的話，應該要讓我知道。

接著我向書記官點頭。今天是高䠷美麗的安琪莉克（Angelique），她堅定的雙手穩穩地拿著姓名卡，站起來看著陪審團，讓他們不敢給她的法官添麻煩。她叫的第一個名字是聖約翰．福布斯（St John Forbes）先生。

一個男人輕快朝我走來。我注意到他的西裝外套剪裁（令人讚賞）和領帶（現在誰上法庭打領帶？）。我認出了這條領帶，我認出了他是哪種人，我知道接下來將要發生什麼。他走向法官席，膝蓋有些僵硬，我猜測這暗示他很有衝勁打了幾年的壁球。果然沒錯（我可曾懷疑過？），福布斯先生有一份非常重要的工作，不能放下工作四個星期不管，福布斯先生受不了這個念頭。

我問：「你是經營一人公司嗎？」

他看著我，好像我瘋了，大聲說：「我在一家在世界舞臺上運作的公司工作，負責國際合約。」其他陪審員都翻了個白眼，看樣子福布斯先生不討其他人喜歡。

「如果你的雇主是一家跨國公司，他們有很多員工，能在你執行這項重要的公共服務時為你代班。」

他大吃一驚，瞪大眼睛，「我不能豁免嗎？」

「福布斯先生，在某些情況下，民眾不得不申請豁免陪審服務，例如一個沒人幫忙照顧孩子的單身母親，一個要執行許多攸關生命手術的外科醫師，或者必須照顧垂死的伴侶。你呢，是真的無法豁免。」

他臉色脹得通紅，「陪審團傳票上寫著『最多兩週』。」

我試圖緩和語氣。「陪審團傳票上寫的是，『通常最多兩週』，但在老貝利，沒有什麼是通常的。請入座吧。」我指向陪審席，看著他走去一號座位，他步伐僵硬，但願是因為膝蓋受傷，而不是憤怒。

接著被喊到名字的三個人順利入坐。安琪莉克喊了一個名字，卻無人回應，她再喊一次，喊到第三次時，一位矮小的老太太慢悠悠朝我走來，她緊緊抓著一個黑色大袋子，把它重重放到法官席上，使勁地點個頭，並拍拍袋子。我愣在那裡，她對我的遲鈍嘖了幾聲，打開袋子，我們一起凝視著黑暗的內部，那裡的藥物多到可以開一間小藥局。

我問：「妳不舒服嗎？」

她伸手拿出一盒藥，我看到盒子上寫著「一天一碇，治療血壓升高。K・席爾（K. Silva）先生。」她再次伸手，拿出一條哺乳乳頭照護膏，她知道不妙，連忙又拿出肝藥、偏頭痛藥和哮喘吸入器，通通堆在一起，每一種都是開給不同患者，但都不是她。我盡力擺出一副嚴厲的表情說：「這些藥好像都不是開給妳的。」

蹙額消失，她露出笑容說：「星期三。」

「請問你說什麼？」

她說：「藍。」也可能是「懶」，甚至是「爛」。

生命非常短暫，「這位陪審員可以豁免。」

沙得拉全部的注意力都在拇指上，但米煞和亞伯尼歌瞪著我，好像這是我的錯。也許是吧。

之後進展順利，我也讓一個教師豁免，因為她請超過兩週的公假會給他人帶來十足的麻煩。最後只剩十二號座位空著。

安琪莉克喊：「大衛・羅森布魯姆（David Rosenblum）。」

一個男人向我走來，肯定三十多歲，但不知為何看起來比實際年紀年輕。

「羅森布魯姆先生，有什麼問題嗎？」

他問：「是不是很血腥？」

我停了下來，「怎麼說？」

「我不敢看到血。」

我沒說：「拜託，老兄，冷靜一下，這是殺人案，想也知道會看到適量的體液。」我說的是：「你不會被要求看驗屍照片，我們會用圖像說明受傷情況。」

「但是……」

我看了看剩下的候選陪審員——所剩無幾，我必須作決定。我曾經必須考慮一些奇奇怪怪的請求，像是：「我的腳腫得像大象一樣」時，需要一個腳凳；「我長痔瘡」，需要泡冷水澡；「因為地鐵很髒」，我得搭計程車往返埃平（Epping）[15]；「替內維爾（Neville）提供適當的設施」（結果內維爾原來是一隻吉娃娃）。與這些要求相比，有點怕血又算得了什麼？

「請坐十二號座位，羅森布魯姆先生，這個案件只有少量的血液。」

這十二個人逐一對著他們的聖書宣誓，將「根據證據作出真正的裁決」，福布斯先生咬著牙發誓，羅森布魯姆先生則臉色蒼白。陪審員的宣誓透露出許多訊息，他們完成這個程序後，我知道我得到一個很好的組合，不同的性別、年齡、種族、社會背景、智力和常識。這就是陪審團。

3

我點個頭，萊特檢察官站起來，準備作開審陳述。「各位陪審員，檢方指控這三個年輕人——」她停頓了一下，意味深長地看了一眼被告席，「——殺害但以理・德文（Daniel Devon）。去年九月一日，當時只有十五歲的但以理，如往常一樣，週六到住家附近商店街的炸雞店工作。不久，其中一名被告開車將另外兩名被告帶到商店街附近的街道，把車停好，兩個人下車，然後在炸雞店外找到但以理，將他追到一條僻靜的小巷，刺了他三刀。致命傷穿過了他的心臟。檢方認為，沙得拉駕車，米煞行兇，亞伯尼歌自願做幫兇。檢方主張這三人集體行動，有共同目的，每個人都要對但以理的死亡負責。」

庭務員遞上一張A3大小的圖表，其中包括地圖、平面圖、監視器畫面、照片、手機通訊時間、行動通信基地臺訊號分析。還有一把刀的圖片，說明了從刀上提取到的指紋和DNA。所以陪審團拿到了檢察官所掌握的大部分證據，如果萊特檢察官在開審陳述時表現良好，這些證據很快就會進入他們的腦海，在案由陳述結束時還留在他們的心中。

15. 埃平是英格蘭埃塞克斯郡（Essex）埃平森林區的一個民政教區和城鎮，這裡仍保留了鄉村風景與眾多歷史建築。

她非常認真，細心地帶領他們認識背景情況。陪審團看著但以理的照片，突然之間，他不再只是「死者」，而是一個真實存在的男孩。他們不約而同倒抽了一口氣，福布斯先生搖搖頭，彷彿不敢相信這個孩子已經不存在了，福布斯先生是否自己也有一個十五歲的兒子？沒有人告訴他們但以理的家屬在法庭裡，但坐在羅森布魯姆先生旁的女人看著他的母親和外婆，好像她知道她們是誰。那是一個身材高大的黑人女士，將近五十歲，臉龐寫滿了同情。我做了筆記，記住一有機會就要提醒他們，在了解所有證據以前，務必保持開放的心態。

變得嚴肅的陪審團繼續聆聽萊特檢察官的開審陳述，她帶領他們看了現場照片，一切都很順利，直到我們翻到第二十二頁。現在，我們到了小巷子，花了一點時間在發現兇刀的地方。是一把獵刀，用來取出動物內臟的那種，刀身又長又寬，刀面帶孔，可以減少吸力，更容易從身體拔出，刀尖鋒利無比，一邊有部分的鋸齒。我近來常常看到這樣的刀，它們成為許多年輕人的首選武器。我比萊特檢察官更早翻到下一頁，第二十三頁是巷子盡頭的場景，但以理垂死掙扎的地方留有一大攤血，我想起了羅森布魯姆先生——但太遲了，萊特檢察官要求陪審團翻頁，我來不及阻止，陪審團翻頁了。咚，不祥的聲音，萊特檢察官停下來，我們都停下來。羅森布魯姆先生仰躺在椅子上，頭靠著牆，臉色像糕點麵糰揉打過度般慘白。還沒等我鼓勵或阻止，他旁邊的女人就俯下身子，以熟練的手法，在他的臉頰兩側各拍了兩下，啪啪啪啪，巴掌聲乾脆俐落。羅森布魯姆先生睜開眼睛，問十一號陪審員：「妳是誰？」她說：「維奧莉特（Violet）。」他微微一笑，又閉上了眼睛。

我讓陪審團休息一下，把大衛．羅森布魯姆交由維奧莉特照顧。原來她是護理師，經驗豐富，經常面對人性的脆弱。真高興我的陪審團中有維奧莉特，但似乎我不該讓羅森布魯姆先生留下，我們不能有一個只要看到第二十三頁就暈厥的陪審員。初級律師發現第三十七頁也一樣糟糕，一臉幸災樂禍，實在不可饒恕。只能讓羅森布魯姆先生離開，既然我不能在只有十一個陪審員的情況下進行審判，我們必須重新抽籤，重新開始。全是我的錯。我把陪審團叫回來，向他們解釋了情況。

羅森布魯姆先生說：「但我現在沒事了，最糟糕的我已經見過了，我也克服了。」

我猶豫了一下，然後說：「你還沒看到第三十七頁。」

大衛．羅森布魯姆看著維奧莉特，兩人一塊翻開到物證一的第三十七頁。他臉色變得異常蒼白，但擠出一絲笑容說：「我不會有事的，真的，我想當陪審員。」其他陪審員也點點頭，似乎也希望他能夠留下，甚至是福布斯先生，尤其是福布斯先生。這就是一個陪審團，儘管可能會出現許多狀況，這就是陪審團制度是世上最好的制度之一的原因。

於是萊特檢察官準備傳喚她的證人。她有一個證人，是一個計程車司機，當時在案發現場附近，但沒有親見看到巷子裡發生的事情。她的指控幾乎全是間接證據，也就是說，雖然沒有人目擊兇手刺殺，但綜合其他證據，會構成無可辯駁的有罪推定——至少萊特檢察官要讓陪審團這麼相信。間接證據也可以非常有力，目擊證人可能搞錯或記錯，但間接證據不會，不會在詰問中被逮到漏洞，也不會無法正確傳達想說的東西。間接證據就是間接證據，萊特檢察官有一整袋的間接證據。

她先傳喚計程車司機，他站上證人席，一臉困惑，似乎不敢相信自己站在這裡，或為什麼會在這裡。他顫抖著聲音，發誓會說實話，全部的事實，不會有任何的虛假。我用微笑鼓勵他，告訴他後方有椅板，有水壺、水杯和麥克風，還有陪審團必須聽到他的每一個字。他點點頭坐下來，伸手想把麥克風拉近，卻不小心撞翻了水壺。他從座位跳起來，結果這次換把玻璃杯打飛了。我向他保證，每個人都會打翻水，用語氣暗示打翻水對我們來說是家常便飯，我所有的證人都是潮濕的。

萊特檢察官要他說出全名，他說了，他全名很長，有很多語言的淵源。他聳聳肩說：「就叫我喬（Joe）吧，大家都這麼叫我。」在萊特檢察官嫻熟的提問下，喬告訴陪審團，他在商店街放一個客人下車後，決定去吃點東西，所以把車停好，沿著馬路往回走。他經過一條小巷，瞥了一眼，發現地上有東西。喬停下來，回想看到的情景，再次經歷那一刻——那一刻，他意識到地上有團東西緩緩地向他爬過來。陪審員向前傾身，被告低下頭，喬的沉默比話語描繪出更清晰的畫面，但話語還是需要的。

萊特檢察官輕聲說：「告訴我們。」

庭務員遞給他一杯水，他喝了一口，手在顫抖。他描述他走進小巷，看到了血——我瞥了一眼大衛．羅森布魯姆，但維奧莉特牢牢抓住他的手臂，他似乎和其他人一樣沉浸在故事中。喬帶著我們，越來越靠近那個垂死掙扎的男孩。他描述他跪下來，握住那隻無力的手。法庭後方傳來一陣壓抑的抽泣聲，但以理的母親和外婆就坐在那裡，雖然陪審團看不到，我注意到淚水從她們的臉頰無聲地流下，她們沒有擦去眼淚，因為她們的手緊握在一起。

萊特檢察官讓這一刻慢慢發酵，然後抓回到手中。「你用手機打了緊急求助電話？」喬點點頭。

「我們來聽聽這通電話吧？」她按下錄音設備的按鈕。

「緊急求助專線，您需要什麼服務？」一個聲音說，然後我們聽到了喬。毫無疑問是他，但這個喬和我們面前的喬不一樣，他上氣不接下氣乞求援助，設法遵循指示，當他摸不到脈搏，無法正確進行心肺復甦術，他瘋狂求救，希望有人能來幫助他。現在，在我們所有人面前，喬垂下了頭。

萊特檢察官說：「喬，不會有什麼不同的，醫學證據顯示但以理當時已經救不回了。」她的話是給喬的一份禮物，一個人道的小舉動，不會損害她在陪審團眼中的形象。喬露出傷心的笑容。辯方律師表示沒有問題要問他，他就踉踉蹌蹌走下證人席，由證人支援組的一位女士帶走。

喬的所見並不能證明被告有罪，也沒有人質疑他的證詞。他的陳述大可讀給陪審團聽，或是簡化成幾條兩造都同意的事實。嚴格來說，根本沒有必要傳喚喬，但好的檢察官都會像萊特檢察官那樣做，因為他出現在法庭讓死者活了過來。

現在萊特檢察官可以打開她那袋間接證據了。

她的袋子裡有什麼呢？

- 通聯紀錄和基地臺訊號分析
- 監視器畫面
- 自動車牌識別系統錄影
- ＤＮＡ證據

她從ＤＮＡ開始。一個警察拿出在小巷發現的刀，刀用金屬絲固定在扁平的盒子裡，上面罩著透明塑膠，必須戴上手術手套才能觸碰，因為檢驗用的化學藥劑可能致癌。陪審員傳閱密封的盒子，既厭惡又著迷，這把刀刺進一個男孩溫暖的深色心臟，割斷了他脆弱的生命，如今他走了，刀還在，在他們的手中。這把刀發揮了作用，得到一個證物編號，放在證人席的檯緣上，等候萊特檢察官的下一位證人：第一位法醫科學專家。

他的專業是ＤＮＡ分析鑑定，對法庭工作很熟悉，常常向門外漢解釋他工作中不可思議的科學。他告訴陪審團，去氧核醣核酸（ＤＮＡ）是幾乎每個人體細胞都有的遺傳物質，每個人的ＤＮＡ都不一樣，至少兩個沒有關係的人身上出現相同ＤＮＡ的機率很小，趨近於零（專家認為機率是十億分之一）。由於ＤＮＡ有一半來自生父，一半來自生母，血緣關係會影響機率，不過即使是同卵雙胞胎，ＤＮＡ也會不一樣。福布斯先生在他面前的筆記簿做了仔細的筆記，米煞搖搖頭，他很清楚接下來會發生什麼事。

科學家解釋他如何從但以理和每一個被告的血液中分析出完整的ＤＮＡ圖譜，他也從刀上的血液分析出一套ＤＮＡ圖譜，結果並沒有與任何被告的基因相符，但與但以理的完全相符。他以科學家的謹慎態度說，血可能是但以理的，而法庭上的每個人都認為，血怎麼可能會是別人的。不過刀還透露了另一個秘密，從刀柄採取的檢體分析出更多的ＤＮＡ，刀柄沒有血跡，所以ＤＮＡ可能來自握刀的手——也許是汗水，或者是皮膚碎屑。科學家設法從這些檢體萃取出足夠的ＤＮＡ，鑑定出部分圖譜與米煞的部分特徵相吻合。

科學家警告說：「當然，部分圖譜的隨機匹配率，遠遠大於完整基因的十億分之一。」

福布斯先生公正地記下了這一點，而萊特檢察官則皺起眉頭，好像有點擔心，但她不愧是經驗老到，又問：「那麼，ＤＮＡ來自於與米煞無關的其他人的機率有多大？」

科學家說：「哦，大得多，也許到六萬六千分之一。」

福布斯先生又做了記錄，原本滿懷希望抬頭看的米煞又低下了頭。

米煞的大律師巴靈頓先生起身進行詰問。巴靈頓大律師，聽起來很厲害，他確實也很厲害，至今除了把他的初級律師惠托爾．布萊絲小姐丟在我的面前外，還沒參與什麼，也沒有提出反對意見或難題。在三名被告中，他的案子最難辯護，現在他向前傾身，靠在講臺上，拉了拉長袍，停了很久，引起了陪審團的注意。

他說：「讓我們假設刀柄上的ＤＮＡ是我當事人的。」

被告席傳來一陣驚呼，對於這樣的假設，米煞毫無心理準備，他準備用機率來爭辯，即使機率是六萬六千分之一。但是巴靈頓大律師不是傻瓜，他知道萊特檢察官還沒拿出基地臺訊號證據，那會顯示但以理撐著最後一口氣求生的前七分鐘，米煞的手機正在利用離小巷不到一百五十碼的訊號塔。巴靈頓不知道這會讓六萬六千之一乘上多大的數字，但他知道答案是他應付不來的機率。不過他有另一個想法。

他對專家證人說：「假設米煞很不明智，交了一個殺人犯朋友，假設在前二十四小時裡，他完全不知道這個朋友有一把刀，他和這個朋友分享的，不是殺人計畫，而是一盤薯條。」

科學家看起來吃了一驚，「薯條？」他說。

巴靈頓大律師說：「或者排骨，吃什麼不重要。」

科學家懷疑地說：「我在刀柄上沒有發現薯條、排骨或任何其他食物物質。」

巴靈頓大律師舉手制止他。「假設他們一起吃了飯，分開時像男人一樣握了握手。」福布斯先生刻意放下他的筆，就連巴靈頓大律師也意識到他的假設是不可能的。他說：「或者這麼說吧，讓我們想像一下，他們起碼會握握手、碰碰肩，你能想像嗎，先生？」

科學家果敢地點點頭。

「在這種情況下，我當事人的ＤＮＡ會不會落在他殺人朋友的手上呢？」

科學家同意有可能。

「如果他的朋友隨後拔出了他的刀，我當事人的ＤＮＡ是否有可能從兇手的手上轉到刀上呢？」

「這是假設持刀行兇者在拔出刀子以前沒有洗手，根據我吃速食的經驗，吃完後——」

巴靈頓大律師嚴厲地說：「我們對你的衛生習慣不感興趣，只對你的專業知識感興趣。我所描述的情況很多人都知道，所以還有一個名稱，不是嗎？就叫做二次移轉。」

的確沒錯。表達完他的觀點後，巴靈頓大律師坐下，米煞露出笑容。亞伯尼歌或許是不知道誰會被指為殺人的朋友，所以沒有笑，沙得拉只是繼續咬拇指。拉奇大律師和保羅大律師沒有問題要問這位證人，但萊特檢察官仍有權覆主詰問。

她說：「我博學的朋友[16]提出的主張是，有別人拿被米煞的DNA污染過的手握住刀柄，你在刀柄上是否發現任何其他可能來自這個神秘人士的DNA？」

證人說：「沒有。」

我正要謝謝證人的出席，請他離開證人席，巴靈頓大律師卻又站起來。「庭上，我可以再問一個問題嗎？」

「你反詰問的時間點已過了，巴靈頓大律師。」

「是我不好，庭上，我忽略了一件事——這件事可能很重要。」

沒有必要嘆氣或吹毛求疵，讓他發問比較快解決。「我允許你再問一個問題，然後如果萊特檢察官願意的話，她也可以詰問。」

他說：「指紋。」

證人一臉茫然，「我相信沒有指紋，至少沒有找到。」

「但如果我的當事人握刀的力道可以刺傷一個人，應該留了指紋，不是嗎？」

證人猶豫了一下，「有些情況是不會留下任何指紋。」

「比如說？」

「比如說，如果他戴著手套……」

巴靈頓大律師像法醫師一樣皺起眉，「但如果他戴了手套，那就很難留下他的DNA。」

「我本來也要這麼說，或者他的手很冷。」

辯方得一分，而且但以理遇害那一天很暖和。萊特檢察官不想詰問了。

次日上午，法醫病理師來了，他拿起但以理的T恤——不再嶄新，也不再純白——讓我們看胸口的三處裂口。我們拿到另一組說明這把刀邪惡旅程的圖片，羅森布魯姆先生沒事，不過但以理的外婆可就不行了，這種情況總是不容易面對。審理殺人案時，檢方經常詢問法官死者家屬是否能坐在法庭上，這麼問是有充分的理由，因為誰會像他們一樣對見證正義的伸張有如此濃厚的興趣呢？也許只有那些與被告關係密切的人，而他們也很可能就在旁聽席上。在老貝利每一個法庭，旁聽席都位於上方，俯瞰著法庭，可以從主入口的獨立入口進出。殺人案審判氣氛激烈，讓受害人的家屬和被告的家屬一塊坐在上面，不人道，也不明智。但是，如果失去親人的家屬要坐在審判活動區，他們的憤怒和悲傷不能影響陪審員。現在但以理可憐的外婆悲痛欲絕，無法忍受眼前發生的一切，低聲呻吟，從座位滑落，跪在地上來回搖晃著身體。不一會兒，她的女兒和家屬聯

16. 在英國（以及澳洲、紐西蘭、加拿大與香港），大律師在法庭上互稱對方「我博學的朋友」（my learned friend）。

絡官陪在她的身邊，對她說著悄悄話，拉她站起來，扶著她往門口走去。陪審團喘了口氣，瞪大了眼睛，維奧莉特用面紙按住自己的嘴，身為護理師，我料想她多次目睹這樣的悲痛。其餘的人坐在那裡，呆呆看著。這類情況不時發生，必須加以處理，關鍵是不能輕描淡寫，也不能過度渲染。

「是不是趁這個時機休息一下？」萊特檢察官提出問題想幫忙，但辯方認為不合適，他們一點也不想看到陪審員坐在一起喝茶，想著一個老奶奶的痛苦，她的心像孫子一樣碎了。但是我們也不能什麼都不做。

我對陪審團說：「各位女士先生們，你們會理解並尊重失去孩子的悲痛，很難不被眼前的情景所影響，但你們在法庭的任務不是分擔這種悲痛，你們的任務是伸張正義，判斷事情真相，決定被告中是否有人要為此承擔刑事責任。這項任務需要冷靜的頭腦、清楚的思考，最重要的是，你們一方面不能被反感所影響，另一方面也不能被同情所影響，因為那樣會導致不公，那不是我們在這裡的目的。」

過了一會兒，十二個人點頭，氣氛降溫了。

好了，現在確實是早上休息的好時機。

在接下來的幾天，檢方提出其餘的舉證。有商店街的監視器畫面，黑白畫面雖然朦朧，但足以分辨出有兩個人影尾隨但以理走入小巷，也足以看出他們的服裝的大致類型和色調，以及他們各自的身高和體格。足夠了，但也僅限於此。總的來說，兩個人影與米煞和亞伯尼歌的身材相符，與在他們家中發現的衣服和運動鞋也匹配，但倫敦那一區有數百名少年也是這樣的身材與穿著。不過警方非常勤於辦案，檢查了周圍的監視器，發現有兩個類似的年輕人從相鄰的小路走向商店街，沒有跡象顯示這兩人走進那條小路，但有輛小型標緻車從遠處開進那條路。而且兩分鐘前，不遠處的自動車牌辨識系統拍到一輛非常相似的車，警方向駕駛及車輛牌照局查詢車牌，發現該車登記在沙得拉的母親名下。手機證據則顯示，三個男孩的手機都接到同一信號塔，顯示他們在殺人案發生的前後時間都在一起。間接證據之網正在收攏了。在檢方舉證的最後，萊特檢察官看起來……不是自鳴得意，控方律師的目標不是得意，但她看似過了一個愉快的工作天。

4

萊特檢察官的論點很清楚，沙得拉把另外兩人載到商店街附近的一條路上，等著他們把但以理追到巷子裡，米煞拿著殺害但以理的刀，然後他們跑回車上，三人逃之夭夭。這是一個非常完整的論點，間接證據十分有力。

第二天輪到了辯方。被告不須提供證據，但每一個被告都必須擁有提供證據的機會。沙得拉是起訴書中第一名被告，拉奇大律師站起來，說出一句耳熟能詳的老話：

「我要傳喚我的當事人。」仔細想想，你會覺得這句話很奇怪，但沙得拉似乎沒有想那麼多，他想的是他的拇指。

「沙得拉……」我通常不會直呼一個十八歲的人的名字，但我們已經養成了直呼年輕被告的習慣，平等很重要。「沙得拉，請你到證人席來。」

在整個審判過程中，沙得拉都急於討好他人，現在也一樣。他站起身來，在一名法警的陪同下穿過法庭。他不打算宣讀誓言，但還是恭恭順順跟著庭務員複誦。他坐在提供的小椅板上，環顧四周，拉奇大律師要求他仔細聽完問題，如實回答，沙得拉點點頭，由於這一刻而變得嚴肅。大律師慢慢帶著他的當事人回顧他有限的人生經歷。他由母親帶大，不記得見過父親，自認課業成績不太理想，一到了能工作的年紀，就離開學校，在當地的超市做事，負責上架補貨。他想幫助媽媽，他媽媽做兩份工作，早上五點到七點打掃辦公室，上午十點到下午三點在商店打工。她有一輛小汽車，是一輛標緻。

拉奇大律師問：「但以理遇難的那天，開去商店街就是那輛標緻車嗎？」

沙得拉皺眉，「我想是吧，我不確定。」

「你應該知道才對吧？」

沙得拉搖搖頭。

「所以不是你開的車？」

沙得拉一臉訝異，「你知道我沒有開車。」

拉奇大律師微笑著鼓勵他。「我知道，沙得拉，但陪審團的女士和先生不知道，你告訴他們那天你媽媽的標緻車去了那裡，而你卻沒去。」

沙得拉思考了一下這個問題，然後說：「米煞來了。」

「來哪裡？」

「我家，米煞來我家，說他們想要開那輛車，我說不行，我媽會不高興，但他說他們會在她回家之前開回來。」

「所以……」

「所以我把鑰匙給他，他把車開走，後來又開回來。」

「你沒有和他一起去？」

沙得拉搖搖頭。

「你沒有開車？」

「我不會開車，我媽想教我，但是……」他聳聳肩。

全場安靜下來，我們思索沙得拉剛才所說的話——他不會開車。

米煞和亞伯尼歌瞪大眼睛竊竊私語，陪審團面面相覷，萊特檢察官轉向檢方的資深調查警官，他無可奈何地眨著眼睛。

「米煞和亞伯尼歌知道你不會開車嗎？」

沙得拉臉紅了，他說：「我沒有跟人說，他們認為我很笨，要不是你從我嘴裡套出來，我也不會告訴你。」

拉奇大律師說：「你昨天才第一次說出來。」

沙得拉點點頭。

同時間發生了好幾件事，萊特檢察官對她的調查警官說了句話，調查警官離開了法庭，我猜她派他去查查看，駕駛及車輛牌照局是否有沙得拉駕駛過汽車的紀錄。答案是沒有，她知道，但她仍然必須查清楚。另一方面，巴靈頓大律師擔心這件事對米煞的辯護的影響，正忙著打電腦。我又作了一個猜測——他正在做和我相同的事，查看數位案件系統，看看能不能從米煞先前多次出庭紀錄找出他會開車的跡象，我不知道誰會先找到，但一分鐘內我和巴靈頓大律師都發現了一件事：去年，米煞未經車主同意，開走了一輛車，然後被定罪。我看了一眼巴靈頓大律師，他的嘴無聲地說了一句話，我認為是「媽的」。

其他辯護律師對沙得拉的詰問顯得不大認真，面對一個必須花長時間理解問題、思考答案、最後回答的證人，很難提起精神，當答案毫無詭計成分，那就更令人沒勁了。保羅大律師和巴靈頓大律師決定留給萊特檢察官來處理，她盡了全力，問了沙得拉許多問題，包括他的手機怎麼會和其他被告的手機使用相同的訊號塔和基地臺。

他說：「我的手機放在車上，我不大用手機，手機只是讓我媽打電話給我。」

我們查證了一下，在相關時間內，沙得拉的手機只有轉接來電，沒有接聽，也沒有撥打。不過萊特檢察官還是咬著不放。

她問：「你為什麼要借給他們車子？你知道你媽媽絕對不會同意，如果她在那些男孩開回來之前就回到家，你怎麼解釋？你認為他們要用車子做什麼？你問過他們嗎？你難道沒有……你為什麼不……什麼……怎麼……？」她逼問了好一會兒，當她坐下來的時候，她已經充分證明了沙得拉的說法是不可能的，至少證明一個有腦袋的人不會像他所說的那樣做事，但她的問題在於，沙得拉給人一個非常深刻的印象：他不是一個有腦袋的人。

第二天，輪到米煞了。他才十六歲，以他的年齡來說個頭很小。他臉皮很厚，從審判開始就經常嘻嘻哈哈，只是現在似乎失去了露出笑容的勇氣。他穿過法庭走上證人席，陪同他的是一名身材大他一倍的法警，他走上臺階，轉向陪審團。他看起來非常年幼，但跟其他年幼的證人不同，米煞準備好了。從他看亞伯尼歌的眼神，我突然明白米煞才是老大，他很可能是一個殺人犯，他很可能馬上就要被揭穿了，但他打算死不招認。

他太年輕了，無法進行包括「我向全能的上帝發誓……」的完整宣誓，身為未滿十八歲的證人，他必須以全能的上帝承諾會說實話，全部的事實，不會有任何的虛假。他自信地讀出了這些話，但這個承諾毫無意義，如果他是行兇者，他不會向陪審團承認，不會為了全能的上帝，也不會為了任何人。我告訴他，他願意的話可以坐下，他拒絕了，也許是一種下意識的願望，希望在身體上和精神上都「保持警覺」。他唯一能做的就是頑強地否認，所以他頑強地否認。沒錯，他會開車（沒有必要否認——他記得他以前被定過罪），但他從未開過那輛標緻車，沙得拉說謊。那天他沒有走進小巷，不過可能和他的朋友亞伯尼歌一起去了商店街的理髮店，所以他們的手機訊號都在那一帶。如果監視器畫面顯示進出巷子的兩人與他和亞伯尼歌相符，那只是巧合，如果刀柄上有他的ＤＮＡ，肯定是二次轉移的結果，他承認這表示他一定認識兇手，但不代表他，米煞，就是兇手。他這話說得有些義憤填膺，他指出那輛標緻車在那裡，所以沙得拉一定在場，而且……現在回想起來，他想到了那天早些時候他遇到沙得拉時跟他擊了掌。

米煞機智聰穎，笑容迷人，在他年幼的時候，這些特點可能幫助他擺脫了許多困境，但現在他像是被逼到角落的拳擊手，萊特檢察官以倨傲又漫不經心的姿態，一拳又一拳地揮來。拉奇大律師關心的是沙得拉，輕輕地笑了笑。巴靈頓大律師一臉無奈，也許在想，至少對小米煞來說，情況沒有變得更糟。他錯了。他的當事人在下午三點後結束作證，傑瑞米．保羅站起身來，一臉嚴肅。

「庭上，我能要求明天早上再開始亞伯尼歌的抗辯嗎？」

我揚起眉毛，表達了疑問。「我們今天下午還有時間。」

「我想與我的當事人商量幾件事。」

我同意了這個要求，亞伯尼歌要作一些艱難的決定，保羅大律師的工作就是向他解釋這些決定。到目前為止，亞伯尼歌都跟著米煞的步伐——「我們不在場，不是我們，搞錯了，這是巧合，是別人幹的壞事。」當然，在米煞作證後，無論他們兩個人的處境看起來多麼糟糕，他們的說辭也還可能都是事實。亞伯尼歌的律師必須注意，不要給這樣一個年輕的被告施加不當的壓力。另一方面，米煞顯得像是一個走投無路而拚命說謊的孩子，亞伯尼歌的律師團隊有責任指出他所面臨的困難，他可以選擇的路有：上證人席，提供他迄今為止所作的同樣陳述；或者拒絕提供任何證詞；或者……或者還有另外一張傑瑞米．保羅可以打出的牌。刀柄上只有米煞的ＤＮＡ，檢方能夠指控亞伯尼歌的最高罪名，是他協助、鼓勵米煞行兇。但即使他在巷子裡，又有什麼理由說他知道米煞帶了一把刀，或者他知道米煞可能會拿刀做什麼，更不用說他希望發生這種事了。如果他堅持原來的說辭，陪審團可能會得出一個結論：他從頭到尾都和米煞參與了這件事。但如果他原本的說法是假的呢？如果那個故事是那兩個男孩編出來的，他們相信這樣能讓他們洗脫罪名呢？如果現在這個故事很明顯不管用了呢？如果亞伯尼歌當時在場，但實際上並沒有參與刺殺呢？

辯護律師不許向他的當事人建議其他版本的說法，但可以鼓勵當事人說出真相……如果事實是亞伯尼歌以為他們只是要和但以理說話，或者頂多和他吵一架呢？那麼陪審團可能只判他過失致死罪成立，甚至宣告他完全無罪。

當然，我不知道傑瑞米．保羅那天下午在老貝利地下羈押候審室對亞伯尼歌說了什麼，也不知道那晚這個男孩躺在監獄發的枕頭套上在想什麼，但我知道他第二天早上走上證人席時會發生什麼事。

保羅大律師說：「亞伯尼歌，到現在為止，你是否對那天發生的事說了實話？」

亞伯尼歌背向他在被告席上的朋友，直視陪審團的臉龐說：「沒有。」

「你現在願意說實話嗎？」

亞伯尼歌點點頭，他已經準備好要說了。保羅大律師評估了一下，決定冒這個險，所以沒有逐步引導當事人，以一個又一個的問題帶出他的證詞，而是用三個字讓他自由發揮——「繼續說。」

亞伯尼歌說了。他深吸了一口氣，開始講話，從很久很久以前開始說給我們聽。他說但以理和米煞本來是朋友，但後來鬧翻了，他不知道原因，但米煞說但以理不尊重他，結果演變成芥蒂。米煞說要教訓但以理，他們知道但以理週六在炸雞店工作。亞伯尼歌說：「米煞叫我跟他一起去，我以為這只是說說而已，米煞把但以理追進了巷子，我跟上去。」亞伯尼歌停下來，法庭非常安靜，在被告席上，米煞瞪著眼睛坐著，遭受背叛的痛苦清晰地刻在他的臉上。「我不知道他帶了刀，刀藏在他的運動服底下，綁在他的大腿上。他把刀子拔出來，然後——」

亞伯尼歌又停下來，米煞在證人席尖聲說：「我不在場！」亞伯尼歌第一次轉向他的朋友，說：「你當然在。」

萊特檢察官反詰問時問：「你不知道會發生不好的事嗎？」

「我不知道。」

「但你安排開車過去。」

他點點頭。

「這樣你們去的路上不會有人看見？」

「這是米煞的主意。」

「這樣你們就可以很快離開。」

「我想是的。」

「那你為什麼認為快速進出、不被看見很重要？」

「我……我沒有這麼想過。」

「沙得拉開車送你……」

「沙得拉沒來，他說得沒錯，米煞跟他借了車。」

萊特檢察官嘆了口氣，沙得拉快要從她的手中溜走，但她不會輕易放過亞伯尼歌。她問了一個小時，最後亞伯尼歌仍然說他不知道會發生什麼事，但不得不承認他知道米煞非常生氣，他知道會有一場衝突。

「而且你知道米煞的大腿上綁著東西，你一定知道。他坐在車裡時，他下車時，你一定會發現。」

亞伯尼歌想了想，我們大家都想了一想，那是一把很大的刀，綁在一條很小的腿上。「我以為他的慢跑褲裡面有東西，沒有想到那是刀。」

「你以為是什麼？」

一個停頓，「手指虎（knuckleduster）[17]？」亞伯尼歌滿懷希望地說。

5

大律師各自發表結案陳詞。萊特檢察官把所有的證據綁在一起，形成一個難以解開的結。代表沙得拉的拉奇大律師說，萊特檢察官對另外兩個人的判斷可能是正確的，但她對他的當事人的判斷錯誤，沙得拉與殺人案無關。當然，保羅大律師必須承認亞伯尼歌當時在巷子裡，但他堅持認為他辯護的孩子到巷子時根本不知道會發生什麼事。巴靈頓大律師堅稱米煞根本不在巷子裡，但如果亞伯尼歌在巷子裡，那亞伯尼歌一定是兇手。從監視器和DNA證據來看，這是一個很難論證的抗辯理由，但他拿沒有指紋這件事大做文章。三位都強調，陪審員的決定對年輕的生命有嚴重的影響，一旦作了決定就無法撤回，因此，只要有一絲的懷疑，他們都不該被判有罪。至少最後這一點符合法律規定。

陳詞結束後，就輪到我了。我們已經在法庭上待了十四個工作日，快滿三週了，我會用一天時間總結，留給陪審團整整一週時間，考慮那些未來掌握在他們手中的年輕人的抗辯理由。我認為他們不需要那麼長的時間，但畢竟沒有法官能夠知道陪審團需要多長時間作出決定。

我的總結分為兩部分：（i）法律指引，（ii）證據摘要。起草法律指引是一門藝術，我給任何陪審團的第一個指示，幾乎都是舉證責任和舉證標準，這是所有刑事審判的基礎，非常重要，我們為它感到驕傲，把它掛在旗杆上，四處揮舞。在華麗的律師語言背後，真正的意思是：只有控方使陪審團確信被告有罪，被告才能被定罪。聽起來很好，事實也的確如此，國家以其一切權力資源起訴個人，被告雖然有律師、大律師和適當專家的法律援助，但這仍然是國家「設定規則的遊戲」。因此，法律把舉證責任放在國家身上，並讓它是一個沉重的責任，來平衡這個不平衡狀態。

然而，這裡藏著一個驚喜。由於舉證責任和舉證標準，任何由陪審團審判的人都不會被判為「無罪」，我可以肯定地說，因為在英格蘭和威爾斯沒有這樣的裁決（與蘇格蘭不同）[18]。無罪的裁決只代表控方沒有使陪審團確定被告有罪，即使陪審團認為被告很可能有罪，也必須作出「無罪」裁決——因為「很可能」不是「確定」。聽

17. 一種套在手指上的攻擊性武器。

18. 原註：在這兩個司法管轄區中，陪審團的「有罪」裁決代表陪審團確信被告有罪。在蘇格蘭，結論「我們確信他是無辜」的裁決是「無罪」，結論「我們不確定他是否有罪」的裁決是「未被證明」，而在英格蘭和威爾斯，「無罪」裁決包括除確定有罪以外的所有情況。

起來有些奇怪，但另一種做法會更奇怪：想像有一個世界，被告因為可能有罪，所以被判有罪。當然，這只是英國法律制度所作的選擇，很多地方、很多時代採用了不同的檢驗標準，但在英國，在這個時代，我們這麼做。我提供的下一個法律指引是「裁決步驟」，它像是一個書面的路線圖，按照待解決的問題的先後順序，一步步列出陪審團必須回答的問題。如果我設計得好，每個答案都會帶著他們走到下一個問題，得出所有答案後，他們就會有自己的裁決。法律可以是非常複雜的，沙得拉、米煞和亞伯尼歌一案所涉及的法規和相關案例，足足可以寫成一本書，但我必須簡化成非法律工作者也能懂的內容。簡單地說，要認定被告犯有殺人罪，陪審團首先必須確定他是兇手或是幫兇。如果他們不能確定這一點，被告就沒有罪。如果他們確定了，他們必須考慮他是否有意致人於死地或者至少造成嚴重傷害，如果他們確定了，他就犯有殺人罪。如果他們不確定，但確定他有意造成輕微的傷害，那他犯的不是殺人罪，而是過失致死罪[19]。

之後，我還要提供其他法律指引，法官可能必須就被告在警方訊問和辯護書狀中說過或沒有說過的話、他們的「好」或「壞」品格、指認證據、傳聞證據、專家證據、間接證據等等問題指導陪審員。法律複雜繁多，必須用於適當的情況，我挑出適用於本案的部分，以書面形式交給陪審團。內容很長，有的很難，我用最簡單的口頭語言解釋，福布斯先生點點頭，好像都聽懂了，羅森布魯姆先生搖搖頭，好像搖頭能把我說的東西變得更好理解，維奧莉特盯著我，好像我失去了理智。然後，我總結主要的證據，按照時間順序和背景脈絡描述細節，這是陪審團第一次聽到證據這樣呈現，因為每個大律師都把焦點放在對他們的辯護有利的資料上。有時，這一幅完整的畫面會給予新的啟示。

最後，我告訴他們三件事：他們的首要任務是選出一人擔任陪審團主席，主持討論，把他們的裁決交回法庭；沒有時間壓力；無論他們聽說過什麼多數裁決，都必須忘記，因為除非我另有指示，否則他們必須達成一致的裁決。我說完了，現在就交給他們了。在被告席上，米煞和亞伯尼歌一臉沮喪，沙得拉用他的拇指安慰自己。

6

陪審團在他們的房間裡討論了三天，第四天給了我一張字條：「我們作出裁決了。」我仔細再看看字條，懷疑是福布斯先生寫的，猜想他一定是主席。但是當法庭重新開庭時，坐在主席位置上的不是福布斯先生，而是羅森布魯姆先生。

19. 原註：請參閱附錄A。

在殺人案審判中，沒有什麼時刻比得上陪審團宣布裁決前的那一刻。你永遠不會習慣，空氣瀰漫著緊張的氣氛，記者擠了進來，旁聽席坐滿了人，但以理的母親和外婆坐在老位置，閉著眼，嘴唇微微顫動，好像在祈禱。

我向安琪莉克點頭，她站了起來說：「被告請起立。」

沙得拉和亞伯尼歌站起來，米煞猶豫了，被告席法警伸手想幫他，他把他的手推開。這個男孩繃得像弓弦一樣緊，如果他被判有罪，可能會有麻煩。我一點也不希望宣判時被告席出現暴力，如果發生了，會給米煞帶來更多的麻煩，對其他被告、陪審團、但以理的家人和其他所有人來說，也是一種拖延的折磨。我示意安琪莉克靠過來，低聲說：「先宣布米煞的裁決。」

她明白了，轉向陪審團，「主席請起立。」羅森布魯姆先生站起來。「主席先生，請以是或是不是回答我的第一個問題。主席先生，你們是否對每個被告都作出了一致的裁決？」

大衛．羅森布魯姆說：「是。」

「對於第二名被告米煞，你們認為他的殺人罪是否成立？」

片刻的停頓，法庭到處都是大口吸氣的聲音。米煞盯著陪審團，彷彿能靠意志力改變他知道即將發生的事。

大衛．羅森布魯姆說：「殺人罪成立。」

「你們認定他犯下殺人罪，這是你們所有人的裁決嗎？」

「是。」

米煞張嘴想反駁，還舉起拳頭強調他的抗議，我和被告席法警交換了眼神，在他還沒回過神來，他已經被帶進了綠皮革門，去了地下羈押候審室，前往今後有很長一段時間他將生活的所有牢房。

安琪莉克沒有停頓，繼續往下問。「關於第三名被告亞伯尼歌，你們認為他的殺人罪是否成立？」

「不成立。」

在被告席上，亞伯尼歌垂著雙肩，好像兩條腿快撐不住，他身邊的法警把他扶起來，但是安琪莉克還沒有結束。

「主席先生，你認為被告亞伯尼歌的過失致死罪是否成立？」

「成立。」

「這是你們所有人的裁決嗎？」

一定是，但仍然必須經過這個儀式。

我們繼續宣布沙得拉的裁決。

「殺人罪是否成立？」

羅森布魯姆先生說：「不成立。」

「過失致死罪是否成立？」

一個停頓，這時我懷疑羅森布魯姆先生是否當過演員。維奧莉特望著旁聽席，幾乎所有老貝利法庭的旁聽席都正對著陪審席。她的目光掃過了幾排人，停在一個女人身上，那女人身體前傾，從陪審團看向被告席上最後一個男孩。維奧莉特猜出誰是沙得拉的母親嗎？他母親肯定在那裡，儘管之前沒有人提到她。維奧莉特點點頭，面露笑容。我知道沙得拉不會有事。

裁決宣布，沙得拉聽了瞪大眼睛。我對他說：「你被判無罪，你會被帶到樓下，填完文件後，就可以離開了。」

他把大拇指從嘴裡拿出來，舉了起來，做了一個表示「一切都很好」的常見手勢。一切都很好，至少對他來說。

還剩下什麼要處理？要把兩個男孩關押很多年……確切的時間由我來決定。在他們的人生、失去的生命以及對這整個社會造成的傷害之間，我必須設法尋求一個平衡。律師說要懲罰和矯治，普通人追求正義和復仇，無論用什麼詞語，都需要經過深思熟慮才能作出正確的決定。我將宣判推遲到下一週，在接下來的幾天努力思索平衡點。

這將是米煞漫長結局的開始。他已經活了十六年，很可能最起碼也要被關上十六年。但在我對判決作出最後決定之前，控方和辯方都將有機會向我提交他們希望我審酌的所有資料。儘管如此，法律是明確的，毫不妥協的，對於殺人，無期徒刑是唯一的判決，在英國，對於不同年齡群體的人，無期徒刑有不同的名稱[20]，但無論怎麼稱呼，都是強制性的，沒有「如果」，沒有「但是」，沒有釋放日期。我會設定最低刑期，米煞必須服完這個刑期才能申請假釋出獄。在確定這個期限時，對於任何被判定殺人罪的十八歲以上成年人，法律要求我先設定十五年的最低刑期，但如果他攜帶刀具到現場行兇，服刑期限增加到二十五年，等於增加了三分之二。對於未滿十八歲的人，我必須先設定十二年的最低刑期，再考慮攜帶刀具的因素，如果增加三分之二，那麼服刑期限會變成二十年。但是，我還必須審酌到許多其他可能增加或減少最終刑期數字的因素[21]。

亞伯尼歌的情況完全不同，過失致死罪可以判處無期徒刑，但不是強制性的，也很少判無期徒刑，而是判有期徒刑，被告服一半或三分之二的刑期。對於亞伯尼歌犯下的這種過失致死罪，成年人可能被判處十二年監禁，以亞伯尼歌的年齡，我可能會判他八年，他要服刑一半[22]。所以這就是簡單的事實：亞伯尼歌十九歲時就能出獄，

20. 原註：對於未滿十八歲的人，無期徒刑在英國被稱為「在女王陛下的悅納下拘留」（detention at Her Majesty's pleasure）；對於年滿十八歲至二十歲的人，稱為「終身看管」；對於年滿二十一歲及以上的人，則是「終身監禁」。

21. 原註：關於我對米煞一案的最後宣判，你有興趣的話，請參閱附錄B。

22. 原註：關於我對亞伯尼歌一案的最後評述，你有興趣的話，請參閱附錄B。

而米煞如果能在三十歲出頭的時候獲釋，那算是走運了；但以理則是永遠死了。至於沙得拉呢？沙得拉可以自由決定如何度過還給他的人生。

7

前文說過，把越來越多的年輕人關起來，關的時間越來越長，當他們最後想要重新融入社會時，可能已經數十年沒有體驗過社會規範。這時，我們可能給自己惹了麻煩。人人都同意，首先防止持刀行兇的發生是更好的辦法，英國議會因此試圖立法把刑期延長到具有威懾力量的長度……但這種做法並沒有威懾住這些男孩。也許該停止嘗試威懾，改問一問年輕人為什麼願意面對嚴厲的刑罰，因為我們迄今絕對還沒有理解到其中的緣由。我在法庭上聽到的理由有：

- 害怕被其他有武器的人攻擊
- 希望傷害那些沒有表現出應有尊重的人
- 想讓人覺得自己很厲害
- 渴望加入一群人，被其他人所接納——街頭幫派第一種理由會自我增生，你因為別人帶刀而帶刀，那麼最後每個人都帶刀。第二種和第三種的原因可能與不成熟有關。最後一種可能來自一種不被制定法律的社會接納的感覺，或者是社會欠了他們什麼的感覺。社會可能回答說：「但他們有選擇，他們可以選擇融入社會：讀書、進修、求職、買房、成家。」當然，社會承認，如果你在一個毒品氾濫的市中心長大，這會比你在綠樹成蔭的郊區長大更難。如果你的母親做三份工作養活你和你的兄弟姊妹，這會比你有奮發向上的父母動輒為你的童年提供各種機會更難。但困難並不代表不可能。只是在這種背景下，將殺人罪的最低刑期加倍，不大可能造成任何的改變，事實也確實如此。

我們有許多致力打擊持刀犯罪的團體，但持刀犯罪數量仍舊不停增加，對抗這種犯罪行為的領袖，往往是孩子死於心臟、股動脈和頸靜脈被刀割的家庭，他們不屈不撓阻止青少年攜帶刀具，可惜竭盡了全力仍舊無法阻撓這種趨勢。什麼是最好的前進方向？這並不容易找到，對此我沒有比其他人更深入的見解，但當年輕人到我面前受審時，顯然他們已經迷失了方向，當他們被吸收到幫派時，眼前就只剩下「迷失」一條路，當他們居然考慮要攜帶刀具時，那則是直接走向了那條不歸路。但他們一開始不是這樣的，當我和非常年幼，才七、八歲的孩子打交道時，我發現他們懂是非、無偏見，大致很善良，知道別人不應該傷害自己，也可以接受反過來他們同樣不該傷害別人的概念。但到了十二歲，許多人就失去了這種清楚的觀念。我們需要找出原因，更認真地思考我們自己的責任以及他們的責任。在歸咎他人之前，我們需要多猶豫一下。我們需要了解他們的想法，他們也需要了解一些事：只有謝恩和像謝恩的人能告訴他們死亡所帶來的巨大痛苦，以及死亡一旦發生，就永遠無法挽回。如果我們的下一代從根本上認識到攜帶刀械是錯誤的，這種錯誤是不好的，這種不好會讓每個人都不開心，也許，只是也許，當他們長大了，伸手去拿運動鞋和棒球帽時，就不會順便也拿起了刀。

審判二
異邦麥田間[23]

Trial Two
Amid the Alien Corn

曼德斯（Manders）太太緩緩走上樓梯，小心翼翼不要發出一丁點聲響，如果你問她為什麼，她可能會說她不想吵到小寶寶。她跟露絲（Ruth）坐在一起時，聽見小薩拉（Zara）哭了一聲，不太大聲，但女兒還是上樓去查看。那是十分鐘前的事，現在曼德斯太太要自己上去，看看露絲是否一切都好。當然，她不會這麼說，絕對不會，即使在心底也不會這麼對自己說。

上了樓就是女兒的臥房了。與女兒的臥室相連的嬰兒房非常小，也許原本的設計是要當成更衣間——這種屋子既寬敞又明亮，也有一個既寬敞又明亮的花園，很有薩里郡（Surrey）[24]的風格，非常美好。曼德斯一家的生活本該是非常美好的，但曼德斯夫人還是悄悄走上樓。

露絲的房門開著，嬰兒房的門卻是關上的。曼德斯太太輕輕推開門，看到可愛的泰迪熊圖案窗簾是拉上的，不過當時是下午三點左右，而且窗戶朝南，所以拉上窗簾當然合情合理。曼德斯太太的眼睛適應昏暗的光線後，看見露絲彎腰看著嬰兒床。她微微一笑，見到露絲終於對孩子有了慈愛的舉動，她感到很欣慰。她不該擔心露絲，因為她就在這裡，靠近她的小寶寶，拿著小薩拉喜愛的粉紅色兔子，薩拉的小腿在輕薄的毯子下踢動著。

曼德斯太太過了多久才意識到兔子壓在孩子的臉龐上？兩條小腿像一個發條快鬆了的玩具，有氣無力地踢著？

1

九月下旬的一個週一，露絲的案子在我那日的審理表上。倫敦灰濛濛，濕淋淋，庇里牛斯山（Pyrenees）[25]卻是天氣炎熱，萬里無雲。我怎麼知道？因為我查了——這種小小的自我折磨對我沒有任何好處。想像那間漂亮小旅館的山景房，那張鋪著乾淨床單而我沒機會躺上的舒適睡床，同樣對我一點好處也沒有。跟許多法官一樣，我的假期泡湯了，因為我上一個案子的陪審團退庭商議還沒有結果，我和代表律師都認為那是個簡單的案子，但陪審團不這麼認為，無法就裁決達成一致的意見，已經討論了好幾天。

「往好處想，你現在可以辦嬰兒的案子。」分案科長說，他負責決定哪個案子分到哪個法庭。

我說：「對你好，對我可不好。」

23. 典故出自濟慈的《夜鶯頌》（Ode to a Nightingale），此詩在第七節中提到聖經人物路得（Ruth，與本章主角露絲同名）孤身在異邦麥田間流淚。
24. 位在英格蘭的東南部，歷史悠久，也是倫敦四周諸郡（home counties）之一。
25. 位於歐洲西南部，山脈東起於地中海，西止於大西洋，分隔歐洲大陸與伊比利半島，也是法國與西班牙的天然國界。

所以我來了，週一的早上。一個陪審團離開了，另一個陪審團在露絲・曼德斯案中宣誓。「女王訴[26]曼德斯案」（Regina v. Manders），被告只有一名，證人不多，沒有屍體，因此雙方都只有一名大律師。檢方是貝爾（Bell）先生，可靠又有經驗的那種律師。辯方是馬多克斯（Maddox）先生，青年才俊一名。

我說：「兩位律師。」

他們起身。

「現在可以開始進行陪審團選任了嗎？」

「我準備好了。」馬多克斯律師說，真是一個青年才俊。

「這個案子有什麼問題，馬多克斯律師？」

「我的當事人沒有做。」在被追問更多細節時，他說：「從來沒有發生過，我的當事人的母親並沒有看到她試圖殺死孩子，她撒謊。」他停了一下，想了一想。「不是撒謊，就是誤會，我在這個階段不明確表態。」

「沒有需要我作裁決的法律問題？沒有檢方說可以採納而辯方說不可以的證據？」

「沒有。」

「沒有要申請休庭？沒有欠缺文件？」

「沒有。」

「沒有精神問題？在這種情況下，我希望辯方能夠取得當事人的精神報告，畢竟女性試圖殺死自己孩子的例子不常發生，除非有什麼地方不對勁。」

他卻說：「沒有報告，因為她沒有做。」

我仔細打量他，不過青年才俊似乎認為他知道自己在做什麼，而我不知道。我不知道他和他的當事人之間發生了什麼事情，他可能研究過精神疾病的問題，沒有發現什麼，或者發現有些東西對她並不利，又或者她根本就拒絕去看精神科醫師。這些問題必須信任代表律師，而這一位將不會要求陪審團審酌露絲的精神健康或心態。一切都建立在一個簡單的假設上——她沒有做。

被告席上的露絲顯得孤苦伶仃，瘦弱矮小，還不到二十歲，站在兩個魁梧的法警中間，顯得更加稚嫩。她身體虛弱，頭髮又細又少，皮膚白到了沒有血色，我不知道是因為恐懼，還是因為在監獄不見天日。她已經關了五個月，對她來說，這一定是件不容易的事，因為普通人犯最討厭傷害自己孩子的母親，她的獄友鐵定不會讓她的日子好過。當然，在老貝利，殺人未遂是很常見的指控，但女被告倒是罕見，而母親試圖殺死自己孩子的案件則是少之又少。

像露絲這樣的被告更是稀有。大多數被告最終被送上法庭，是因為他們的生活環

26. 「Regina」意指「女王」，也簡稱為「R」，「V.」則為「VS.」的意思，因為女王是國家的代表，所以英國的公訴案件，檢察官都會以女王的名義來起訴犯罪嫌疑人。

境——貧窮、毒癮、壞朋友、不幸事件，這些都不是藉口，但至少可以解釋理由。露絲沒有這樣的理由，她在富裕家庭中長大，讀好學校，有各種優勢，沒有什麼明顯的理由會讓她想謀殺自己年幼的孩子。當然，陪審團將決定她有沒有做。她眼眶泛紅，但沒有眼淚，面無表情。她應當感到痛苦、憤怒或害怕，但似乎只是覺得疲憊不堪。她不像我見過的殺人犯，但話說回來，殺人犯也是形形色色的人都有。

「本案唯一爭議點是，證人說她看到了她的女兒試圖扼殺嬰兒薩拉，這是否是正確的，我的理解對嗎？」

兩位大律師都點點頭。幾乎沒有其他證據，如果曼德斯太太沒有撥打九九九[27]，她的女兒不會在被告席上，一個人的說辭與另一個人的說辭牴觸，這是家庭案件常見的情況，因為關起門來，除了在場的人，誰又知道發生了什麼？

青年才俊說：「這是一個非常簡單明瞭的問題。」

真的嗎？只有時間才能證明。但這時一個警察拉拉貝爾檢察官的袍子，附耳說了幾句話，於是貝爾檢察官不再點頭了。他對馬多克斯律師說了什麼，馬多克斯律師顯得非常開心，所以我猜貝爾檢察官並不開心。我說對了，時間證明了一切，而且沒花多少時間。

「庭上，我的主要證人，也就是被告的母親，拒絕出庭作證，我要聲請傳喚證人。」

如果證人可以提供相關證據但拒絕提供，應該發出傳票，命令證人出庭。曼德斯太太當然可以提供相關證據，我同意傳喚，傳票交由負責人員送達。

貝爾檢察官的聲請讓我感到壓力，小小的漣漪，但足以影響大局，我只知道今天每件事都會不順利。我又猜中了，露絲才被押回羈押候審室，我就收到退庭商議的陪審團的字條，他們無法達成一致裁決，於是我解散了他們，安排重審。接著，我又開庭處理露絲的案子。

「貝爾檢察官，我們現在可以請陪審團宣誓了嗎？」

貝爾檢察官搖頭，這時我訝異嗎？我不訝異。他把遞送傳票的人員叫到證人席上，他說，露絲的母親看了傳票，明白了它的含義，給他倒了一杯茶，告訴他她不會提供不利於她女兒的證據。那人拿出她的第二份聲明。如同所有的證人陳述，開頭先聲明內容屬實，陳述人知道，如果她故意陳述她知道是假的或她不信是真實的東西，她會被起訴。曼德斯太太在這裡簽了名，然後寫道，嬰兒薩拉很好，身體健康；她女兒從出生以來，似乎精神就有問題，需要的是幫助，不是懲罰；她不會出庭指證她。對一個母親來說，這是合理的立場。除了三句直截了當的話，還有第四句：「我在第一次陳述中沒有說謊，但我不願意在法庭上重複內容。」每一個有經驗的警官都會問

27. 英國與部分大英國協所屬地區的緊急求助電話。

頑固的證人一個問題——你在第一份陳述中說的是真的嗎？如果答案是肯定的，那麼貝爾檢察官的責任很明確，他也執行了：他申請拘票，拘提證人，審理延期到曼德斯太太被帶到我的面前。

2

漫長而徒勞的一天，但還沒有結束，還早呢。由於陪審團未能達成裁決，日後重審不只花錢，也徒增傷悲，儘管如此，如果陪審員對證據有不同的看法，每個人也忠於自己的誓言，這種情況肯定偶爾會發生，現在擔心也沒有意義。但擔心露絲卻是很有必要。關於她的一切，我的所見所聞——包括她母親的意見——都顯示我該有一份精神鑑定報告，但一位年輕有為的大律師作出相反的決定。這不代表馬多克斯律師是錯的，他可能也沒轍，因為必須聽從當事人的指示。他的當事人說她的母親沒有說實話，她的母親不可能看到她想要悶死小寶寶，因為這件事根本沒有發生過。如果她堅持自己沒有心理健康問題，他不能強迫她去看精神科醫師，我呢，則可以多做一點事，起碼可以派一個精神科醫師去看看露絲，但我不能強迫她說話、解釋或接受評估。由於做不了更有建設性的事，我就下去喝茶了。

法官茶會是我們一天中很重要的時刻，只有在這個時候我們會坐在一塊，沒有其他人在場。我們圍著長桌坐下，早些時候，我們在這裡和金融城（City of London）[28]客人共進午餐，現在餐桌已經收拾乾淨，擺上幾壺茶、幾盤餅乾。這是我們討論這一天各自遇到的問題的機會，我的問題是露絲，但我走到桌前時，一個嚴重的情況出現了：巧克力餅乾只剩下一塊，而H正盯著它。維也納奶油酥餅和椰子餅乾還有很多，但是外酥內軟滿嘴都能吃到巧克力的餅乾只有那麼一塊，H正虎視眈眈地看著。根據他背心上的餅乾屑，我知道他已經吃了一塊冰寶石，現在手卻還朝著巧克力餅乾伸過去。我也趕緊伸出手。

「你今天有多糟？」他問。

「糟到了極點。」

「以『外酥內軟』量表來說得幾分？」

「我解散了一個作不出裁決的陪審團。」

他眯起眼睛，「你這個幸運的傢伙，這樣你就不用判刑，我手上的縱火案定罪了。」

縱火很難判刑，我認命，放棄了那塊巧克力餅乾。

我環顧了一下桌子，「有件事我想聽聽大家的意見。」我的好同事停止談論他

28. 位於英國倫敦中心市區的專業金融商業區，有五百多家外國銀行、一百八十多個外國證券交易中心在此雲集，世界五百強的跨國企業中，有75%在此設立分公司或辦事處。

們害怕的大律師、生病的陪審員和丟失的卷宗，紛紛轉頭望向我。我說：「是一起殺嬰未遂案，起碼我在懷疑可能是。」直到這些話從嘴裡說出，我才意識到這是我的大腦一直想引導我去的地方……一個刑罰不太重的罪行。我現在才恍然大悟，之前我不明白，那是因為殺嬰罪非常罕見，而且是一項較輕的罪名，許多法官，即使是老貝利的法官，在整個司法生涯中，一次也不曾遇過。我引起了他們的注意，「目前被告被指控謀殺她的孩子未遂，但我真的認為殺嬰未遂的罪名可能會被加到起訴書中，如果——」

「殺嬰未遂？」說話的是S，他又友善又機敏，也是一位優秀的律師。他伸手拿起眼鏡戴上，戴上眼鏡後，他的思考能力更強。他又伸手拿來了隨身攜帶的筆記型電腦。「不知道……我好像記得……讓我查一下。」

S對瑣事有驚人的記憶力，但這並非說殺嬰未遂是小事，對露絲來說不是，對小薩拉和曼德斯太太也不是。電腦如同一條忠心耿耿的狗，發出光線開始運轉。S進入電子圖書館，現代法官可以徜徉在比亞歷山大夢想更浩瀚無比的書海之中。在我們等待時，H遲疑了一下，然後把巧克力餅乾掰成兩塊，遞給我一塊，殺嬰未遂比縱火更難辦。S敲著鍵盤說：「說說這個案子吧。」

我整理了事實。

「嬰兒四個月大，被告的母親說她的女兒自出生以來精神狀況一直不佳。」

「精神鑑定報告怎麼說？」H問。

「沒有報告。」

「但是……」

「沒錯。」

一陣寂靜。電腦嗡嗡作響，搜索了數百萬條目，最後向我們呈現了寥寥幾筆資料。除了一九三八年《殺嬰法》[29]，比較重要的只有一個案例，一份三十多年前的刑法修訂委員會的報告，還有二〇〇六年法律委員會的諮詢文件。S把眼鏡推到鼻梁上，大聲朗讀法令。我不知道為什麼法規中有這麼多的「故意」、「即」以及「由於」，但意思很清楚。一九三八年，立法者才剛剛開始認識產後抑鬱症，《殺嬰法》規定，如果罪行是由於母親因為分娩或哺乳而擾亂了心理平衡，可以更寬大地處理原本屬於殺人的罪行。這是一項慈悲的法令。在現實中，幾乎沒有殺嬰犯入獄，但幾乎所有被判定為謀殺未遂者都會入監服刑很長一段時間。

「好，就是殺嬰，絕佳的罪名。」

只是少了要求陪審團審酌這個罪名的依據，因為沒有醫學證據的證明，因為馬多克斯律師沒有精神鑑定報告。

29. 原註：請參閱附錄C。

S說：「當然，除了孩子沒有死。」

「那又怎樣？」H反問。「有殺人未遂的指控，那麼為什麼陪審團不能審酌改判殺嬰未遂？」

S仍然埋頭查詢電腦資訊。「啊，找到了，我就想我記得……你們知道嗎，到底殺嬰未遂罪存不存在，其實是有爭議的？」

我不知道，其他人看來也不知道。S讀了一大段報告給我們聽，然後又從政策諮詢文件中讀了一段對立的內容。

「一定有舊案例吧？」我的聲音聽起來……怎樣？很絕望？

「這麼嘛——」S又點了一下說：「女王訴K. A.史密斯案。」

沒錯，經典的K. A.史密斯案，我們怎麼會忘了？我為什麼會忘，那是因為我從未聽說過K. A.，結果原來每個人都跟我一樣，畢竟英國刑事法庭每年處理逾十萬起案子，儘管每一起都對審理該案件的法官很重要，但創造我們初級刑事法庭必須遵循的「判例」，是大約四千起上訴至CACD[30]的案件。要挖掘出像K. A.史密斯這樣的案件，需要投入大量的研究工夫，不然就需要S。S告訴我們，一九八三年，一名刑事法庭法官接受K. A.對殺嬰未遂的認罪，這可能會讓K. A.很幸運，但並不代表該決定是好的法律判例，只有得到CACD的特定認可，才能證明該決定是好判例。我想起了露絲，她正坐著囚車，被押往布朗菲爾德監獄（Her Majesty's

Prison Bronzefield）[31]。我想起她的母親，她的內心和良知都備受煎熬。當哈姆雷特（Hamlet）思考悲劇的力量時，曾問赫庫巴（Hecuba，特洛伊王國王后）跟他有什麼關係，他為什麼要為她掉眼淚。露絲對K. A.史密斯來說，跟赫庫巴之於《哈姆雷特》的演員一樣無關緊要，但如果有關聯的話，K. A.不會為她落淚嗎？

H說：「不管怎樣，這都不重要，因為沒有精神鑑定報告，不管法官再怎麼懷疑產後抑鬱症，也不能做什麼。」

他終於說對了。

3

那天晚上我研究法律，研究了幾個小時，但沒有任何進展。我不知道該不該再一次催促青年才俊取得報告，但我必須小心，不要插手管到了他的工作。如果被告認了罪，或者被陪審團判定有罪，而我必須作出裁決，我就可以要求一份精神鑑定報告，幫助審判程序；但露絲還沒有被判刑——還沒有。她要面臨審判，而她要怎麼辯護，那是她和她的律師的事。因此，過了一個晚上後，一切照舊，次日我還是回到原地。

30. 原註：Court of Appeal（Criminal Division），上訴法院（刑事庭）。

31. 位於英格蘭薩里市阿什福德（Ashford, Surrey）郊區的成年罪犯女性監獄，這裡是英國唯一專門為女性建造的私人監獄，也是歐洲最大的女性監獄。

在法官通道上，我和我的庭務員、書記官一塊站在通往法庭的門外，比爾和安琪莉克是我的眼睛和耳朵，可以看到那扇緊閉的門另一側情況。

安琪莉克說：「妳不會喜歡的。」

比爾說：「妳真的不喜歡。」一聲清脆的敲擊聲，他用力敲了一下門環，停頓了一下，再敲兩下——這是敲打法官門的傳統方式。他推門走了進去，閃到一旁，讓我通過走到座位上。「開庭。」他喊道。然後，就像我們法院每天開始工作時一樣，他說：「凡與女王大法官有任何事務要處理的人，請向前出席。上帝保佑女王。」

今天早上露絲臉色發灰，馬多克斯律師臉色發白，貝爾檢察官的臉則是紅的。

「現在可以開始進行陪審團選任了嗎，貝爾檢察官？」

「庭上，證人被拘提到法庭，但是她不——」他微微猶豫了一下，「不合作。」

我的嘆息被麥克風接收到，在法庭迴盪。

「她是因為拘票來的，我該把她帶去羈押候審室嗎？」他問我。

「我想沒有必要，貝爾檢察官。」我很不想把她關在羈押候審室裡，這是一個愛女心切的母親，被困在堅硬的岩石和最艱難的處境之間，她愛她的孩子，她也愛她的孫子。「把她帶進法庭。」

曼德斯太太和她的女兒完全不同，身材高大，骨架更大，看起來很能幹。她用鐵灰色的眼睛盯著我，我已經讓她站在證人席上了，我可不想讓她和她女兒一起站上被告席吧？

「曼德斯太太，很抱歉妳被捕了，但妳有重要的證據要提供，法律規定妳必須提供。」

她的聲音和她的眼神一樣穩定。「法官，我也很抱歉，但如果我提供證據，我女兒就要坐牢。」

青年才俊站起來說：「除非陪審團相信妳。」

這個舉動不適當，我準備告誡他，但不料他這句話產生了與他意圖背道而馳的效果。露絲的母親一臉詫異，顯然從未想過她會不被相信。她的表情透露了她的想法，她接著說了出來。

「你真的認為我會在這種事情上說謊話嗎？」

沒人叫青年才俊坐下，他自己坐了下去。

露絲的母親直視著我，她說：「我不想看到我的女兒坐牢，即使只是在羈押，這只會讓她變得更糟，不會變得更好。她現在已經過得很痛苦了，我不會做任何事讓她更痛苦。」

我深吸了一口氣。我接下來說的話，我說話的語氣，都會改變露絲、她母親和她的孩子的生活，會讓情況變得更好還是更糟，超乎了我的掌握，也超出了我的理解，因為我不知道什麼是更好，什麼是更壞。我不知道露絲是否確實試圖殺死自己的孩子，如果她真的做了，如果又有機會的話，她會不會再次嘗試。如果她再次嘗試，我不知道露絲的母親能不能保護小薩拉不被她傷害。我也不知道，如果露絲因為母親提供的證據而被判有罪，她是否可以保留她日後可能有的其他孩子。最重要的是，我不知道露絲怎麼會成為這樣的人。我所知道的只有我的職責——確保法律公平公正地運作。

我請露絲的母親坐下，設法用一種不帶威脅也不會過度友好的語氣說話。

「曼德斯太太，如果妳拒絕提供證據，妳可能會被視為藐視法庭，這很嚴重。如果被證實，妳將面臨長期監禁。妳需要找一個能給妳建議的律師談談，這件事我可以安排。」我確實可以，這棟大廈有一個律師群聚的律師交誼廳，當法官在這種情況下需要幫助時，他們之中會有人挺身接手案件。

她說：「我已經做過法律諮詢。」

那是當然的，這個能幹的女人，這位面對法庭的母親。我好奇露絲的父親呢？難道沒有一個父親在支持這個支持女兒的母親嗎？也許他在家中陪著小薩拉，也許他就是那個安排法律諮詢的人，也許——天哪——他就是那個律師。

我只能重複之前說過的話。「曼德斯太太，妳因為拒絕法庭傳喚而遭到拘提，如果妳堅持拒絕提供證據，可能會因為藐視法庭而被判入獄。我要審酌這件事，在我審酌的時候，妳會被帶到證人休息區，請不要以為這代表我最後不會把妳帶進牢房。」

對於那些心神不寧、害怕恐懼的人來說，證人休息區可以提供平靜，讓曼德斯太太坐在那裡想一想也無妨。不過，我還是採取了預防措施，要負責拘提的警員務必看好她。

她離開後，我轉向貝爾檢察官，他給了一個淡淡的微笑，有點勉強，像是苦笑。

「怎麼樣，貝爾檢察官？」

他說：「我想我們可以準備審判了。」

「但是你沒有證人。」青年才俊說，他是對著貝爾先生說，而不是對著我說。

「怎麼開始？」

「怎麼不能？」貝爾先生說。

他是對的，他實際上沒有太多其他選擇。青年才俊皺著眉頭，想弄清楚貝爾檢察官要做什麼，檢察官對這個小夥子很是同情。「《阿奇波爾特刑事法辯護、證據、執業大全》（Archbold）第八章，第一九七至二〇四段。」他低聲說，但全法庭都聽到了。從我見到曼德斯太太的那一刻起，一本《阿奇波爾特》就擺在我面前。

青年才俊翻開這本厚重的紅色律師專業教材，書中有刑事實務的奧秘——但不一定有解決方案。他讀了起來，他當然知道這本書，因為他必須知道適用於我的法庭的大部分法律。但是，這是一個很少用上的領域，需要記住很多東西，誰能想到所有的東西……當他閱讀時，他的表情是這麼說的。他最後抬起頭說：「《登曼勳爵法》

（Denman's Act）。」貝爾檢察官點點頭，很遺憾，我也點了頭。貝爾檢察官是在警告我們，他正在考慮採取非常規措施，也就是聲請詰問自己的證人。

法律是這樣運作的：當一方（控方或辯方）傳喚證人時，必須經由一連串「非引導性」問題從該證人獲得證據，這叫「主詰問」；「非引導性」問題不能包括大律師希望得到的答案。然後，對造的辯護人進行反詰問，可以隨心所欲提出「引導性」問題。因此，主詰問者可能問：「你叫什麼名字？」反詰問者可能會說：「你的名字是約翰．羅伯特．史邁思（John Robert Smythe），對吧？」如果證人否認，反詰問者可能接著說：「少來了，約翰．羅伯特．史邁思先生，這一定是你，十二年前，你就是用這個名字被判了偽證罪，不是嗎？」

但是，如果主詰問者發現他的證人變得「有敵意」，故意提供與他們的口供中不同的說法，或者根本拒絕說出一字一語，那該怎麼辦？在一八六五年以前，貝爾檢察官這樣的主詰問者無計可施，但後來有了《登曼勳爵法》[32]，貝爾先生這樣的律師，就可以向我這樣的法官，聲請盤問曼德斯太太這樣的證人——以她先前的證人口供來質疑她，問她為何改變說法，如此一來，真相可能會大白。起碼陪審團可以更清楚了解證人的想法。

青年才俊把目光從《阿奇波爾特》上移開，好像那一頁讓他不舒服。

「我能否提出意見，建議庭上不要批准貝爾先生的聲請嗎？」

「如果貝爾檢察官提出聲請，你當然可以提出意見。」我向他保證。「但他還不能聲請，除非曼德斯太太成為證人，而且拒絕在陪審團面前提供證據。所以，我們要成立陪審團，看看曼德斯太太到時候會怎麼做。」

4

於是，熟悉的程序展開了。一組候選陪審員被帶進法庭，我們從中選出一個陪審團，讓他們宣誓就職。開審後，貝爾檢察官只是輕描淡寫，因為他知道可能無法取得太大的進展。即使如此，幾個陪審員在聆聽指控的過程中，還是仔細地看著露絲。貝爾檢察官會暗示曼德斯太太不願作證嗎？他會暗示一位愛女心切的母親提供不利於自己孩子的證據是多麼困難嗎？青年才俊如坐針氈，但貝爾檢察官只根據控方所說的事實作了開審陳述，接著就傳喚他的證人，並且交叉手指（我懷疑）祈求好運。

那一刻終於來臨了，曼德斯太太跟著比爾穿過審判活動區，陪審團靜靜看著，我把一隻手放在《阿奇波爾特》上。我等待她被要求宣誓，等待她被問及她所看到的一切，然後我們看看會發生什麼事。她帶著雪梨．卡頓（Sydney Carton）[33]上刑臺的氣

32. 原註：一八六五年《刑事訴訟法》（Criminal Procedure Act 1865）第三條。
33. 狄更斯小說《雙城記》的核心人物。

勢，登上了證人席的臺階。比爾問她想用哪本聖書宣誓，她搖搖頭，比爾拿了具結結文[34]給她，她也搖頭。

「妳想用什麼宣誓？」比爾問。

她說：「都不用。」她眼角閃爍著一滴晶瑩的淚珠，但她不接受任何聖書，也不願意拿著印出來的具結結文宣誓。在隨後的沉默中，我看著貝爾檢察官，貝爾檢察官看著青年才俊，青年才俊低著頭。我請比爾帶陪審團出去，他們離開後，我轉向曼德斯太太。這時我才恍然明白，她——或者起碼是她諮詢法律建議的對象——比我們所有人都先了一步，要被當成敵姓證人（hostile witness）[35]，首先必須成為證人，要成為證人，嚴格來說，你必須在陪審團面前宣誓。

「曼德斯太太，妳拒絕宣誓嗎？」

她說：「我相信我是。」除了眼淚，她的眼中裡還有一絲歉意。

「但是為什麼呢？」說得好像我不知道似的。

「我相信，一旦我宣誓作證，如果我拒絕提供證據，檢察官可以聲請……」她忘了怎麼說，但知道基本觀念。「但如果我不宣誓作證，他就不能這麼做。」

呀，曼德斯太太，恐怕妳是對的。她確實聽取了法律建議。

她說：「很抱歉造成這麼多的麻煩，我只是想做對的事。」

我對這一點毫不懷疑。她認為不該把一個她相信病了的孩子關進監獄多年，這是她的決定，她會堅持到底。這是她的判斷，她把它置於法庭之上，置於法律之上，也置於其他人都被期望遵守，而她自己一生也都遵守的生活規則之上。她把這件事看得比自己的自由更加重要，因為她知道我可以因此把她送進監獄。

「妳仔細考慮過了。」

「我當然考慮過了。」然後她好像發現需要解釋一下，「我可以照顧她們兩個。」

「妳的女兒和妳的孫女？」

「露絲和薩拉。」她這麼說，好像我故意剝奪了她們的名字，故意剝奪了她們的人性，好像這正是她必須採取行動的原因，以保護她們不受無人性制度的傷害。她有令我不得不佩服的地方，但她的判斷是錯誤的，至少我認為錯了，而這就是我的判斷，她錯了，因為她無法同時保護她們兩個。即使有丈夫、金錢和所有她認為可以依賴的東西，這個制度也很難戰勝，它屹立不搖，確定無疑，而且不近人情。第一步：藐視法庭的法律程序會讓她入獄，我不希望如此，我會盡量判刑判短一點，但法庭權威受到挑戰，如果法庭不處理，一旦消息傳播開來，同樣的事情會在全國各地的其他

34. 歐美的法院一般會讓證人用按聖經宣誓的方式來確保證言的真實性，若不採此模式，為了確保證人說的都是真的，法院會將一張誓詞交給證人，這張紙就是「結文」，法院命證人朗讀結文後簽名的過程，就是所謂的「具結」。

35. 審判實務上之證人，為可預見對我方不利之敵性證人，相對者為「友性證人」（friendly witness）。

案件中發生。第二步：少了她母親的證詞，露絲將被宣判無罪，獲釋返家，但如果我把曼德斯太太關進牢裡，她就不能在家照顧她，即使她在家，第三步幾乎肯定會隨之而來：社會服務部門啟動監護程序。刑事法庭的無罪判決，只代表控方無法向陪審團提供證據，讓陪審團確信被告有罪。在此案中，證人撤回證詞的動機非常明確，那麼這個「無罪判決」沒有意義，政府必須確保嬰兒的安全。

我不能跟露絲的母親說這些話，我不能拉著她的手說聽我說。但我知道有人可以，我知道很多人可以，他們就坐在律師交誼廳、律師圖書館或律師更衣間。

我堅定地說：「我會安排法律援助，我希望妳能和一個大律師談談，我不能強迫妳提供證據。」這句話不用說誰都知道，沒有人能扳開證人的嘴，從他的嘴裡挖出證詞。「但我想確定妳清楚知道自己在做什麼，以及這對妳、對妳的女兒和孫女會造成的後果。」

她猶豫了一下。

「好嗎？」我說。

＊

「怎麼樣？」在午餐時間H問我。

法官的午餐不談論案件，而是這樣運作的：倫敦金融城擁有法院這座建築，這裡不只是十八個法庭的所在地，也是倫敦金融城兩位郡長的「家」，他們每天做東道主，招待法官吃午餐，並且邀請其他嘉賓，法官負責綜藝娛樂，所以午餐不是為了討論法律，而是為了和郡長、市議員以及受邀的大人物同桌進餐。今天我坐在一位天體物理學家隔壁，由於暗物質（dark matter）[36]和烤魚的關係，除了對H搖搖頭之外，沒有時間與他有更多的交流。兩點鐘，我又回到法庭，曼德斯太太也回來了。她站在一位看上去很理智的女律師身邊，這位女大律師承擔了與她溝通的任務。

大律師說：「我的當事人想為她先前的態度向庭上道歉。」

我點點頭，我不要道歉，我只要知道曼德斯太太是否願意作證。

大律師又說：「她已經充分考慮過她的各種行為可能產生的所有後果。」

這我料到了，但她會作證嗎？

大律師遲疑了一下。「請容我建議庭上把陪審團召回法庭。」我注意到她在黑袍底下聳了聳肩，我的解讀是：我實在不知道她是否願意作證，如果她願意作證，她是否願意說出她所看到的，但起碼她明白自己的選擇可能帶來的後果。她明白，如果她作證，她的女兒可能坐牢，如果她不作證，她的孫女可能會被社會服務機構帶走。她

36. 指不與電磁力產生作用的物質，也就是不會吸收、反射或發出光。

明白，如果她的女兒確實沒有做，那麼她就蒙受了冤屈，如果她的女兒確實做了，她的孫女可能會承受更大的痛苦。不管曼德斯太太對於不作證這個決定想了多少，這是第一次有人引導她去思考這些問題。她一臉焦慮害怕。

我謝謝大律師，派人去請陪審團。十分鐘後，他們回到座位上，露絲的母親上了證人席，陪審員身子前傾盯著她。這一次她會宣誓，還是不會呢？青年才俊一下看著證人，一下看著地板。檢察官站起來，氣氛緊張到可以撕裂空氣。只有露絲坐著，顯然無動於衷，什麼都不看。

比爾給了曼德斯太太幾份誓言和具結結文，她選了結文，拿著卡片盯著，咬著嘴唇。在她思考、權衡、作決定時，我們所有人屏住呼吸。她看著我，我以為她會拒絕，但她說出了「我謹此鄭重、誠摯、真誠地宣示並確認……」馬多克斯律師閉上眼睛，貝爾檢察官鬆了一口氣，他還有工作要做，他仍需讓她說出證據，但現在至少她是一個具結過的證人，她要是拒絕陳述，至少他可以聲請詰問她的證人陳述。

5

他以非常規的開場白開始：「我只想從妳那裡得到真相。」

她的回答同樣非常規：「這不容易。」

他點點頭，「讓我們從容易的事情開始吧。」

他從她口中慢慢問出了露絲懷孕的經過。她告訴我們，她和她的丈夫都不知道她有男朋友，露絲也從未說過孩子的父親是誰……不知道也沒關係……他們有足夠的愛，可以給予薩拉所需要的一切……他們一直支持露絲……他們當然很失望，但沒有指責，沒有表現出失望的情緒……她曾經光彩四射，他們對她抱著很大的希望——現在依然如此。我看了一眼露絲，她現在沒了光彩，也完全沒了希望。曼德斯太太告訴陪審團露絲在生下孩子後的改變，說得非常誠懇，貝爾檢察官沒有打斷她。露絲變得非常安靜，非常孤僻，對任何事情都意興闌珊。

「妳懷疑她生病了？」貝爾檢察官問。

「我現在確定她生病了。」

「妳當時就懷疑了？」

「當然。」

「但沒有懷疑到尋求醫療協助的地步。」

一陣沉默。

她最後說：「對。」

青年才俊站起來。「庭上，檢察官詰問他自己的證人，但他沒有提出這樣的聲請，我——」

貝爾檢察官打斷他。「庭上，我向我博學的朋友和法庭道歉，我不應該說『但沒有懷疑到尋求醫療協助的地步』，我應該說『妳有沒有尋求醫療幫助？』我相信答案一定是一樣的。」

青年才俊滿臉通紅回座，聰明和熱情並不能取代經驗。

之後，貝爾先生用曼德斯家的照片引導證人。有二十張照片整齊歸檔在陪審員三號標籤資料中，我們看到一個綠樹成蔭的郊區，一棟獨立的房子，房間很大，家具不錯，一架鋼琴……

貝爾先生問：「誰彈鋼琴？」

曼德斯太太嘆了口氣。「我們買給露絲的，她以前經常彈，但生了孩子之後就沒再碰過，她似乎對鋼琴沒興趣了。」

幾個陪審員望向露絲，也許他們頭一次看到了一個悲傷的孩子，而不是一個兇殘的女人。即使貝爾檢察官也會犯錯。

攝影師帶我們上二樓，進入露絲的臥室。奶油色和米色的裝潢色調，嬰兒房就在隔壁，空間不大，以粉紅色和白色布置，一隻泰迪熊，一組床邊旋轉吊飾，一件白色小羊毛衫掛在小衣架上。再溫馨不過了。

「那個星期天下午，妳就是進來這裡，看到了什麼，所以撥打九九九？」

她點點頭，「我以為我看到的。」

「妳看到了什麼？」他糾正了自己。「妳以為妳看到了什麼？」

她閉上眼睛，又迅速睜開，彷彿在黑暗中重現的場景太過痛苦，讓人無法思考。

「我以為我的女兒靠在孫女的小床上，她拿著薩拉的玩具兔子，起初我以為她只是調整毯子，但後來我想她是……」露絲的母親一手掩著嘴，打住了話。

一個本領遜於貝爾檢察官的辯護人，會強迫她說出她的想法，但貝爾檢察官沒有這麼做，而是讓證人腦海中所想像的那個週日下午畫面慢慢浮現在法庭，陪審團不約而同倒抽了一口氣。

「我現在認為我可能是弄錯了。」

「真的嗎？」貝爾檢察官說。他知道她要撤回她的證詞，他知道他可能需要向我聲請詰問她的證詞內容，他知道他可能需要爭論法律。他的手伸向《阿奇波爾特》停在上面，但想到另一條線索，手縮了回去。他展開不同的策略，說：「我想，三號標籤中的照片是露絲被捕一段時間後警方攝影師拍攝的？」

曼德斯太太回過神來，「是第二天早上拍的。」

「但我們有更接近事發時間的照片。」

「沒有，那就是最早的。」

「妳忘了逮捕的警察所拍的影片。」

她盯著他，她沒忘，只是不知道有這樣的影片，但法庭上的其他人都知道——我們在貝爾先生的開審陳述中聽到了。

只有露絲的母親不知道那個警察戴著隨身攝影機，現在她知道了，她還會知道更多她本來不知道的事。

「我們也有妳打九九九電話的錄音。」

曼德斯太太拿起水杯，我冒出一個短暫的瘋狂念頭——她可能會對著他砸過去。但她只喝了一小口，又放了回去。

貝爾先生說：「我們從緊急求助電話開始吧，我們會播放錄音，妳可以向陪審團解釋發生了什麼。」

他把謄本交給庭務員，庭務員再發給陪審團和證人。曼德斯太太盯著謄本，彷彿那是一條毒蛇。證人席有個小座位，我已經告訴她，想坐下隨時可以坐下，現在她第一次沉沉地坐了下去。在法庭的一側，一名法庭人員走到機器前，按下按鈕，轉動旋鈕，一陣劈哩啪啦聲響後，嗶——另一個地方，另一個時間，電話鈴聲響起，然後是「緊急求助專線，您需要哪項服務？」

我們都聽到一陣急促的呼吸，接著是露絲的母親的聲音，她的聲音因震驚而顯得冷漠。她說：「救護車，快，拜託了，還有報警。」

貝爾檢察官向法庭人員點點頭，法庭人員按下另一個按鈕，錄音帶停止了。貝爾檢察官回到證人身邊。

「妳叫了救護車，因為薩拉需要醫療援助？」

她看著檢察官，好像已經開始恨他了。「很清楚，不是嗎？」她說。

「她怎麼了？」

「她好像呼吸困難，喘息還是窒息了……你可以在九九九電話中聽到她的聲音。」

沒錯，我們都聽到了。

「但她一下子就沒事了，只是那一刻我以為……」

「妳以為她不能呼吸了。」他停頓了一下，讓陪審員各自在腦海中構思下一個問題，再替他們提出了這個問題。「那妳為什麼要報警？」

她知道沒有回頭路了，但她也看不到前進的路，於是沉默了。

「是不是因為妳看到了什麼？」

一個停頓，一個點頭。

「在嬰兒房？」

她又點了點頭。

「但是，除了妳以外，嬰兒房中只有薩拉和露絲，沒有其他人。」

她抬起頭，嘆了口氣。貝爾檢察官等著這一聲嘆息傳至法庭最遠的角落，然後才詢問嬰兒房有沒有電話。一個毫無惡意的問題，卻又如此聰明。

她說嬰兒房裡沒有電話，她必須下樓去走廊打。

「既然我們能夠從電話中聽到薩拉的咳嗽，是不是應該理解妳也把孩子抱下樓了？」

「對。」

「這麼說，妳沒有把嬰兒留在嬰兒房，和妳女兒一塊？」

青年才俊站起來，「我博學的朋友不該詰問他自己的證人。」

我溫和地說：「他並沒有詰問。」

「沒有，嗯……」

貝爾檢察官等到對手回座後才說：「曼德斯太太，妳不告訴我們妳打開嬰兒房門時看到了什麼嗎？」他說得很客氣，畢竟她是一個通情達理的女人。

她看著他，凝視了好一會兒，知道自己和露絲都完了，她已經走得比原本計畫的更遠，既然來到了這一步，已經無路可走，只能走到底了。她低下頭做她必須做的事。她不帶感情，簡潔地描述了自己站在門口，見到女兒俯身靠在嬰兒床上，發現被子被拉開，嬰兒的小腿無力地踢動著，然後發現女兒拿著孩子的絨毛兔子，那一瞬間，她以為那個小玩具壓在嬰兒的臉上，於是推開露絲，一把抱起嬰兒，嬰兒嘴唇發青，似乎無法呼吸，所以……於是……

於是說完了。貝爾檢察官現在只需播放警察隨身錄影機所錄下的影片。在那通電話後，警察在數分鐘內趕到，隨後倫敦救護車服務隊也抵達了。這段錄影同時記錄了畫面和聲音。影片顯示，曼德斯太太不像現在穿戴整齊，精心化了妝，而是穿著家居服，把嬰兒緊緊摟在懷裡，氣喘吁吁。畫面中還有一隻金黃色拉布拉多犬跟在她身後，焦急地嗚嗚叫著。戴著攝影機的警察問屋內是否有其他人，露絲的母親告訴他樓上有人，他就上樓去了。

我們看到他的靴子，聽到沉重的步伐和呼喊，隨後是一陣寂靜。他走進嬰兒房時，我們看到露絲坐在一張椅子的邊緣，雙手整齊疊放在膝蓋上，旁邊是空著的嬰兒床。陪審團盯著眼前的小螢幕，盯著模糊的露絲，就像露絲盯著臥室牆壁。

貝爾檢察官坐下後，馬多克斯律師就站起身。他試圖提出所有可能的論點，證人也非常願意幫助他。她欣然承認自己沒有清楚看到每一件事，那只是她的印象，也許她是錯的。他曾威脅說要指控她捏造了對女兒的指控，但他沒有說，他不是傻瓜，我們都看到了曼德斯太太，沒有人會認為這個女人會故意捏造不實，害自己的孩子陷入困境，但她可能錯了——任何人都可能會搞錯。他盡其所能向她施壓。她甚至猶豫了一下後承認，也許是她抱起嬰兒時把孩子嚇得無法呼吸。她非常樂意說自己反應過度，因為嬰兒其實很好——身上沒有發現任何傷痕，也沒有後遺症。控方所建立的論點逐一被拆解了。但是，任何一個辯護律師都無法消弭那通九九九電話的影響——當曼德斯太太的聲音飄過法庭時，她的恐懼和震驚不言而喻。

曼德斯太太離開證人席後，貝爾檢察官傳喚當時的救護人員。沒錯，他證實，嬰兒顯然哪裡不舒服，嘴唇明顯發青，四肢無力，臉色蒼白。但是——在回答青年才俊的問題時——臉上沒有任何傷痕顯示她的嘴鼻曾遭到捂住，脖子沒有勒痕。沒多久，孩子看起來就很正常，後來到醫院檢查也沒有發現任何異狀。接著被傳喚的一位專家說，觀察到的症狀與刻意造成的窒息相符，但在反詰問時，他承認這些症狀也與意外窒息相同，比如孩子在睡覺時把自己的小臉蛋壓在柔軟的玩具或枕頭上。這就是控方所有的論據，貝爾檢察官已經將僅有的證據呈交給陪審團了。

6

青年才俊讓他的當事人有了被判無罪的機會，他現在必須決定是否傳喚她作證。讓她上證人席，是為了讓她接受詰問，讓她在被告席上保持沉默，則會冒著陪審團推斷她對指控無言以對的風險。他站起身來，猶豫了一瞬間，把她叫上前。聽到自己的名字，露絲跟著法警穿過法庭，她必須扶著欄杆才能爬上證人席的臺階。她以細小的聲音具結，我伸手一指，告訴她後面有小椅板，她就坐了下去，好像兩腿都要撐不住似的。她比之前更蒼白，看起來比實際年齡年幼許多。我看到了她沒有看到的——在她的後上方，旁聽席的門打開了，她的母親溜了進來，坐在前排，盡可能靠近她的女兒。

青年才俊引導露絲描述了她快樂的童年和青春期，她喜歡上學，但後來沒興趣讀書，還沒參加 A level 考試[37]就輟了學。她琴彈得很好，特別是蕭邦，尤其是夜曲。她展開纖細的雙手放在面前的檯緣上，她的手指細長，關節出奇地強健。我是唯一突然想像這雙手拿著填充玩具用力壓在一個嬰兒的臉上的人嗎？不要想這個，專心記錄證據，這是工作。

幸福的歲月之後，是幸福的懷孕和分娩，她不明白她母親所說的病是什麼，除了十歲時得過闌尾炎，她沒有生過病。她精神沒有任何問題，也許她的母親有點……她猶豫了一下，悉心地尋找合適的字眼，最後說——不平衡。我抬頭看了一眼旁聽席，曼德斯太太把頭埋在雙手中。露絲白皙的臉龐上有兩抹紅暈，她說這是一個可怕的錯誤，她的母親想像力太過豐富。露絲希望我們相信的事實是，她從嬰兒房的門口往裡面看，看到嬰兒在睡夢中喘不過氣，驚慌失措衝到嬰兒床前，嬰兒的嘴被她的玩具兔子蓋住，薩拉很喜歡這個兔子，喜歡它放在身邊的小床上，但不知為何……露絲一拿開兔子，她的母親就進來了，得出了錯誤的結論。她絕對不會傷害她的孩子，也從未傷害過。

37. A-Level（General Certificate of Education Advanced Level）是英國「普通中等教育證書考試高級水平課程」，也是英國大學的入學考試課程，學生一般都會選讀三～四門 A-Level 科目，之後再根據自己的興趣申請目標大學，而錄取與否則以學生 A-Level 的公開考試成績為考核基準。

青年才俊滿意地坐下來，貝爾檢察官接著站了起來，沉默了好一會兒。我明白了，她是一個好證人，一個絕佳的證人，你肯定會毫不猶豫地相信她，起碼不會十分肯定她有罪，給她定罪。但是，隨身攝影機錄下了影片，在模糊的灰色畫面中，她盯著牆壁，接著沒有感情地下了樓，步出家門，甚至沒看一眼她聲稱非常疼愛的嬰兒。當然，這樣畫面可能造成假象，但是……她的故事有什麼不對的地方，貝爾檢察官知道，但他不知道是什麼，也不知道該從哪裡著手。他像一頭老獵犬，開始四處尋找氣味，小心翼翼地探索，搜索著不同的方向。他問起她對孩子的感受，問起她母親所說的困難——她用細小而清晰的聲音解釋，這些事情都不是真的，她的母親老是瞎操心。她想了想，把「瞎操心」改成了「擔心」。貝爾檢察官轉而問起其他的事。

只有一次，他打破了她篤定的平靜，那是他問起孩子的父親時。青年才俊完全沒有觸及這個話題，但鐵定有父親這個人。現在被逼問了，露絲脹紅了臉，眼睛也亮了起來，但我無法判斷是因為淚水還是怒火。我注意到她的拳頭在前面的檯緣上握緊了，但她又恢復了自我控制。她說：「那段關係很短暫，是一個錯誤，我幾乎不了解他，他從來不是我生活的一部分。如果你不介意的話，我真的不想談論他。」除了尊重這種顧及隱私請求外，貝爾檢察官還能做什麼呢，因為在薩拉出生前就結束的感情與這次審判有什麼關係呢？他所創造的機會之窗一個接一個關上了，一個上午過去，他毫無進展，我可以看到他已經快沒有選擇了，他肩膀低垂的姿勢顯示他接受了「勝敗乃兵家常事」。

我說：「貝爾檢察官，快一點了，你想找一個方便的時機休息一下吃午餐嗎？」

他點點頭，他會把他想詢問的事情問完，然後吃著乳酪三明治，配著濃咖啡，考慮還有哪一步可走。下午他可能會提出一兩個問題，然後就結束詰問露絲。再兩分鐘就一點鐘了，他一直在詢問露絲到達警局時的反應，她被押到拘留室登記，然後哭了，但哭泣很難說是有謀殺意圖的跡象，如果我們被誤控試圖殺害自己的孩子，不都會哭泣嗎？他在尋找能揭露她在被捕後的想法的線索。他把拘留記錄攤在面前，一遍又一遍地審查，希望從中獲得靈感，他額頭上的皺紋說，任何東西都行。然後，他找到了，我不知道他找到了什麼，但我知道他肯定是找到了。我看到他集中精神看著他面前的文件，我看到青年才俊的激動反應——他也知道了。貝爾檢察官轉向證人。

他說：「午餐休息前最後一個問題。當妳看到薩拉的狀況時，一定很驚慌吧。」

露絲歪著頭表示「那是當然的」。

「妳也一定想過尋求醫療幫助。」

「當然。」

「但妳沒有撥打九九九。」

「我必須陪著寶寶，我不能去打電話。」

貝爾檢察官停了一下，採用了律師需要多年才能完美掌握的驚訝表情，說：「但妳當時口袋裡有手機啊。」

「沒有。」她說。

貝爾檢察官低頭看著拘留記錄，上頭列出了她到警局時所有的隨身物品。我知道，她一定也知道，清單中一定有手機。她咬著嘴唇。

她說：「我忘了，就算真的帶著手機，當時也沒有想到。」

「妳沒有想到？妳的寶寶無法呼吸，妳卻沒有想到用口袋裡的電話撥打九九九？」

她又滿臉通紅，眼睛再次閃爍著光芒。她生氣地說：「我現在想起來了，手機沒電了。」她的表情則似乎在說：「如果你能證明我說謊，就來試試看吧。」

這個上午就這樣結束了。

*

兩點鐘，貝爾檢察官傳訊息說他還沒準備好。我開庭查明原因，要求陪審團暫時離開，不過露絲在被告席上，咬著她蒼白纖細手指的指甲，臉上不再是空洞的表情，她顯然很苦惱。貝爾檢察官站起來。

「庭上，抱歉，我恐怕還需要一點時間。」

「貝爾檢察官，延遲的原因是什麼？」

「庭上應該記得，在休庭前，我詢問被告她的手機，散庭後，我派人去取，充電花了一點時間，我很高興手機沒有用密碼鎖住。」

露絲．曼德斯臉上的表情則說：「我不高興。」

「在我們有限的時間裡，我可以確認手機中有一些有趣的資料，今天下午剩下的時間，我恐怕必須要考慮其中的內容，並且遵守相應的披露義務。」

「我明白了。」我其實不明白，但無疑時候到了我就會明白。

露絲舉手，就像是一個徵求發言許可的孩子。「我可以和我的律師談談嗎？」她問。

「恐怕不行。」我告訴她。

「但在手機中有些東西……我可以解釋……」

「抱歉，規則非常嚴格，妳正在作證，沒有經過我的允許，妳不能和妳法律團隊的任何成員交談。」

她痛苦地皺起了臉，「我能得到妳的許可嗎？」

「現在不行，我必須先決定貝爾檢察官是否能完成他的調查。」

她沒有爭辯，但做了另一件事。她首次抬頭看向坐著她母親的旁聽席。

我問青年才俊有沒有話要說，沒有。他不喜歡這個發展，但目前也無能為力。我又看著露絲，她顯然很緊張。

「貝爾檢察官，你可以休庭了。」

我請陪審團先回去，第二天中午再來，檢方於是有時間連夜檢查手機。要找出一部手機的秘密可能需要一段時間，不過這部手機沒有上鎖，起碼要查看簡訊和語音信箱都很容易，只有露絲知道他們會發現什麼。

7

第二天早上，貝爾檢察官帶著一疊Ａ４紙來給我，然後說：「我們下載了曼德斯小姐手機中的簡訊，也列印出來了。」他聲音嘶啞，疲憊的眼睛發紅，一定是工作了一整夜，我想他辦公室的人和電腦技師也是。他們找到了什麼，但他看起來不是很得意，只是疲勞，還有點悲傷，不過他的悲傷比不上青年才俊，他也拿到了一份。我拿起資料翻開，大概有幾百條簡訊。我看著露絲，空洞的表情又回到她的臉龐。在上方的旁聽席，她母親的座位是空的。

貝爾檢察官說：「這是按照發現的順序列印，所以要看最早的，必須從最後開始看。」一如往常，第一則簡訊無傷大雅，一個小夥子傳簡訊告訴露絲：「妳真的很特別。」她回覆說：「謝謝。」

「貝爾檢察官，這與本案有關嗎？」

他嚴肅地說：「請繼續讀下去。」

我往下讀，看到了兩人的交流互動。他對她說：「我看妳演奏蕭邦，感動得無以復加。」她回答：「這對我來說非常重要，我非常崇拜你，你是我的靈感。」他對她說：「妳就像音樂那般地美。」她對他說：「你幫助了我那麼多，我覺得是你造就了我。」

讀到第一頁的最後，我已經知道這些對話不對勁，這個關係是錯的，這不是男孩和女孩之間的交流，而是一個未成年的癡心少女和……和誰？一個年長許多，一個知道如何按下按鈕，如何操控，如何左右他人的人。我打起精神繼續往下讀，從簡訊的上下文來看，他和她顯然天天見面……裡面提到彼此擦肩而過，交換眼神，想說話卻又不能說。她可能每天都去哪裡呢？我查看貝爾檢察官在每條記錄上加注的日期，早期的簡訊是兩年前，她當時才十七歲，還在上學……接著就像鑰匙插入掛鎖，鑰匙一轉，門開啟了，隱藏的東西清晰地呈現在眼前。一切都有了答案，曾是給她帶來喜悅卻不再彈奏的鋼琴，關於他的一切無可奉告的寶寶的父親，離開學校，舉止開始改變，空洞表情底下的憤怒。音樂老師。這個案子不是關於露絲和薩拉，而是涉及了露絲和一個男人，在我法庭上，他是一個暗影——虐待未成年，但隱身，不為人知。我又看著那些熟悉得可怕的簡訊——「蕭邦」是一種挺有新意的手法，但那些含糊的讚美，對愛的承諾，那些旨在欺騙一個孩子相信她是女人的邪惡言語，我都見過了無數次。我辦錯了案子，我讓錯的人站在被告席。

我花了很長時間才穩定情緒，提醒自己，不管露絲是什麼罪行的受害者，陪審團所要問的不是為什麼，而是她到底有沒有試圖殺害自己的孩子，如果她這麼做了，一個濫用權勢地位的老師的行為可能是她的犯罪動機，也可能減輕她的罪行，但不能成為辯護的理由。

坐在法庭上讀這些東西令人不寒而慄，不管露絲做了或沒有做什麼，她都不該坐在陌生人面前，讓他們慢慢發現她如何被虐待，如何受凌辱。就好像我們又把她扒光了一樣。實在太殘忍了。

「貝爾檢察官，我想我應該休庭好好看一看這些新的資料。」

貝爾檢察官點點頭，「那是最好的了，庭上。」

回到辦公室，我靠著一杯濃咖啡，讀完了全部。

戀情在她高二那年的耶誕節之前展開，持續了兩個學期，到了復活節，他們的對話變得明顯帶有性暗示。她在夏天懷孕了，想到新生命，她既興奮又害怕。他則彷彿摔下吊床，立刻殘酷地從熱戀中清醒過來，簡訊也變了，好像另一個人寫的。他說她必須墮胎。但為什麼，她回答說，我們可以和我們的孩子一起生活？他告訴她，他不能離開他的妻子，他的孩子，他的工作……他會失去一切。無論她的夜曲演奏得多麼動人，他顯然不想和她一起生活。離開學校吧，他告訴她，書可以以後再讀。她的回覆教人心碎，我從中讀出了她的迷戀、她的困惑、她的恐懼、她的絕望、她的痛苦——最後還有她的怨恨。她不願墮胎，她自己還是個孩子，所以也不明白自己為什麼不肯墮胎。最後，一切都太遲了，她的父母發現她懷孕了。她告訴他，如果他不支持她，父母會支持她。很好，他說。只有這兩個字，很好，好像這件事有什麼好的一樣。

他問她的父母是否知道孩子的父親是誰。不知道，她回了簡訊，但她會告訴他們，除非……他說，天啊，不要這樣對我，露絲，不要這樣對待我的妻子和孩子。他說，他們是無辜的。她回答，我們的孩子也是。她傳越多簡訊給他，他回的就越少，最後幾乎不回了，小女娃出生的時候也音訊全無。但她從未停止給他傳簡訊，日復一日，夜夜不休。他終於回了消息：「妳要我做什麼？我可以給妳錢，只求妳放過我，我什麼都願意給妳。」這是他在凌晨兩點三十二分傳來的……他傳這則簡訊時，是和妻子躺在床上嗎？那天晚些時候，露絲有沒有把薩拉的粉紅小兔子壓在她發青的小嘴上？

我想像那最後的一晚，在乳白色和米黃色的臥室，她躺在床上，寶寶就在隔壁的嬰兒房。我想像她緊緊握著手機，一遍又一遍地讀著他最後一則簡訊，而我一遍又一遍地讀著她的回覆：「我會讓你後悔的，你等著看我會怎麼做。」當我試圖想像她躺在那裡時，也試著把自己想像成她，她能聽到薩拉悠然入睡的鼻息聲嗎？她是以愛的心情來想著這個孩子，還是把她當作一個討價還價的工具，或者孩子的存在只是天天提醒她自己所受的對待呢？這種提醒會永永遠遠存在，除非……

我必須承認，不是分娩或哺乳的影響，這是一個受了不當對待的孩子，她覺得受傷害怕，反過來想要嘗試傷害和恐嚇。我怎麼會如此愚蠢又自以為是，想像這是一樁殺嬰未遂案呢？我任由自己想像出沒有任何證據的事，現在將不得不面對一件有太多證據的事。一個對學生濫用權力的老師，還有這個審訊將發生的問題。

看完文件後，我再度開庭。「貝爾檢察官，馬多克斯律師，證據的情況已經改變了，現在出現了一些選擇，一是忽略這些新證據，繼續原本的審訊，但我想這樣不恰當吧？」

貝爾檢察官說：「恐怕是這樣，庭上。」

我轉向青年才俊。

「庭上，我的處境很困難，我還無法接受指示，因為我的當事人還在作證——」

「馬多克斯律師，沒有人會期望你與曼德斯小姐交談以前就表態，在這種情況下，我相信貝爾檢察官不會反對吧？」

貝爾檢察官不反對，所以雖然當事人還在作證，我允許現在不再那麼年輕、也不再那麼有為的青年才俊與她交談。

「貝爾檢察官，在馬多克斯律師接受他的當事人的指示時，我希望你也接受你的委託人的指示。」

「皇家檢察署？」

「沒錯，我當然不會妄想對你或對他們施加壓力，不過檢方可能需要考慮，現在出現了實際殺害薩拉以外的動機？」

「庭上的意思是，可能不是殺人，而是一種意圖沒那麼……沒那麼令人髮指的罪？」

「我的意思是，如果曼德斯小姐把玩具放在薩拉的嘴上，有沒有可能是在嚇唬孩子的父親，想傷害他，而不是傷害孩子。我只是請你考慮看看，我只是想說要伸張正義，你應該考慮所有可能的選擇。」

貝爾檢察官不動聲色，「我會想想，庭上。」

8

第二天早上，比爾把頭探進我的辦公室說：「他們還沒有準備好開庭。」

「他們在幹什麼，比爾？」

「我不知道啊，妳說呢。」他聽起來滿腹牢騷。「貝爾檢察官與檢察署開了個會，馬多克斯律師和被告開了個會，然後貝爾檢察官和馬多克斯律師兩人也開了一個會。然後，一名警察被帶了進來，接著是那女孩的母親。我的走廊跟交通尖峰期的皮卡迪利廣場一樣忙碌。」

「比爾，你好可憐，不過，這是一次奇怪的審判，我們必須讓它順其自然地發展。」

比爾鬱悶地說：「我喜歡審判就像審判一樣，我不喜歡這樣開庭、休庭、開庭、休庭，我喜歡聽證人作證，聽大律師雄辯，聽陪審團裁決。我只喜歡這些。」

「我也是，比爾，但有時情況不是如此。去通知檢察官和律師，他們準備好了就告訴我。」

「那我該怎麼跟陪審團說呢？」

「告訴他們，他們有時間去喝杯咖啡。」

「他們在這個案子結束前會咖啡因中毒。」

好不容易，他們叫我回法庭了，露絲、大律師和幾個看起來很煩的警察都在那裡等著，露絲的母親也回到旁聽席的座位。

貝爾檢察官說：「庭上，皇家檢察署仔細思考了最近在被告的手機中發現的資料。」

「我們都仔細思考了，貝爾檢察官。」

「一方面，我們認為這些簡訊能夠支持檢察署提出的殺人未遂的指控，提供一個先前缺少的殺人動機。另一方面，我們可以看到，這些簡訊可以用另一個角度解讀……被告是在試圖引起他人對於她的困境的關注，或是對嬰兒的父親施加壓力，而非真正想殺害這個孩子。」他停頓了一下。

檢察署會不會撤銷殺人未遂的指控？如果我還在從事律師工作，我會這麼做嗎？可能不會，但我會非常不安，於是提供陪審團另一個較輕的罪名來取代殺人未遂，我會另外想出什麼罪名呢？沒有精神鑑定報告，就算有那樣的罪行，因為有了這些簡訊，就不會是殺嬰未遂……

他說：「庭上，我們維持殺人未遂的指控，但我們討論後認為，為求公平，應該加控一條較輕的指控——兒童虐待。」他遞上一份新的起訴書，殺人未遂現在巧妙地加上一個「第一條罪名」的標題，下面是「第二條罪名：兒童虐待」。

「你要聲請修改起訴書，加一條交替控罪（alternative charge）[38]嗎？」

「是的，庭上。」

「馬多克斯律師？」

馬多克斯律師發出一聲「嗯——」，我認為他的意思是，「如果不加上這條新罪名，陪審團只能宣告她無罪，或者判她殺人未遂，沒有中間地帶。」他接著又發出一

38. 所謂的「交替控罪」，就是檢控官以較嚴重的罪行檢控被告人的同時，亦檢控另一罪行元素相近但較輕微的罪行，以確保被告人不會因證據不足而完全脫罪。

聲「呃——」我認為意思是，「但如果加上新罪名，就會有一個折衷辦法，比被判殺人未遂好得多。」最後他說：「欸。」意思顯然是「這樣或那樣的機率是多少？」

這一點我幫不上可憐的馬多克斯律師，他得自己找出答案。

他最後說：「我不反對加控第二條罪名，但我非常反對檢察署將這些簡訊提交作為證據。」

貝爾檢察官說：「你怎麼可以反對？簡訊顯然與本案有關，且具有證據力，露絲．曼德斯是否試圖殺害她的孩子，這是陪審團必須決定的問題，不讓他們看簡訊，等於剝奪了他們直接接涉及這個問題的資料。」

馬多克斯律師說：「我同意它們與本案有關，但出現得太晚了，這不公平，我的辯護都是在沒有這種簡訊存在的基礎上進行。」

貝爾檢察官說：「我也一樣，而這是誰的錯呢？誰一直都知道有這些簡訊？誰對我們兩個隱瞞了它們的存在？」他沒有轉身去看被告席，不需要。

我思考了一下他們提出的看法。貝爾檢察官說得沒錯——簡訊與本案有關，應該擺在陪審團的眼前，如果他早一點發現，陪審團早就知道了。馬多克斯律師說得也沒錯——此時才加入如此有力的證據，實在是為時已晚，如果他知道這些簡訊的話，可能會以不同的方式辯護。這是誰的錯呢？露絲本來可以告訴馬多克斯律師手機的事，但她沒說，話說回來，查出相關資料是檢察署的工作，手機在他們的手中，檢查手機是一件簡單而且顯然該做的事。試圖推卸責任沒有意義，而是應該設法讓雙方都能得到公平審判，那才是更好的辦法。辦法我有，我知道他們兩個都不會喜歡。

「兩位，我確信簡訊內容與本案非常有關，也很有證據力，不能排除在外。」

貝爾檢察官面露笑容，青年才俊眉頭緊鎖。

「但我同樣確信，現在才提交給陪審團已經太遲了。」

青年才俊面露笑容，換貝爾檢察官鎖眉。

「所以我建議解除陪審團的裁決責任，重審。」

這下兩人都皺眉了。

「重審時，檢察署可以提出簡訊當作證據，辯方有充分的時間做好準備。」

9

陪審團解散了後，還有一件行政工作要處理，因為我們加控一條罪名，所以必須要求露絲答辯，這個程序稱為傳訊（arraignment）。安琪莉克站了起來。

她說：「露絲．曼德斯，妳被指控虐待十六歲以下的人，違反一九三三年《兒童與青少年法》第1（1）條，由於妳年滿十六歲，對未滿十六歲的薩拉負有責任，妳故意虐待該兒童，可能會給該兒童造成不必要的痛苦或傷害其健康。露絲．曼德斯，妳認不認罪？」

露絲說：「認罪。」非常乾脆，安琪莉克凝視著她，我也是，大律師和法庭上的其他人也都如此。突然，我們全都沉默了，唯一的聲音來自旁聽席，露絲的母親捂住了她的嘴。

我向前傾身，「妳是說『認罪』嗎，曼德斯小姐？」

「對。」

「妳真的想這麼說嗎？」

「對，反正都曝光了，沒有理由再說謊。我做了，我做了那件可怕的事，我實在是太生氣了，而且……我從沒想過要害死薩拉，我絕不會真的傷害她，但這麼做很殘忍，是不是？就像……妳的書記官說的……虐待兒童。」

青年才俊站起來，請求與他的當事人談一談，了解情況……確保……確認她明白……當然，他需要多少時間，我都會通融，但我想這也不會改變什麼。露絲終於擺脫了謊言，如果她的認罪被證實，貝爾檢察官需要更多的時間與檢察署的律師討論，看看這個認罪夠了，還是檢察署仍然希望就殺人未遂進行審判。

我又休庭了。審理此案期間，我在法庭外的時間多於在法庭內的時間。情況出現了最離奇的轉折，有時就是這樣，但畢竟我們已經看到了結局。我想露絲不會改變心意，我想檢察署不會要求對殺人未遂進行審判，因此他們也必須得出一個結論：陪審團有超過五成的機率拒絕採納她對我說的話。貝爾檢察官在她的話語中聽到了坦率，這與她以前說過的每句話形成對比。

如果這兩個猜測我都是猜中了呢？那還剩下什麼？早晚我會不得不以兒童虐待的罪名對露絲作出判決，在等待他們釐清頭緒之際，我不妨來看看準則吧。

根據量刑委員會的明確準則，審理每個案件時，法官都要評估被告的罪責、所造成的傷害、加重及減輕事由[39]。要評估露絲的罪責，需要審酌她的精神狀態，終究要有一份精神鑑定報告。我現在有信心，露絲一定願意配合。她的罪責可能很重，包括故意無視受害者的福利。但即使如此，她所造成的傷害很少，對薩拉的身體、心理、發育或情感幾乎沒有傷害，或者根本沒有。準則告訴我，對於這樣的罪行，我應該以十二個月監禁為基準，再依據案情的加重及減輕事由，在範圍內調整，科刑區間會落於高級社區刑罰和至多三十個月的刑期之間。這和殺人未遂的判決有一點不同，只要她服完我所判的一半刑期，就能自動獲得釋放的權利。她已經關了五個月——相當於十個月的刑期，但當她獲釋後呢？我需要一份報告，看看緩刑機構會對露絲可能居住的地方提出什麼建議，以及在短期和長期內她有什麼接觸薩拉的機會。社會服務部門，也許還有家事法院（family courts）[40]，將會希望在這方面有些發言權——畢竟，

39. 原註：請參閱附錄D。
40. 英國在二十一世紀時通過了《犯罪和法院法案》，並設立了獨立的家事法院，取代之前由治安法院的家事程式法庭、郡法院和高等法院家事法庭共同管轄家事一審案件的做法。

最重要的是薩拉得到安全保障，不過這孩子有一個疼愛她的外婆，而露絲有一個愛護她的母親，露絲也許不會有幸福的結局，但我們都可以盡我們最大的努力，這終究不僅關乎露絲的未來。

10

最後，許多有正義感的人可能會認為應該要先處理……音樂老師。像許多罪行一樣，女王訴曼德斯一案還有另一項罪行，露絲．曼德斯是加害者，也是受害者。

H喝著茶說：「總得有人做點什麼吧，我是說他，那個老師，他犯的罪很嚴重。」[41]

「檢察官正準備將所有資料移交給專業單位進行調查，音樂大師即將得到報應，不會逍遙法外。」

但是，沒錯，他逍遙法外很久了，露絲不大可能是他的第一個受害者，還有其他年輕女孩，他接近她們的方式不是蕭邦，可能是巴哈或藍調。但無論如何，在露絲之前，他靠某種方式進入其他女孩的心靈，進入她們的身體。對這樣的罪犯，似乎平均每隔幾年就會有一個「摯愛」。

不是僅有老師可能做出這種事，露絲．曼德斯承受其害的罪行在我們周遭不停發生，無人目睹，無人察覺，但命案發生時，很少有不曝光的情況，而且很快就會曝光。盜竊、刑事損壞、綁架和絕大多數犯罪行為也是如此，我們未必總能將作惡者繩之以法，但起碼知道犯罪發生了。不過露絲所遭受的那種虐待，很多時候是無人知曉，不僅存在於機構和組織中，也存在於家庭中；不僅存在於那些過於擁擠，幼兒需要與哥哥姊姊爸爸媽媽同睡一張床的家庭，也存在於有獨立臥室書房可以提供隱私掩護這類事情的富裕人家。它在充滿色情的電腦滋生，在有相似興趣的人之中生長傳播，網路和社交媒體的發展提供一個平臺，使他們能夠相互認識並接觸受害者。這是一種陰險邪惡的罪行，因為它讓兒童感覺自己是共犯，還可能讓受害者成了下一個施虐者，給許多人留下了永恆不滅的傷疤。

大多數刑事法庭的法官，審判過教師、運動教練、童軍團長、牧師、保姆或兒童之家的員工，我們信任的任何地方，都可能出現決意背叛信任的施虐者，任何年齡的兒童，在任何情況下，都可能成為受害者。許多事件要到事發多年才開庭審理，有時甚至已經過了數十年之久。這類罪行何以要這麼久才會被發現？兒童性侵者何以如此難以被繩之以法？有顯而易見的原因，也有可能不大明顯的原因。

首先，許多孩子根本不說，不告訴大人自己的遭遇，起碼沒有以大人能理解的方

41. 原註：請參閱附錄E。

式說出來。有時是因為他們不確定別人對他們所做的事是否錯誤，有時則是因為太害怕了，或是太受傷了、太尷尬了。又或者他們認為自己承受傷害，能夠保護另一個孩子不受傷害，可能是他們的弟弟妹妹。青少年經常為自己的困境而自責，或是被欺騙，以為自己也同意了。讓孩子覺得自己很特別、與眾不同，覺得自己被孤立，都是施虐者的慣用伎倆，沒有什麼讓孩子感覺自己孤立無援更能使他們變得脆弱。

即使孩子投訴了，也常常遭到忽視或不被相信。虐待兒童的教師，多年來建立起一個「有社會地位」的形象，行善正派，值得尊重。他們違法行為持續越久，他們就越相信誰也動不了自己。

這個問題有一部分也是刑事司法系統本身的責任。兒童和青少年難以應付「對抗制」訴訟，今日我們會採取「特別措施」，例如屏風、視訊、預錄證詞，以減輕兒童證人的壓力，消弭不公平之處。但審判對這樣的證人來說仍然是嚴酷的，他們很容易表現得拿不定主意，不能確定細節，想不出向陌生人描述他們的經歷的必要用語。陪審員可能難以確定自己可以相信孩童的說法。在露絲的案子中，她的寶寶的DNA會自己說自己的故事，但像這樣容易證明的案件很少，通常是孩子的說法與大人的說辭牴觸，孩子往往表現得很麻煩，很難纏，愛撒謊或愛幻想，尤其施虐者常以問題兒童為目標。法律規定了嚴格的證據標準，當陪審員將所有考量與標準進行比較時，很難給予應有的重視。

在法庭上，要提出能夠保證將犯罪者定罪的證據，警方偵查是真正的關鍵。為一個孩子討回公道，通常需要一起替其他許多孩子討回公道。陪審員或許很難判斷一名被告與一名證人的說辭，但如果有一長排的證人——許多人甚至彼此不認識——都證實同一被告有相同的虐待行為，陪審團很少覺得定罪有困難。要收集許多證人的證詞，需要專門從事此一領域的警察單位的耐心和努力，追蹤幾十年前的受害者，他們可能移居國外，改了名字，試圖忘掉過去。但一旦找到了證人證據，犯罪者通常就會被定罪。

我們需要陪審團作出有罪判決，因為性犯罪者很少會認罪，起碼很少坦承他們所做的全部犯行。與其承認自己有罪，他們寧可被陪審團定罪，這樣他們就可以宣稱「陪審團搞錯了」，也可以繼續他們說了多年的那句謊言：「我沒有做錯任何事。」

在有些情況下，有些人確實知道施虐者犯下了性虐待行為，但為什麼這種行為也沒有遭到制止呢？這個問題不容易回答，知情者沒有出手遏制，也許因為承認這種行為代表承認我們無法承受的事實，知情者當作沒看見，也許因為他無法相信自己的眼睛所看到的東西。若是這樣，我們都需要睜大眼睛，因為在許多情況下，除非我們這些周圍的無辜者任由施虐者恣意妄為，否則他們不可能日復一日、年復一年傷害兒童。如果任由他們這麼做，本來無辜的人也變得不那麼無辜了。

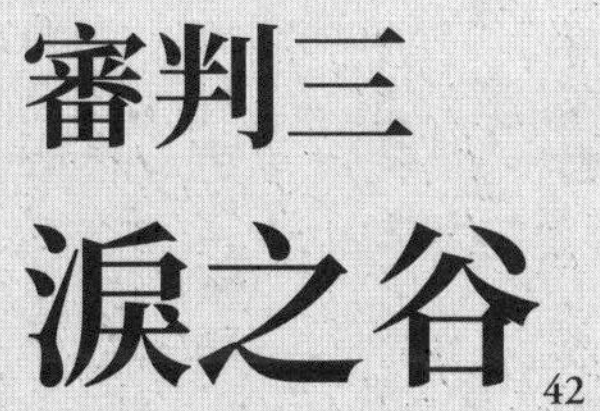

審判三
淚之谷[42]

Trial Three
In the Vale of Tears

裘德（Jude）坐在撞毀的汽車中，想搞清楚發生了什麼事。小羊（Lamb）橫躺在他的大腿上，在前一刻都還在笑，但現在笑容不見了。裘德的手卡在扭曲的方向盤中，他好不容易抽出來，摸了摸小羊的臉，還有溫度，但小羊的脖子扭成不可能的角度。一個本來在車外的細長物體，不知怎麼插入了車內，裘德盯著它看，是一種柱子，上頭有矩形的金屬，矩形中有小方格，小方格中又有數字。他皺起了眉頭，他一定常常看到這樣的東西，但他無法集中注意力，那些數字看起來既熟悉又隨機。

小羊笑著說：「是公車站啦，笨蛋。」

沒錯沒錯，是公車站，至少是公車站的一部分，但小羊沒有說公車站怎麼會在車裡——他說不出來，裘德仍舊迷迷糊糊，但他知道小羊說不出話來，他的脖子扭成那種角度，哪還能說話。

裘德盯著那根從擋風玻璃穿進來的柱子，他想柱子不會自己走到大馬路上，所以一定是他駛離了馬路，撞上公車站。他看著腿上的那張臉，小羊像天使一樣閃閃發光，一開始裘德覺得沒什麼不對勁，後來才發現小羊身上有數不清的細小玻璃碎片。他把注意力轉回到柱子上，柱子尖端插入副駕駛座位的椅背，小羊原本坐在那裡，他心想幸好小羊沒綁安全帶，否則就被柱子刺穿了。他看著小羊靠在他腿上的頭，幾乎扭向後面，他換了個想法，也許其實沒有那麼幸運。

車裡非常安靜，但在寂靜之外，別的地方傳來了尖叫聲和警笛聲。他決定留在車裡，一會兒就好，只有他和小羊。

過了一會兒，他靠向朋友，低聲說：「對不起。」

小羊說：「不，他媽的都是我的錯。」

他又覺得奇怪，因為小羊不該說話，因為小羊已經死了。

1

在老貝利的辦公室，我打開電腦，點擊圖標，進入數位案件系統（Digital Case System，DCS）。只要我的指尖按下正確的鍵，全英每個刑事法庭的每個案件都在我手指的掌握之中。（這就是它被稱為「digital」[43]的原因嗎？）每個案子都可以上傳到數位案件系統中，系統設置了數不清的欄目，你可能想上傳的每一個東西都有去處，它包羅萬象，是我工作無紙化新世界的一大奇蹟，如果大家把上傳的東西上傳到該上傳的地方，那就更好了。我調出「女王訴裘德．德溫特案」（Regina v. Jude Derwent），想找出偵辦警官訊問被告的紀錄。我找了「證物欄」，找了「謄本欄」，找遍了所有它可能會出現的地方，最後才在一個它根本不應該出現的地方找

42. In the vale of tears，典故出自《詩篇》，引申為俗世的生活磨難。

43. digital 除了「數位的」，也有「手指的」意思。

到。我點了幾下滑鼠，進入一個能播放訊問錄音的系統。我閉上眼睛，離開了夏日早晨七點鐘的老貝利，來到一個寒冷而潮濕的冬日午後，警局外，夜幕已降。

「訊問開始錄音，今天是十二月十一日，現在時刻為下午五點，地點是達克威爾拘留所A審訊室，我是重案組馬婁里（Mallory）偵查巡佐，我的同伴是……」

「科伯恩（Coburn）偵查警員，也是重案組。」

「我們正在訊問……裘德，說出你的全名。」

裘德・德溫特（Jude Derwent）說了自己的名字，這是我第一次聽到他說話，他的聲音帶著淚水，他到底只有二十歲，距離害死自己最好的朋友還不到兩天。裘德的律師也表明了自己的身分後，馬婁里巡佐就切入正題。

「裘德，我必須提醒你，在你被警方拘留期間，有權隨時與你的律師私下交談，如果你想這麼做，我們可以暫停訊問。我現在要提醒你，你不必說任何話，但如果你在接受訊問時沒有回答以後在法庭上會需要的事情，可能會損害到你的辯護；你所說的一切，都將成為呈堂證供，需要我說得更清楚嗎？」

不等回答，馬婁里巡佐就以高效幹練的語氣解釋，這件事他做過上百次了。他翻閱筆記，紙張沙沙作響。

「好，裘德，你因為危險駕駛致人死亡的罪名被捕，你明白嗎？我看到你點頭，不過錄音錄不到你點頭，你必須回答。」

「好。」

「那麼，你明白你被逮捕的原因嗎？」

抽鼻子的聲音，停頓一下。我想像裘德在擦拭沿著臉頰流下的淚水。

「我當然知道我被逮捕的原因，我撞壞了車子，害死小羊。」

馬婁里巡佐不習慣還沒問話就得到口供。他說：「我們很快會講到這件事，首先我想知道你和蘭伯特（Lambert）——小羊——昨天下午在科貝特路（Corbutt Road）做什麼，你們為什麼去那裡，裘德？」

「我們開車兜風。」聲音突然變得警惕。

「兜風，好，但為什麼去那裡？為什麼去科貝特路？」

也許裘德不擅長說謊，也許只是環境的關係，他停頓了一下，無疑是在瘋狂攪動腦汁，最後說：「為什麼不去那裡？」

「科貝特路是一個叫Gmen的幫派的地盤。」

「我不知道你在說什麼。」

「我認為你知道。」

「我不知道，我為什麼應該知道？我不是……你說叫什麼？我不是Gmen的人。」

「裘德，我知道你不是，所以我想知道你去他們的地盤做什麼。」

「這是一個自由的國家，我和小羊想去哪裡就去哪裡。」

「沒錯，你們也去了，但我們想知道你是否故意去那裡挑釁Gmen。」

「當然不是，我們為什麼要那樣做？」

「也許是因為你們是——以前是競爭幫派的成員，比如Heat 451，也許是因為上週Heat 451有人被捅了，也許因為捅他的是一個Gmen的人，Heat 451想報仇。」經過漫長的沉默之後，馬婁里巡佐說：「裘德，這些對你來說都沒有意義嗎？你認識被捅的那個人嗎？」

一聲嘆息，或者類似嘆息的聲音，然後是「我頭好痛，我車禍時撞得很嚴重」。

「沒有蘭伯特嚴重，蘭伯特死了。」

最後一句話是科伯恩偵查警員說的，這是他說出自己的名字之後說的第一句話。他想對嫌犯施壓，這可能是一個聰明的策略，可能會讓裘德開口，但其實並不聰明，這句話把裘德逼哭了，然後律師插話了。

「我認為這就夠了，我想讓我的當事人去看醫師。」

馬婁里巡佐再次接手，「他看過醫師了，而且看了兩個，他做過X光檢查，他接受治療，醫師已經宣布他適合接受訊問。」

「他頭很痛。」

在接下來的停頓中，可以聽到痛苦的哭泣聲。馬婁里巡佐最後說：「訊問結束。」

*

為了發掘在達克威爾拘留所（Darkwell）接下來發生了什麼，我又得進行一趟探索之旅。在數位案件系統的深處，我終於找到拘留所警官做的「一七五號陳述」（Statement 175）。醫師被叫來了，給裘德開了一些止痛藥——可能是另一種商品名的阿司匹靈——第二天他又接受了訊問。我需要找到下一段錄音，我到它不應該出現的地方找，一下就找到了。我很得意，我這方面可能會變得很厲害。不過，裡頭終究沒有什麼有趣的東西，裘德接受律師的建議，對所有的問題都以「無可奉告」四個字回答。

2

即使關了電腦，我也很難離開警局。哭泣的男孩當然已經不在那裡，他被帶到治安法院（magistrates court）[44]，然後羈留在少年矯正機構，現在則進入老貝利的羈押

44. 負責審理輕罪案件，法官由非法律人的業餘法官組成。

候審室，等著被帶到我面前，進行答辯和預備聽審，到時他會承認或否認犯行，我則為接下來的審判或判決作出命令。這種聽審時間很短，只需要被告、控方律師、辯方律師以及我出席即可，沒有證據，沒有證人，沒有陪審團，沒有什麼能讓人情緒高漲的。但我不禁好奇，在公開聽審上，當裘德被問到是否要為害死自己最好朋友承擔責任時，他會如何應對。

今天早上艾思梅（Esme）擔任我的庭務員，她長得富富泰泰，平易近人，個性像母親一般仁慈。她會操心她的法官，包括要我站到窗邊檢查我。她在我的袍子上發現了一根狗毛，嘖了幾聲，幫我拿掉。狗毛是我工作危害之一，除了法庭之外，老貝利也是倫敦金融城兩位郡長的家，他們的工作是支持倫敦市長，提供市長建議。郡長任期為十二個月，他們往往帶一兩隻狗在老貝利住一年，目前的這條狗長得毛茸茸的。艾思梅要我轉身，又嘖了一聲，同時說：「那人好可憐。」

「誰可憐，艾思梅？」

「小羊的爸爸。」

我們有狗，但據我所知，我們沒有小羊啊，不過養隻羊倒是不錯的點子。「死掉的男孩的爸爸。」她補充說，仍然繼續檢查我的袍子。「蘭伯特的爸爸？他來參加聽審？」

「家屬聯絡官說，被告去哪裡，他就跑去哪裡——醫院、警局、治安法院，連少年矯正機構都去了。」

「他還好嗎？」

她聳聳肩，「就要看妳說的『還好』是什麼意思。」

他當然不好，他兒子死了。所有失去子女的父母，對於審判過程都有最強烈、最密切的興趣，他們想要了解，想要陪著孩子，一起走過生命的最後幾個鐘頭、最後的幾分鐘，感受他們的感受。他們認為他們要的是公道，有時確實如此，但大多數情況下，他們要的是報復。他們的孩子受了苦，他們正在受苦，他們希望那些負有責任的人也要受苦，這種心態可以理解。但是法律不是為了報復的鋒利之刃而制定，它是一個鈍化的工具，設計的初衷就是為了謹慎應用。

今天的聽審主要處理行政管理方面的事項，但我一走入法庭，就感受到了裡頭的氛圍。空氣瀰漫著痛苦，裘德．德溫特站在被告席上，垂著頭，縮著肩，一動也不動，像是想把自己從現場抹去。也許他快成功了，因為很難把心思集中在他身上，我的注意力被吸引到法庭的一側，那裡坐著一個穿短袖的男人，比一旁的家屬聯絡官高一個頭，身形也是他的兩倍寬，額頭有一層汗珠，身上散發出一股幾乎無法抑制的憤怒，就像熱浪一樣。他盯著裘德，嘴巴張得大大的，好像隨時準備吼叫，但聯絡官一手放在他的身上提醒他，他閉上嘴唇，把話憋在心裡。

檢察官站了起來。「庭上，我代表皇家檢察署，被告的代表是伯特（Burt）律師，我們準備好傳訊了。」

「很好，考德威爾（Caldwell）檢察官。」我向我的書記官點頭，他請裘德站起來，我第一次清楚地看到了他。他長得高高瘦瘦，笨手笨腳，像個半成品，穿著運動衫，袖子勉強達到手腕，頭髮遮住了眼睛，他閉著眼睛，好像不忍心直視這個世界。小羊的爸爸半站起來，聯絡官低聲說了什麼，他又坐回去。但面對裘德這個侮辱，他無法保持沉默。他轉向聯絡官大聲地說話，要讓所有人都能聽到。

「我收留了那個小混蛋，給他飯吃，給他床睡，我歡迎他，結果他……他……」

艾思梅走過去摟住他的肩膀，她是那麼嬌小，他是那麼高大，她幾乎搆不到他的背。她對他說了些什麼，他逐漸平息下來。我假裝什麼都沒有注意到，在流經我的法庭的痛苦，沒有什麼能甚過於一個失去孩子的父母的痛。

「傳訊被告。」我吩咐書記官，答辯是一個正式程序，以正式的用語，提出正式問題，需要一個正式的回答。

「裘德．德溫特，你被指控違反一九八八年《道路交通法》第一條，以危險駕駛造成他人死亡的罪名起訴。犯罪的具體內容是，你於二〇××年十二月十日，駕駛一輛機動車輛，在道路危險駕駛，因而導致蘭伯特．狄克森（Lambert Dixon）死亡。裘德．德溫特，你認罪還是不認罪？」

裘德此刻是什麼心情？站在那裡，被指控害死了自己最好的朋友，在他父親的注視下，在淚之谷所有人的注視下。他無疑也悲痛欲絕，但他會公開為小羊的死承擔責任嗎？我不知道，或許他也不知道，或許每個人在必須說話的那一刻來臨前，都不知道自己會說什麼。

他一開始什麼都不說，他的委任律師轉過身去，想看著他的眼睛，點頭鼓勵他。書記官重複一遍他的話：「裘德．德溫特，你認罪還是不認罪？」

裘德低下頭說：「認罪。」

「混蛋東西。」狄克森先生對著法庭怒斥，倘若裘德不坦承犯行，他會說什麼呢？

我看著聯絡官搖了搖頭，艾思梅又去跟狄克森先生說話，我又當作沒看見，但這種事不能有第三次。兩造的大律師都站起來。

考德威爾檢察官說：「庭上，檢方與辯方之間有一個問題待解決。」這句話讓我從狄克森先生身上轉移了注意力，「問題？但被告已經承認他的犯罪事實。」

「沒錯，庭上，不過檢方認為被告之所以前往科貝特路，是因為那邊是一個叫——」她低頭翻了一頁，「——Gmen的幫派的地盤，檢方認為，德溫特刻意嘲弄該幫派成員，應當列為加重罪行的事由之一，理由是，Gmen是他自己所屬幫派的對手。」她繼續解釋說，辯方對這一點提出了異議，不過她的話被法庭邊上狄克森先生激烈的低語給蓋了過去。

「混幫派！」他氣憤填膺，他不光只是收留幫助一個害死自己兒子的男孩，這條窩裡的毒蛇還屬於某個幫派！他的厭惡之情溢於言表，他控制不住自己，聯絡官突然攔不住他，艾思梅同樣也沒了辦法。他站起來，「你這個小流氓，你這個小……混幫派？你瞞著我們所有人，對不對！你瞞著小羊！」

裘德咬嘴唇看向別處。

我說：「請不要這樣，狄克森先生。」兩名法警上前一步，我示意他們等一等。「狄克森先生……」

但是小羊的爸爸控制不了自己。「你騙了小羊，害死他，天啊，我居然讓這種事發生，我早該看清你的真面目！」他想走上前去，法警抓住他，所以他用力甩開他們的手，怒氣沖沖離開了法庭。

我等著一切恢復平靜。「考德威爾檢察官，我理解一個做父親的悲痛，這一次我不會把狄克森先生的行為視為藐視法庭，但在他冷靜下來，能夠控制自己情緒之前，他恐怕不能再進入法庭。」

考德威爾檢察官點點頭，伯特律師則認為他最好假裝什麼都沒有發生，在這種情況下，他的做法非常明智。他交上一份題為「認罪依據」的文件，我讀了一下。

中央刑事法院：女王訴裘德．德溫特案

認罪依據

1. 被告承認事故發生時他正在駕駛機動車輛，他承認自己開得太快，失去了對車輛的控制，但他堅稱不會只因他的車速而發生這種情況。他聲稱，發生事故，是因為有一群年輕人在路上對他的車子扔磚頭，拿棒棍敲打他的車子。由於這個情況，加上他車速過快，才會導致他失去對汽車的控制。

2. 他不接受檢方的說法，即他故意嘲弄並激怒有上述行為的年輕人。但他承認，在這種情況下，他的車速很危險，這是造成事故和隨後死亡的部分原因。然而，他要求辯護協助，以免責任全歸於他身上，他對朋友的死感到深切的懊悔和哀痛。

「認罪依據」照理是代表裘德的立場，但裡面都是律師用語，這是伯特律師的話，不是德溫特的。我敢說，在他年輕的生命中，裘德．德溫特從來沒有「要求辯護協助」過任何事情，永遠也不會。

伯特律師說：「我和考德威爾檢察官一直在討論，是否有必要舉行牛頓聽審

（Newton Hearing），她認為有必要，我則希望能說服庭上無此必要。」

牛頓聽審。在刑事法庭裡，牛頓聽審很常見，不過我想就算你問了一百個英國人，也問不到一個知道「牛頓聽審」的人。這裡所指的牛頓是約翰．羅伯特（John Robert）[45]，一九八二年，他被指控肛姦妻子，案件先在老貝利審理，然後交由上訴法院（刑事法庭）裁定。上訴法院所用的詞語記載在法律彙報中，牢不可動，對我有著約束力。判決大致如下：若被告認罪，但檢方和辯方對罪行提出了會導致不同的判決的不同事實依據，不可簡單接受檢方的說法，必須採納被告的供詞，或者聽取證據，決定哪一造的說法是正確的。

因此，第一個任務是，判斷互相矛盾的事實，陳述是否會導致不同的判決。考德威爾檢察官認為會，請我看看量刑委員會準則中危險駕駛致人死亡規定。我翻到那一頁時，狄克森先生回來了，雖然收斂了一點，但仍然很不高興，他瞪著裘德，好像牛頓先生怎麼用他的陰莖對待他的妻子，他就要準備那樣對待裘德，但裘德深陷絕望之中，對此根本無動於衷。

考德威爾檢察官明快地說：「法定最高刑期是十四年。」

狄克森先生的表情說，不夠，遠遠不夠。

「準則按嚴重程度分成三個等級，被告對他人造成的危險是『巨大的』、『顯著的』，或只是『值得關切』，如果他造成了巨大的危險……」

狄克森先生的表情說，他造成了巨大的危險，他真的造成了巨大的危險，他害死我的孩子。

「……刑期最少是八年。」

狄克森先生坦率地流露出難以置信的表情——只判八年！我不敢去想，當他知道被告提前坦承犯行，八年刑期會減少三分之一，算一算只剩五年四個月，而這五年四個月，實際上也只要服刑一半，他會作何反應。我把注意力轉回到考德威爾檢察官身上。

「中級的最低刑度是五年，最低級是三年。」

我想狄克森先生可能快中風了。「考德威爾檢察官，最低刑度不是最高刑度，每一等級還提供一般刑度的範圍。」

她立刻知道我在說什麼。「這正是檢察署的依據，我們的看法是，如果德溫特的駕駛行為是正在進行的幫派糾紛的一部分，糾紛在公共街道上進行，把無辜的行人和其他用路人捲入危險之中，那麼最低刑度應該提高到最嚴重等級的最高刑度，也就是說接近十四年。」

狄克森先生使勁地點頭。

她繼續說：「另一方面，如果庭上根據被告的認罪理由進行判決，該案屬於最低

45. 原註：Regina v. Newton (John Robert) (1983) 77 Cr. App. R. 13。想知道令人感激的不尋常事實，請參閱附錄F。

級，最低刑度才兩年，一旦由於他的認罪而減刑三分之一，加上他已經關押的時間，他幾乎能夠立即重獲自由。因此，我們認為，庭上依據什麼判決，會有很大的影響，必須舉行牛頓聽審來決定。」

伯特先生不敢奢望，但還是抱著一絲希望想說服我，讓我相信事實恰好相反，我應該同意辯方的論點。

當然需要一場牛頓聽審，但如果我不採納裘德的說法，他的後果會很嚴重。我說：「伯特律師，你要知道，舉行這樣的聽審，而我作出不利於你的當事人的裁定，他可能失去坦承犯行的減刑優惠。」看到他臉上的表情，我又說：「法律不是我制定的，伯特律師，我只是適用法律，三分之一的減刑，旨在反映被告對他所做的事情承擔全部責任——節省證人作證時間，節省法庭的時間和公共經費，最重要的是展現他的悔意。如果他在牛頓聽審對檢方的指控提出異議，我或許會採納他的說法，但如果我不採納，他會失去全部或部分的減刑優惠。」

伯特律師說：「唉，屋漏偏逢連夜雨。」這句不是律師用語，但準確地概括了這種情況。

如果裘德的說法贏了，我以危險駕駛但不涉及幫派恩怨為由對他進行判決，他就大獲全勝，刑度降到最低，還減了三分之一，可能當下就獲釋。如果他輸了，那就徹徹底底輸了，會被判處最高等級的刑罰，並且不能減刑三分之一。但有一個中間地帶，那就是他同意檢方的說法，這起事件有「幫派色彩」，如此一來，雖然會被判處較高的刑罰，但仍然可以減刑三分之一。伯特律師可以建議他這樣做，但唯一知道真相的人是裘德，只有他能決定怎麼做。

「考德威爾檢察官、伯特律師，我們今天能處理這件事嗎？」

考德威爾檢察官皺起眉頭，「我認為不能，庭上，辯方現在已經說明了其立場，我必須向他們披露檢方所掌握的一些資料。」

我一聽，頸背的寒毛直豎，為什麼檢方扣住了資料？如果資料對辯方有幫助，她有義務提前披露，如果資料對檢方有利，她又為什麼要隱瞞？有狀況。考德威爾檢察官靠向伯特律師，低聲細語了幾句，伯特律師睜大了眼睛，嘴唇發出一個音。當律師努力消化檢察官告訴他的事情時，檢察官說：「庭上，我相信我們下週一可以準備好。」

「伯特律師？」

伯特律師點點頭，顯然是無話可說。

3

這週剩餘的時間我忙著另一個案子，但到了週五，我的辦公室跑出一個厚厚的卷宗，上面的標題是「判決裘德．德溫特的相關檢方資料」。第一頁寫著：

標籤1：檢方的開審筆記
標籤2：辯方的認罪依據
標籤3：檢方對幫派的看法
標籤4：檢方為支持其立場所提出的證據
　警方截停搜查紀錄
　全國警察資料庫調查結果
　情報
標籤5：量刑委員會準則對危險駕駛致人死亡之規定
標籤6：判例和典據
標籤7：影響陳述書
　保羅．狄克森（Paul Dixon）（父親）
　梅蘭妮．狄克森（Melanie Dixon）（妹妹，十歲）
　莎莉．狄克森（Sally Dixon）（妹妹，八歲）

我把卷宗塞進袋子，帶回家在週末繼續讀。我已經看到了標籤2，標籤5和標籤6和其他案子類似，而其餘部分則必須好好研讀消化。但，不是今晚。

我能靜下心來閱讀卷宗時，已經是週日早晨，微弱的晨光灑在書桌上，窗外有一棵樹，樹影在紙上跳舞，跳出了兩個男孩的剪影。裘德和蘭伯特都看不到這個太陽，如果狄克森先生能看到，一定也是閉著眼睛抵擋吧，對一個失去孩子的父母來說，任何快樂都像是對悲傷和愛的背叛。繼續吧，我告訴自己，從影響陳述書讀起，這是最難讀的，也是最讓人痛苦的。先把最困難的事情處理掉，所以我翻到標籤7。

被害影響陳述書

刑事訴訟程序規則，第二十七・二條；一九六七年《刑事司法法》第九條，一九八〇年《治安法院法》，第5B條。保羅・狄克森陳述書。年齡：十八歲以上。

這份陳述由我本人簽署，內容為一頁，我所知和所信保證均為屬實。我知道，如果本聲明被當成證據提交，如果我故意在其中陳述任何我知道是虛假的或不相信的內容，本人將承擔刑事起訴的責任。

警察問我能不能寫一份簡短的聲明，說明我兒子蘭伯特的死對我和我的家人產生的影響。我可以說，這件事讓我們崩潰了。蘭伯特對我和他的妹妹們來說是一切。七年前，他母親去世，我以為我們再也不會笑了，但蘭伯特讓我們的生命變得有價值，他總是掛著笑容，照亮了整個房子。他善良體貼，機智聰明，功課不是頂尖，但我知道他前途光明，不禁為他感到無比的驕傲。如今他不在了，我不知道要怎麼往前走，我的女兒們也一樣，我無法用語言形容環繞著我們大家的空虛。我的小羊的生命，被他口中最好的朋友的不良行為所奪走，我感到非常憤怒。得知裘德是幫派分子，我感到很厭惡，一想到我曾經歡迎他到我家，我就噁心。沒有了兒子，我不知該怎麼活下去，我的女兒們沒有了哥哥，我也不知道她們該怎麼面對。

保羅．狄克森（父親）

在這之後是梅蘭妮的陳述，她說：「我夢見了小羊，一切又都沒事了。當我醒來時，我發現那只是夢。」還有一份莎莉的陳述，她說她在學校很調皮，擔心哥哥是因為這樣所以走了。我突然想像兩個小女孩在清晨醒來，睡得滿臉通紅，臉頰都是淚水。別想了，我告訴自己，但我必須考慮狄克森先生、梅蘭妮和莎莉，因為要找到適合裘德的判決，他們都必須是我的考量因素。

不過，首要任務是找出判決所依據的事實，是幫派犯罪？還是只是一起交通事故？最低刑度是八年？還是三年？最高刑度是長期監禁？還是可能被判緩刑？我必須釐清究竟發生了什麼事。我暫且跳過標籤3（檢方對於事實的解釋），先閱讀原始資料，否則我可能會形成偏頗的觀點。所以我翻到標籤4。

我知道我會在那裡找到什麼樣的東西——低級犯罪的歷史，上少年法庭，未能遵守法庭命令等等……都在裡面。在過去一年，他與Heat 451的成員廝混，七度遭到警察攔查，因持有大麻受到警告，被懷疑參與鬥毆（儘管沒有充分證據起訴），還曾經因為騎著偷來的輕型摩托車遭到告誡。沒有什麼能讓我震驚的地方——除了一個萬萬意料不到的驚奇。我又檢查了一遍，好像我可能看錯了。現在，我明白伯特律師何以嚇得說不出話來了。永遠不要透過他人的眼睛看任何事，尤其永遠不要從一個悲慟的父親的角度去看一個死去的男孩。上述文件中提到的人，不是裘德，而是小羊。小羊，他父親的天使，疼愛妹妹的哥哥，給予家人支持的兒子，當他走進房間時，房間就會明亮起來的那個小羊。他有他爸爸不知道的另一面。

我翻遍所有文件，在報告中尋找裘德的名字，有些地方提到偶爾有個年輕人和小羊在一起，但沒有確認那人是裘德。那麼，檢察署怎麼指控被告呢？最後我翻到標籤3，是這樣寫的：

檢方沒有直接證據證明裘德．德溫特為幫派成員，但有資料直接支持以下內容：

- 蘭伯特．狄克森屬於Heat 451，該幫派地盤包括他所居住的社區。
- 敵對幫派Gmen占據包括科貝特路在內的鄰近地區。
- 蘭伯特．狄克森是裘德．德溫特非常親密的朋友。
- 在案發當日，狄克森和德溫特皆無前往科貝特路的已知正當理由。

● 科貝特路的獨立證人提供的證詞顯示：

◆ 一群經常在科貝特活動的年輕人當時也在場。

◆ 車子從南向北行駛，然後又回到那條路。

◆ 德溫特以極快速度行駛，穿過車行道，向聚在路邊的年輕人衝去。

● 這些年輕人中，沒有人願意對警方作證，但情報顯示他們很可能是 Gmen 的成員。

檢方呈交以下推斷供法庭審酌：

● 鑑於狄克森和德溫特的親密情誼，難以想像德溫特不知道狄克森加入幫派。

● 由於科貝特路一帶是 Gmen 的公認「領地」，難以想像 Heat 451 成員不知道這一點。

● 由於沒有其他原因可以解釋狄克森和德溫特在科貝特路上來回行駛，所以這一定與 Gmen 在場有關。

● 德溫特故意危害 Gmen，他一定是在狄克森知情的情況下，與之合作或接受其指示下行動的。

● 儘管我們承認，單獨看第一段中的主張，並不能讓法庭確信德溫特故意駕車危及 Gmen 成員性命，但是我們認為這些主張綜合來看，構成一個無可辯駁的推論：德溫特要麼是Heat 451，要麼支持狄克森加入該幫。

我坐了很久，思考檢方指控的可能影響。保羅．狄克森將聽到他心愛的小羊並不是他心中的模樣，最好的情況是，小羊和裘德一樣加入幫派，最壞的情況是，小羊教唆裘德開車。這一切都會在報紙、網路和社交媒體上被報導，最終無法瞞過兩個小妹妹，而我無力阻止。我並沒有被要求判斷小羊是否加入幫派——他顯然是加入了——只是被要求判斷裘德是否知情，並故意與他合作。我又讀了一遍，然後把卷宗放回袋子。之後，我竭力想把這整件事拋諸腦後。明天，我必須面對，但明天是新的一天。

4

明天理所當然來了。週一，裘德在被告席上，只肯讓我看到他的頭頂，狄克森先生則讓我見到了他整張痛苦的臉。伯特律師和考德威爾檢察官斜眼互看了一眼，他們現在打算怎麼做？我立刻就會知道了。考德威爾檢察官站起來。

「庭上，我想提出聲請。」

「什麼事？」

「我請求非公開審理。」

驚訝不是核准的司法用語，所以我盡量不表現出來。非公開審理代表所有人都要離開法庭，只留下我、律師、被告和證人，這是非常特殊的程序，因為司法必須公開進行——除非有很好的理由。

「一下子就好。」考德威爾檢察官補充說。

你必須信賴律師，起碼我信賴他們，起碼在一開始的時候。「好，法庭不公開，我會查明問題。請清空旁聽席。」

旁聽席有幾個遊客，一個認真的學生，還有幾位年輕人，或許是裘德或小羊的朋友，也可能是他們的共同友人。還有一個頭髮花白的瘦弱女人，貌似被生活榨乾了。一個保全將他們通通帶出去。媒體也離開了審判活動區，家屬聯絡官正在設法讓狄克森先生也離開。

「但我想聽。」保羅．狄克森大聲抗議。「我想知道發生了什麼事，死的是我的兒子。」

艾思梅過去幫忙，不過他死也不肯走，好像要破口大罵，或者放聲痛哭，或者邊哭邊罵。

「狄克森先生……」我開口了。

他不理會我，繼續跟艾思梅與聯絡官爭辯。

「狄克森先生，聽我說，一會兒就好，我必須跟你解釋一些事。」

他很不情願地轉過身。

「我要找出難題，然後決定如何進行程序。如果不重新開庭，不解釋我的決定和原因，我不會舉行任何跟被告有關的聽審。」

他眨了眨眼睛，瞪著伯特律師，然後摔開聯絡官拉著他手臂的手，自行走了出去。他和其他人都走了之後，我回頭看向考德威爾檢察官，努力讓自己的聲音不那麼煩躁。「好了，現在是非公開審理庭了，妳願意解釋一下原因嗎？」

「我知道我的聲請很不尋常，但我有理由。」

「給我個驚喜吧。」我不是有意這麼說，也絕對不想用這種口氣說。

考德威爾檢察官人很好，忽略了我的失誤，繼續說下去。「如果牛頓聽審能在非公開法庭進行，檢方會非常感激，我知道法律要求這必須有一個充分且緊迫的理由……」

法律要求的不只這一點，但我準備從這一點開始。「那麼，充分而緊迫的理由是什麼呢？」

她停了一下，以一種她希望能吸引我的方式重新整理她的想法。「庭上應該已經在卷宗中讀到了檢方的論據。」

「妳是說蘭伯特・狄克森是一個名叫Heat 451的幫派的成員，裘德・德溫特一定知道這件事，他們一起合作挑釁敵對幫派的成員。」

「庭上歸納得很清楚。」

「的確，我不知道的是，為什麼要進行不公開審理。」

「啊。」她又重新整理了想法。「蘭伯特・狄克森是Heat 451的一員，伯特律師對這一點沒有異議，看過上週送達的資料後，他承認這是事實無誤，但被告說他毫不知情，而且這跟他的駕駛行為無關。」

法庭後方傳來一個聲音，又突然，又異常響亮。「不要。」裘德站起來。「不要。」他又喊了一次，他非常著急，我不知道他想反對什麼，但不管是什麼事，現在都不是時候。

伯特律師站起來，「庭上，我可以和我的當事人說句話嗎？」

他走到法庭後方，兩人急促地低聲交談，伯特律師音量較大，說得較久。裘德情緒平復後，伯特律師回到律師席。「庭上，德溫特先生希望為打斷法庭道歉。」

「有什麼問題嗎，伯特律師？」

伯特律師堅定地說：「沒有。」

裘德在他身後不出聲地說：「有。」

被告不滿意情況，但考德威爾檢察官也不滿意，我決定先處理她的問題。我的法庭變成非公開審理庭，如果不該如此，我需要儘快重新開放才行。

「考德威爾檢察官，妳剛才準備解釋檢方的立場，以及它應該要求審理不公開的理由。」

「保羅．狄克森先生……」她停了下來，不用她說我們也知道，如果他聽到卷宗的內容，他自認為是一位人見人愛的兒子的父親形象就永遠玷污了，她急著不讓他知道關於他兒子的真相，努力避免再次傷了他的心。即使她設法以律師的語言來表達這個凡人的問題，也意識到她無法按照法律規則聲請法庭變成不公開[46]。法律不是失去兒女的父母，法律不具感受人類情感的能力。不過，她還是嘗試了。

她嘗試之後，我說：「考德威爾檢察官，我同情妳的困難處境，但妳想得不夠清楚。妳要我根據妳卷宗裡提出的指控對裘德．德溫特進行判決，妳掌握了幾個有力的證據來支持妳的論點。即使我能在非公開法庭舉行牛頓聽審，或是即使被告同意妳的論點，不舉行牛頓聽審，我終究也還是必須在公開法庭上宣判，屆時法律會要求我闡明判決的依據。如果我相信正確的依據是妳的依據，我就必須說出來，我不能迴避，妳也不能迴避，任何人都不能，也不該試圖阻止媒體正確報導此事。」

她傷心地點點頭。

伯特律師這時已經站起來了，他說：「有一個很明顯的解決辦法。」

考德威爾檢察官願意同意辯方的立場，也就是駕駛行為沒有任何動機，只是駕駛

46. 原註：請參閱附錄G。

技術太差了。

「伯特律師，你很清楚，考德威爾檢察官是以女王的名義起訴，代表公眾行事，有責任追求檢察署認為的正確立場，她設法在不傷害任何人的情況下履行這一職責，我相信我們都希望如此。」

「我也希望如此。」被告席上一個聲音說，裘德又站起來，這次沒有理會那個拉著他的法警。「我的意思是我不……我不想說小羊是……妳知道的，不是因為這會傷害到他，也不是因為會傷害到我，而是因為……」裘德・德溫特不習慣說那麼多話，很快就說不下去了。他坐下來，臉色變得非常蒼白，伯特律師望著我，我點頭表示同意，他又走去被告席。

接著是第二次急迫的低聲交談，律師回到座位時，我轉向考德威爾檢察官。

「如果事先私下向狄克森先生解釋真相，讓他有時間接受他兒子加入幫派的事實，那不是更好嗎？」

她沉默了片刻，這時裘德又一次想要吸引伯特律師的注意，伯特律師堅決不肯回頭。最後考德威爾檢察官說：「能給我一點時間嗎？」

最起碼我還能做到這件事，我看了一眼法庭的時鐘。「妳有一個小時的時間，然後我們在公開法庭進行聽審，妳可以在牛頓聽審傳喚妳所依據的任何證據。」

5

六十分鐘，每一分鐘有六十秒，這段時間可能發生了很多事，誰在向狄克森先生解釋他兒子的真相？他會有何反應？他還會想進入法庭嗎？兒子死後，他始終在向自己保證，一定要親眼見到裘德伏法。裘德人到哪裡，他就跟到哪裡，他相信罪魁禍首只有一個，那就是裘德。如今有人要告訴他，他得換一個非常不一樣的角度來看這件事，但人的思想無法像帆船隨風轉舵，人的思想是遠洋郵輪，需要時間接收新指令，需要放慢速度才能執行新指令。我凝視窗外廣場的那棵樹，看膩了，轉而盯著牆上的時鐘。我等待著，我凝視著窗外隱約可見的聖保羅教堂大鐘。一個小時過去，艾思梅也來了。

「狄克森先生有沒有回來？」

「法官，可以開庭了。」

艾思梅嚴肅地點點頭。

見到狄克森先生時，我覺得艾思梅的嚴肅是對的，那可憐人直挺挺坐在椅子上，渾身繃得緊緊的。我進入法庭時，根據習俗和禮節，全庭都要起身，而他險些站不起來。聯絡官走過去，他別過身去，臉色很白，眼睛很亮，巨大體型似乎變小了。

考德威爾檢察官起身進行開審陳述。我不是陪審團，我不會被情緒或言辭左右，我要的是事實與有力的辯護，她很清楚。

「庭上，檢方的指控如下：事發前，被告住在他最好的朋友、現已去世的蘭伯特·狄克森的家中，十二月十日中午過後不久，裘德·德溫特開著他的科薩汽車（Corsa motor car）到科貝特路，蘭伯特坐在前面副駕駛座，法醫科學家的重建顯示蘭伯特當時沒有繫安全帶。」

「哪個小孩子繫安全帶。」狄克森先生氣呼呼地大聲說。

伯特律師張嘴想提出異議，最後還是決定算了，他心想看看情況如何再說吧。我也一樣。考德威爾檢察官繼續作開審陳述。

「他們開車，從蘭伯特的家出發。他家那一帶有一個名為Heat 451的幫派在活動，遺憾的是，蘭伯特·狄克森是該幫派的一員。」

狄克森先生發出了像蒸汽壺一樣的聲音。

「我們促請法庭從各種『情報』和其他資料中得出這個推斷，其中有當地官員的證據，在警方在場的情況下，他們多次記錄到他在公開場合與該幫派已知成員往來，但後來沒有起訴。」

狄克森先生說：「一個字都不要信。」我看著聯絡官，這是一個警告，我不會讓這種事繼續下去。聯絡官對狄克森先生耳語，狄克森先生搖搖頭，但暫時安靜了。

考德威爾檢察官繼續說下去。「檢方認為，裘德·德溫特是蘭伯特最好的朋友，住在一塊，至少應該知道蘭伯特的交友情況，在最壞的情況，可能也交了同樣的朋友。路邊監視器和自動車牌識別系統提供的證據顯示，他們直接開車去科貝特路，那邊是一個名叫Gmen的幫派的基地，其成員經常聚集在那裡。Gmen是Heat 451的競爭對手，據當地監視器錄影，當天下午有兩名男子出現在那裡，同一段錄影清楚地顯示，德溫特從南開向北，這段路很長，限速是每小時二十英里。道路交通事故分析專家會說，德溫特的車速超過每小時六十英里，速度之快，以致於越過減速丘時，飛離了地面。在第一次通過時，他按了喇叭，有人看到Gmen的成員用下流的手勢回應，並朝車子丟瓶子，甚至扔磚頭。

「到了路的盡頭，德溫特一定是掉頭了，因為不到一分鐘後，車子就回來了。他可以從科貝特路的北端駛離那一帶，也有許多的小巷可以走，但他沒有離開，而是朝著Gmen那群人的方向開回去。檢方認為，這是一次故意的挑釁，因為他知道街上的人對他有敵意。在他刻意製造的環境中，他的駕駛造成的危險加劇，更多的磚頭扔過去，他的速度再次達到時速六十英里以上。最後德溫特控制不住車子，完全駛離了車道，撞上一個公車站。目擊者說，這一次車子突然轉向，像是對準了路邊的年輕人。

「幸好公車不久前才來，載走了候車的民眾，候車亭和公告公車時刻表的柱子被撞倒，柱子刺穿擋風玻璃。蘭伯特．狄克森先撞上擋風玻璃，再撞上方向盤，最後倒在被告的身上。急救人員趕到現場，但蘭伯特身受重傷，脖子斷了。」

她停了下來，但她簡潔冷靜刻劃出的恐怖血腥畫面卻沒有停下，畫面充斥著法庭。這是一個非常簡單的案子，有目擊者，加上科學和技術證據，伯特律師幾乎沒有提出質疑。大部分證詞都是用宣讀的，實際被傳喚到法庭的只有兩個目擊者，他們說裘德似乎故意開向路邊的年輕人，一位是個年輕的母親，另一位是一名男子，他當時正在打電話給妻子。伯特律師進行了反詰問，有效地證明了一個幼兒和晚餐的披薩或炸雞分散了目擊者的大部分注意力，沒有什麼心思留意路上發生的事，起碼在車禍壓倒一切之前是這樣。

但他不能質疑監視器，也沒有試圖挑戰科學。裘德開車的特點很清楚——超快車速；受驚嚇的行人；他駛離時，街上的年輕人在他身後比手勢，等他開回來後，已經拿好磚頭瓶子準備對付他。伯特律師的意圖同樣很清楚，他只是想證明裘德沒有刻意針對敵對幫派，所以沒有理由說裘德和蘭伯特去科貝特路是為了危險駕駛。不到一個小時，檢方就舉證完畢，輪到辯方上場了。

伯特律師站起來說：「我要傳喚裘德．德溫特。」

法警護送裘德穿過法庭，他不敢看向狄克森先生。狄克森先生則遵從聯絡官的指示，竭力留在座位，保持沉默。當裘德經過時，我有個錯覺，彷彿聽到他咬緊了牙關。在被告席上，裘德顯得十分可憐，但現在腳步很堅定，好像已經決定了要完成必須做的某件事，並打算全力以赴。他走上證人席，宣誓作證，然後把手放在前方的檯緣上等待。伯特律師開始問話。

「你的全名是裘德．德溫特嗎？」

「對。」

「你看過案發當日科貝特路一輛黑色科薩車的監視器錄影？」

「看過。」

「那是你的車嗎？」

「是我表哥的，我也有保保險。」

考德威爾檢察官表示她同意這一點。

「那天是你開的車嗎？」

「對。」

「檢方指稱你開車很危險，你是否承認？」

「我承認。」

「檢方指稱，你的危險駕駛導致汽車撞上公車站，蘭伯特．狄克森因而身亡，你是否承認？」

「我承認。」

「但檢方指稱，這是一次針對一個名為Gmen的幫派成員的報復行動，你是否承認？」

裘德這時應該說：「律師，我不承認，不管我還做錯了什麼，那件事我並沒有做。」我們都知道這是劇本，所以當他沒有說話時，我們等著他，好像他是一個忘詞的演員，只要我們有耐心一點，他就會想起來。但，他還是沒說話。

似乎過了很久，伯特律師又問了一次。

「德溫特先生，檢方的指稱，這是一次針對一個名為Gmen的幫派成員的報復行動，你不承認，對嗎？」

對自己的證人這樣提出問題，引導意味極高，完全不當，我應該介入，但沒有必要，因為裘德顯然無意跟隨伯特律師的引導。他低頭盯著面前的水杯，喝了口水，然後做了一件事——我做了三十多年的大律師，當了近十五年的法官，從未見過任何被告這麼做。他轉身離開他的律師，轉身離開他的劇本，相當慎重地輕聲說：「我承認。」

伯特律師看起來好像他聽錯了，他說：「你不承認。」

裘德又說：「我承認。」

伯特律師以難以置信的口吻說：「你是否承認你知道蘭伯特加入某個幫派，你幫助他對付一個敵對的幫派？」

裘德說：「承認，我承認。」

保羅．狄克森大聲說：「不對，你他媽的不承認，你不可以承認，小羊沒有加入幫派。」

一時間我想不出裘德・德溫特在做什麼，如果他承認檢方的指控，我們為什麼要開牛頓聽審？為什麼他要走上證人席，承認只會加重他罪責的事？我想我臉上的表情一定是這麼說，因為考德威爾檢察官和伯特律師就是這樣的表情。但裘德對我們完全沒興趣了，他轉向狄克森先生。

他說：「對不起，每件事都對不起，對不起，我害死了小羊，對不起，我那樣開車，對不起，讓你知道了……關於……」

「那不是真的！」狄克森先生大喊，他現在的心情與其說是憤怒，不如說是絕望。「如果小羊加入幫派，我早知道了，他是我的兒子，我會阻止這種事，他——」

裘德簡單地說：「沒用的。」他指指考德威爾檢察官，指指我，「她們都知道。」他指著伯特律師，「連他也知道，真的，小羊加入Heat 451，加入了很久，他找我去……做我做的事，我們從沒想過要傷害任何人，我們只是……」

「只是什麼？」狄克森先生問，臉色和裘德一樣慘白。

「我們……」那張年輕的臉很凝重，下巴嚴肅得像是用一塊很老的木頭雕刻出來的。伯特律師張開嘴好像要說話，但聳聳肩，又坐了下來。他控制不了裘德，他自己也知道。

「德溫特先生。」我說：「裘德，你到底想說什麼？」

這個男孩說話幾乎沒有條理可言，「他必須明白，但他就是不肯聽。」

「誰？伯特律師？」

裘德不耐煩地搖頭，好像我很愚蠢，也許我是。他說：「我寫了一封信，但他原封不動寄了回來，我打過電話，但他不肯跟我說話，他不相信真相，因為那不是他想聽到的，但事實沒有他想像的那麼糟糕，也許很糟糕，但如果他能理解，他感覺會好一些。」

「你是說狄克森先生嗎？」我請他把話說得清楚些。

裘德點點頭。

法庭不能讓被告和受害者的父親進行對話，我應該制止這種行為，因為這不是法庭的目的，不是嗎？但是，如果法庭不滿足使用者的需求，那還有什麼用呢？有些法庭用來解釋土地權、航道和合約，刑事法庭跟人有關，跟人的需求有關，在我的面前，是兩個亟需幫助的人。

不過我得小心行事，我得給這個年輕人判刑。我心裡想：「上訴法院正等著審查我做的每一件事。」我又想：「上訴法院不喜歡這樣。」最後我想：「去他的上訴法院。」這是小羊的死，這是裘德的命，這是狄克森先生的痛。我深呼吸。

「你想說什麼？」

在不需強迫自己蓋過其他人的聲音的情況下，裘德突然完全失去了說話的能力。

我說：「慢慢來，想清楚你需要告訴我們什麼。」

這是有效訟辯的基本原則，想清楚你要說什麼，張開嘴說出來，然後閉上嘴。裘德沉默了半分鐘，整理著思緒，然後轉身背對著我，直視那個失去兒子的父親。

「狄克森先生，請不要因為小羊加入Heat 451就認為他一無是處，他當然知道幫派使用暴力，他知道他們販毒，但這不是他加入的原因。」

這倒新鮮了——一個在街頭混的孩子，試圖向我們解釋，像他這樣的少年，或者至少是像他最好的朋友的少年，加入街頭幫派的理由。狄克森先生自己並不知道，但他也豎起了耳朵，我們都在注意聽。

「我不明白，他為什麼這麼做？」保羅．狄克森的聲音乾得像枯葉。

「他只是想成為什麼的一分子……」裘德猶豫了一下，想想是否有合適的表達方式，他曉得這種機會不會再有了。「他想要歸屬感，對，就是歸屬感。當你不屬於其他地方時，屬於某個地方。」他抹了抹臉，繼續說：「很久以前就開始了。」

「多久以前？」狄克森先生的聲音變成了細語。

「在他媽媽死後沒多久。」

「但他才……」以一個算計又震驚的表情說道：「才十二歲。」

裘德點點頭。「對他來說真的很不容易，他討厭看到你那麼難過，他討厭聽到妹妹哭。他只想去別的地方。他喜歡笑，也喜歡逗別人笑，但在家裡他再也不能這樣做了。小孩子對幫派很有用，小孩子可以在社區販毒，可以躲在警察找不到的地方，可以跑得比警察快，爬到他們到不了的地方。即使被抓到，警察也不大會起訴小孩子，因此就這樣……」

我知道就怎麼樣，我想像蘭伯特……還有像蘭伯特一樣落入幫派之手的十二歲大孩子，我的思緒停滯不前，但裘德沒有因此停下來。

「蘭姆長大後，無法販毒，就開始跟年紀比較大的人混，但他不想帶刀……他覺得帶刀不好，我猜想他覺得自己對他的妹妹和你有負責，狄克森先生。」

保羅．狄克森無法吞嚥，好像喉嚨卡著一個腫塊。

「他不想幫忙把毒品送到其他的城鎮，也不想用手機販毒，Heat 451還是很喜歡他——他還是會逗他們笑——但他對他們沒有用，他開始覺得他們那裡也不是容身之處，這讓他……嗯，很難過。後來，有個人被捅了，那人是好人，好吧，他是個好混混，是Gmen幹的，Heat 451的人都說要報仇，他們計畫去襲擊，他們其實根本沒有找小羊一塊去。他有點沮喪，我想他覺得自己很沒用，然後他想出了這個主意，獨自跑去替Heat 451報仇。他需要我幫忙，但這也沒關係，我們在他們的地盤上開來開去，逼他們跑來跑去，讓他們在自己的地盤出醜。我們沒有打算開車撞他們，只是讓他們認為我們要撞過去。」

他憐憫地看著彷彿只剩一具皮囊的保羅．狄克森，自尊心最大的傷害莫過於自己也看不起自己。

「我只是想讓你知道，他是真的關心你和他的妹妹，就是因為你，他才沒有做那些真正的壞事，我就想說這些而已。」

他就想說這些而已，但這就足夠了。

6

於是我們來到裘德小劇場的最後一幕。伯特律師提出了他所能提出的減刑理由——他以當事人年輕，沒有前科，蘭伯特是自願置身於導致他死亡的位置，Gmen向行駛中的車輛投擲物品是意外主因等等理由辯護。他也強調，裘德在牛頓聽審宣誓後沒有撒謊——完全沒有——因此應該仍然獲得認罪後的三分之一減刑優惠。他說，這些都是減刑的重要因素。但裘德已經成功讓自己陷入困境，他的駕駛行為被歸於這種罪行中最嚴重的等級，他承認自己有意參與幫派的復仇行動，讓情況變得更糟——這些部分伯特律師無從辯護。

因此，關鍵時刻終於到來了——故事的尾聲。依照傳統，被告被判刑時必須站立，但判決在現代是一個複雜的過程，很是費時，法官首先要陳述判刑所依據的事實，接著權衡受害者和遺屬所受影響，檢查相關法律和準則，將法律適用於事實，然後考慮加重和減輕事由，最後計算出刑期長短。這一切都需要時間，讓被告一直站著，對他是一種不必要的小酷刑。

「你可以坐著。」我告訴裘德，他坐了下去，好像腿撐不住了。

在這之後，我所說的一字一句都必須仔細評估，因為當我說完後，伯特律師會一字一句檢查，看看能否提出上訴，如果可以，上訴法院連一個逗號或冒號也不放過。我看看法庭四周，兩位大律師都低頭看著面前的文件，但從他們聳起的肩膀——我也經常是這樣的坐姿——我知道他們故作鎮靜的神態需要努力才能維持。裘德臉色蒼白，但心平氣和，保羅．狄克森看似再一次生活打擊就會結束他的人生，但他不再瞪著被告，也不再瞪著其他人。

現在進入判刑階段了。調整麥克風，讓每個人都能聽清楚。放慢節奏，讓每個人都能跟得上、聽得懂。暫停一下，等所有人都安靜下來。深呼吸，開始宣讀判決。

「裘德．德溫特，我必須對你危險駕駛造成死亡的罪刑進行判決。去年十二月，你只有二十歲，住在最好的朋友，十九歲的蘭伯特．狄克森家中。他是一個名為Heat 451的幫派成員，我承認你不是該幫派的一員，但你知道他是，而Heat 451有一個名為Gmen的敵對幫派。

「在去年十二月第一週，Heat 451有名成員遭到Gmen刺傷，Heat 451計畫報仇，但蘭伯特沒有被包括在計畫之中，他為此覺得受傷，擔心因為自己不夠好，所以被排除在外，於是決定自己採取行動——也許是為了給其他幫派成員留下印象。你促成了他的決定，和他開車去你知道Gmen可能出沒的地方，企圖以半嘲弄半恐嚇的方式從他們中間穿過。你沿著科貝特路向北行駛，車輛超速和你挑釁的手勢引起了注意，你的車速超過每小時六十英里，所以經過隆起的減速丘時，車子飛離了道路。你危及了在場每個男女老少的生命。

「開到路的盡頭，你掉頭開回來，這一次你增加了危險動作，在車道上轉彎，讓Gmen的成員以為你想撞他們，你給在場每個人帶來更大的危險。最後，不意外，你失去對汽車的控制，撞上一個公車站。不幸中的大幸是，當時沒有乘客排隊，如果有，你可能也會撞死他們。結果你害死的是你最好的朋友，對他的家人造成無法估量的可怕和悲慘影響。

「我的量刑方法必須遵守量刑委員會發布的準則，在討論準則前[47]，我要明確指出，你將被取消駕駛資格一段期間，根據我的計算，在你被釋放後的六年內，你不得駕駛機動車輛，即使過了這個期限，你也必須通過一項詳盡考試才能再次駕駛。

「至於羈押長短，根據我聽取的所有證據，包括你對我承認的事，我確認你的駕駛持續嚴重超速，並朝行人的方向蛇行，對他人帶來明顯的巨大危險，這一點你應該

47. 原註：請參閱附錄H。

是清楚的。因此，我把你的罪行定為最嚴重等級，根據準則，最低刑度是八年。」

狄克森先生抬起頭來，沒有笑容，也沒有痛苦的表情，只是非常認真地聽著。

「接下來，我必須決定是否有任何加重你的罪行的特殊情況，根據我的判斷，有一個非常嚴重的特殊情況，那就是這是幫派對立引起的持續衝突的一部分。在公共街道上，為了私人和完全非法的報復行動危及所有人的安全，法庭不會容忍這種行為。本案的這個特殊情況讓刑期從八年量刑起點提高到十年。」

裘德點了個頭，好像在說「很有道理」。

「現在我必須決定有什麼減輕事由適用於你，我必須同時考慮罪行和犯罪者。在罪行方面，我發現沒有減輕的空間，蘭伯特．狄克森自願參與你的犯罪，甚至可能教唆你犯罪，但這個事實無助於你。你的駕駛危及除他之外的許多人的安全，至於Gmen對你的車子投擲物品的行為，我注意到的是你挑起了這種行為，我不會寬恕他們，絕對不會，他們的行為本身是非法的，可能會因為妨害公共秩序罪起訴，但這對你沒有幫助。接著，我要從犯罪者的方面來看減輕事由。準則和判決先例明確指出，我必須考慮到你年輕，沒有前科，這些因素對你有利。然後是你的認罪，你在預審中坦承犯行，有權因提前認罪而獲得三分之一的標準刑期折扣。

「然而，你的行為，除了單純的認罪之外，還有一些其他事情，我認為遠遠超過了單純的承認責任的範疇。我看到了，也聽到了你講這些事，我看到你對造成朋友死亡感到真正的悲痛，我還看到了更多。你知道，公開揭露蘭伯特屬於一個幫派，必然會大幅增加他父親和妹妹的痛苦，你在證人席解釋所發生的事情與理由，我相信是因為你真心想要減輕蘭伯特家人的痛苦，你知道這麼做，等於放棄任何將你的行為評估為較低等級的機會，所以這是一個無私的舉動，我認為也是表現出真心懺悔的行為，準則允許我將此視為單純認罪之外的額外減輕事由。這種情況很少出現，但在你的案子確實發生了。

「審酌所有這些包括加重和減輕的事由，法庭判決你在少年矯正機構服刑五年，你有可能在服刑一半時獲釋，但有附加條件，若再次表現不佳，會被召回監獄。你已經服刑的時間也計入這個判決中。」

裘德．德溫特和保羅．狄克森互看了一眼，狄克森先生只是點個頭，裘德也對他點點頭。他們能夠互相對視，看到對方，而不是只看到蘭伯特的影子，真棒。

7

如果你要人說出一件事，說明為什麼法律和秩序的力量在當今社會舉步維艱，許多人會回答「幫派」，這個答案可能是對的。但要認真思考「幫派」對所有人造成的傷害，我們需要知道這個詞的真正含義。短短兩個字，卻涵蓋了許多的意思，從中世紀羅賓漢的「快樂好夥伴」（Merry Men），到十九世紀七〇年代出現的「四十象」（Forty Elephants）女扒手，以及紐約和芝加哥的犯罪集團，幫派這個概念已經存在我們的意識中幾個世紀了。從古至今，幫派有許多類型，儘管我們關心的是當下，閱讀歷史考驗耐心，但仍然值得努力了解過去，因為這確實可以幫助我們理解今天正在發生的事。

從你想像得到的遠古時代，甚至更早之前，一群人之所以憎恨另一群人，無非因為他們是「其他人」。從斯圖亞特王朝（The House of Stuart）[48]蘇格蘭的邊境侵入者，到現代的足球流氓，各種群體之間的仇恨總是存在，在《羅密歐與茱麗葉》的故事中，凱普萊特家族（Capulets）和蒙泰古家族（Montagues）之間的恩怨，無異於《西城故事》中鯊魚幫（Sharks）和噴射機幫（Jets）之間的情仇。還有一種類型的幫派，加入的唯一目的是聯手製造麻煩，通常是在大街上，歷史也充滿了這樣的例子：十六世紀末紳士組成的「逆天幫」（Damned Crew），十八世紀貴族組成的「莫洛克流氓」（Mohocks），十九世紀曼徹斯特失意青年組成的「破壞客」（Scuttlers）。還有一種與上述截然不同的幫派，他們為了非法獲利而集體行動，如走私販和攔路強盜。還有幫派靠著這種獲利方式發展成龐大的商業帝國，例如二十世紀中期倫敦的克雷家族（Krays）和理查森家族（Richardsons）。當競爭幫派的「地盤」重疊，免不了爆發另一種戰爭，如二十世紀八〇年代的格拉斯哥冰淇淋大戰（Glasgow Ice Cream

Wars）[49]。今日當地、非當地和外國幫派從事槍枝走私、洗錢、人口販賣、敲詐勒索，尤其是非法毒品交易，而且數量快速激增。

社會上總有各種形式的幫派存在，但英國從未像現在這樣感到幫派對於民眾的威脅。很多人談論當前幫派文化的罪惡，大多數奉公守法的老百姓討論時，想到的可能是城市街頭的幫派，因為當前社會出現了一連串不同的特殊狀況：我們有年輕人渴望加入並認同一大夥人；我們有網路和社交媒體加速傳播幫派的形象；我們有少年想找不同幫派的人打架；我們有宛如軍火庫的幫派，提供打架用的槍枝武器；我們有成為毒品中心的幫派，除了販毒，也處理相應的洗錢工作；我們有幫派使用暴力捍衛自己的地盤、形象和販毒管道——這不啻形成了一場完美的風暴。

如果你想知道為什麼我們不能解決今日的幫派問題，可能是因為我們還沒有拆解開所有需要處理的環節。這是一個龐大的課題，但我想先以蘭伯特的故事談談其中的一個層面，因為無論幫派的性質如何，唯有人願意加入，它才能蓬勃發展，不管幫派對於想加入的人多麼不挑剔，如果沒人願意加入，它終究也會枯萎消亡。因此，我們有必要去理解把小羊這樣的男孩吸引去幫派世界裡的理由，哪怕只是為了看看如何才能避免這些事情的發生。

48. 一三七一年至一七一四年間統治蘇格蘭，以及一六〇三年至一七一四年間統治英格蘭和愛爾蘭的王朝。

49. 原註：恐怕是毒品，而非聖代杯。

我從一個少有人擁有的角度思索這個問題，在此分享一些想法。

從我坐在法官席上的角度來看，似乎有兩種相關但不同的力量引導年輕人加入幫派，一個是他們想要逃避的東西，另一個是他們想要追求的東西。

孩子進入青春期後，尋求獨立，追求一種父母看不到的生活，這是自然天性。但對一些孩子來說──太多的孩子──他們要的遠遠不只這些。小羊想逃離他的家，逃離他無法面對的改變──母親的缺席、父親的悲傷、年幼妹妹的困惑。也有的孩子是不想走進那扇把他們鎖在身體虐待還是性虐待的家門。有的孩子父母病了，或精神出現狀況，照顧責任落在他們肩頭，但他們扛不住。在理想的社會中，這些孩子不該陷入這種他們想要擺脫的困境，但社會沒有提供它所應該提供的支持，這一點社會也知道。支援孩子的結構應該存在某處，但生鏽了，嘎吱作響，而且沒有足夠經費讓它重新有效運作，顯然我們認為公共資金的其他用途更為重要。因此，這些孩子走出家門，在街上遊蕩，在能找到安慰和支持的地方尋求安慰和支持──這是誰的錯呢？

此外，越來越多被學校開除的孩子，他們四處遊蕩，無人監管。如果我們對他們關上校門，我們認為他們會去哪裡？如果我們不為他們的生活提供安排，我們認為他們會如何安排生活？社會是它與生活在其中的每個人之間的契約，如果我們不能履行我們那部分的契約，就很難責備孩子們沒有履行他們的那一部分。

放學後，如果一個青少年找不到一份報酬合理的工作，如果我們讓他們閒閒無事，希望他們十六歲完成義務教育後，再讀三年的擴充教育，來拖延這個問題，結果讀完之後，他們更無法適應失業，如果這一切讓他們欠了錢負了債……那麼接下來呢？

所有這些都是青少年想逃避的，但他們也有追求的東西……幫派提供的東西。幫派的邪惡，在於它如何吸引非常年輕的孩子，才十一、二歲的孩子，真的只能稱為孩子的孩子。首先，幫派提供了一個給人歸屬感的地方，其次，它有一個階級制度，雖然制度非常鬆散，最強壯、最無情、最有魅力的人會站在頂端或接近頂端的位置。它也有組織，「大哥」的保護擴及到「小弟」，忠心效命的成員獲得獎勵，如果這些效命涉及了違法行為呢？從十二歲孩子的角度來看吧，在街上多刺激，輕快無聲跑過小巷，穿過破欄杆缺口，沿著排水管爬上公寓陽臺，到達警察追不上的地方。大腿綁著一把殭屍刀，就能感受到一種令人陶醉的危險力量。在別的地方，沒有人表揚你、獎勵你，在這裡，你幹得好，就能得到口頭表揚和金錢獎勵，好像活在一個電子遊戲的世界，只是打電玩沒有後果，死了可以加命繼續，可以添購盔甲或武器保護自己，玩膩了就關機。

當然，即使只是十二歲的孩子也必須知道，生活不是一場遊戲，挨子彈、被刀砍或是讓車子撞得體無完膚，你就死了，永永遠遠地死了。即使只是十二歲的孩子也必須知道，吸毒成癮會淪為他們本應成為的人的笑柄，家庭也將四分五裂。但是知道和理解是兩回事，即使他們長大了，他們大腦知道，他們仍然未必會接受。或者即使他們知道，他們也不在乎，因為他們想要的是融入另一個世界。

想像一下幫派，想像成為一個大於自己的組織的一分子，有自己的語言和行為規範。想像這些孩子沒有違反他們的法律——他們違反的是我們的法律。然後想一想那些絕望的父母，為了讓孩子脫離當地幫派掌控而搬家，結果卻把孩子送入另一個幫派的手中。想一想那些經營青年中心的人，他們辛勤工作，即使財務日益嚴峻，也努力不懈。想一想，我看到一個未成年幫派分子時，他不是在被告席上，就是在停屍檯上，無論是哪裡，都太遲了。思考了這一切，仔細想過了幫派和我們對付他們的方式，你可能想再次思考。

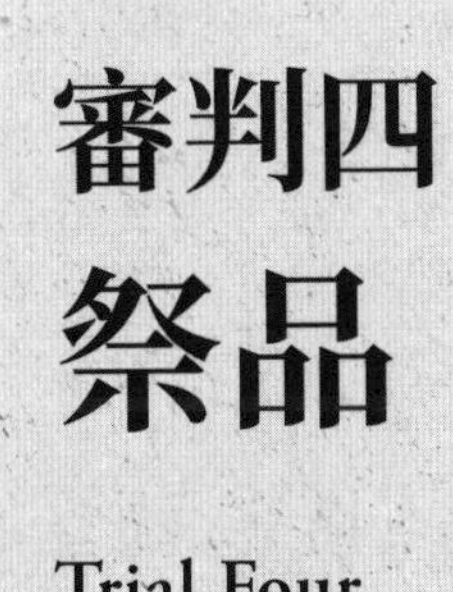

審判四
祭品

Trial Four
The Offering

蘇格拉（Sughra）和艾塔（Ata）站在漆黑的走廊，睜大眼睛，屏住呼吸傾聽著。客廳門後正在進行一場可怕的爭執，巴巴（Baba）在吼，阿米（Ammi）在哭，庫布拉（Kubra）……庫布拉又吼又哭。

蘇格拉感覺到弟弟在發抖。

她低聲安撫他：「沒事沒事。」可是她摸摸艾塔的臉頰，上面都是淚水，所以她牽起他的手，帶他上樓去。一分鐘後，他們聽到家門砰一聲關上，庫布拉從房子裡跑出去，咯噔咯噔走過人行道。蘇格拉趕緊跑到窗前，恰好看到姊姊走到街角，有一群女孩在那邊等著她。然後，她們走了，只剩下空蕩蕩的街道和路燈的橘色光暈。

艾塔已經四歲了，所以不許爬上床和蘇格拉一塊睡，但他不停地發抖，蘇格拉只好用纖弱的手臂摟著他，低聲唱歌哄他，他半夜有時會受驚，阿米就是這樣哄他的。

他低聲說：「庫布拉會回家嗎？」

「一定會，她只是和她新交的朋友出去。」

艾塔安靜了一會兒，然後說：「巴巴不喜歡庫布拉的新朋友。」

的確，巴巴不喜歡庫布拉的新朋友，不喜歡她的新衣服，也不喜歡她要擺脫他所關心的事物的新決心。庫布拉十六歲，算是小大人了，最近開始用一種九歲的蘇格拉無法理解的方式對巴巴大聲回嘴。所以蘇格拉什麼也沒說，只是摸著艾塔柔軟的頭髮，等他沉沉倒在她懷中，便非常小心地抱他回他的房間。她爬回自己的床上，祈禱自己睡得著，祈禱醒來時，庫布拉安全地在房間另一邊的床上。但是睡意遲遲不來，來了立刻又走，在深夜的某個時候，睡意再也不來了。吼叫聲又響起，所以好歹庫布拉回家了。她的父親氣壞了，即使用被子蒙著頭，蘇格拉也無法把聲音擋在外面。她溜下床，溫暖的腳掌踩著冰冷的油氈，躡手躡腳走到樓梯口。下面迴盪著巴巴響亮而刺耳的聲音。庫布拉的聲音很生氣，而且充滿了淚水。蘇格拉一腳踩到最高的樓階，但聽到一聲悶哼，腳步猶豫了。

第二天早上醒來，她看到的第一件事是庫布拉的床空著，她仔細看了看光滑的被褥，嘆了口氣，閉上眼睛，等著阿米的呼喚，等著燒菜的味道，等著庫布拉早上洗澡洗很久的水管震動聲。這些事情都沒有發生，她就起床下樓去，廚房沒人，電視間也沒人，所以她打開客廳門。

厚重的窗簾遮住了光，客廳好暗，蘇格拉起初什麼也看不見。她看向客廳最遠的角落，那裡有一座巴巴建造的藍色清真寺模型，她知道確切的位置，就在矮桌上，超過一公尺高。她使勁地盯著，以為她可以看到巴巴精心建造的白色圓頂，他黏貼鋁箔裝飾品的地方會閃著金色和銀色的光芒。眼睛適應光線後，她摸索著走到窗前，拉起厚重的天鵝絨邊緣，一丁點的光透進來，照到最近的椅子上。她的母親坐在那裡，但不像她的母親，因為這個人非常安靜，而阿米總是忙個不停，絕不會坐著不動。

「阿米？」蘇格拉喊了一聲，但是阿米沒有回答。

她把窗簾再拉開一點，現在光線穿過地毯，照到沙發上，照到沙發上的一個影子。蘇格拉過了好一會兒才意識到不是一個影子，而是兩個。巴巴捧著一本翻開的《古蘭經》，不過蘇格拉覺得很奇怪，這麼暗他怎麼看書。斜靠在他身上的是庫布拉。

蘇格拉心想：「庫布拉長大了，不會這樣抱著巴巴。」不過她還是很高興昨晚的爭執結束了，父親和姊姊又變得親密。他們的確非常親密，庫布拉倚著巴巴的肩膀，所以你無法分辨巴巴和庫布拉的界線。她長長的黑髮落在臉上，頭垂著，好像睡著了，也許她是睡著了，蘇格拉心想，因為她一定很累……她沒有上床睡覺，還穿著前一天晚上穿的緊身牛仔褲、皮夾克和漂亮上衣。蘇格拉回憶起爭執，搖了搖頭——但現在已經結束了，他們又在一起了，非常安靜，非常心平氣和。

蘇格拉說：「阿米？我好餓。」

她的母親現在看著她，但沒有立刻跑去熱鍋子、煎麵包、擺出棗子，沒有像平常那樣快步走開，她只是坐著。她父親從《古蘭經》中抬起頭來，巴巴讀《古蘭經》時，蘇格拉不可以打擾他，她怕他生氣了，但他只是眨眨眼睛，好像要擺脫一些他不想看到的東西。他一根手指放在書頁上，目光落在她身上。

他說：「去叫艾塔，換好衣服去上學。」

她無法分辨他的語氣，不親切，也不冷淡，沒有一點的情緒。她說：「我們還沒有吃早餐。」

「聽我的話，去上學，帶艾塔一起去。」

「但是庫布拉還在睡覺。」帶弟弟妹妹上學是庫布拉的工作，因為要經過一條很危險的馬路，庫布拉是大女孩，可以穿越大馬路。

巴巴轉回去看著大女兒，她的頭倚靠在他的肩上。他說：「現在妳是我的大女兒了。」

蘇格拉皺起眉頭，不明白這是怎麼回事，但不想和爸爸爭論。她穿好衣服，也盡量讓艾塔穿好衣服。小男孩餓了，脾氣暴躁，想找媽媽，艾塔習慣要什麼就有什麼，因為他是來自真主的禮物。

蘇格拉說：「不行。」她不大知道那個早上發生了什麼事，但至少知道一點：不能去打擾客廳的人。所以她帶著艾塔，穿過危險的馬路去上學，送他到他的教室，然後去上自己的課。她無視肚子咕嚕咕嚕叫，無視自己沉重的心情，沒有跟誰哭訴。找人哭訴的是艾塔，在幼兒園，他因為肚子餓，因為鞋子穿錯腳，因為覺得受到不公的對待而哇哇大哭。溫柔的雙手安撫他，處理他的需求，然後發現有些事超出了溫柔的雙手的能力。

到了中午，警察來到蘇格拉和艾塔再也不會回去的家。

1

分案科長從門口探進頭來，一臉苦惱。開庭前的一小時是他的煩惱時間，他再謹慎安排庭期，總還是會出現漏洞。比如有個陪審員來電說她的孩子起疹子，羈押候審室宣布一個應出席的被告被移送至坎布里亞監獄（Cumbria），檢察署發現一個重要證人失蹤，甚至某個法官病倒了——但最後一種情況很少發生。今天，就在今天，這種罕見的情況居然發生了，分案科長正在尋找可以替補的人。

「背痛！」

「好像是吧，法官，那個可憐人都站不起來了，哪還能坐在法庭上，即使可以，也不可能站起來離開法庭。」

我們一起想像一個畫面：我的法官同事坐在空蕩蕩的法庭無法起身離去。

分案科長說：「謝謝妳，法官。」看來我是同意接手這個案子了。他說：「是一起殺人案的第十六條證人，GRH上週舉行了，今天第二十八條，ABE在DCS中。」

其他職業也這樣做嗎？醫師和牙醫師呢？還是只有律師認為他們的時間如此寶貴，所以不能使用完整的單詞？

分案科長的一句話包含大量的資訊。他告訴我，我要聆聽一份根據一九九九年

《兒少司法與刑事證據法》第28條（section 28 of the Youth Justice and Criminal Evidence Act 1999）規定的程序，證人未滿十八歲，因此（深呼吸，別擔心，一旦我們進入法庭，一切都變得清楚）這個法律程序符合該法第16（1）（a）條規定，上週已經根據「實務指示3AA第5.2段」舉行基本規則聽審（GRH），我可以從數位案件系統（DCS）找到「取得最佳證據」（ABE）會談。沒錯，律師就是這麼說話，不過這些行話代表的含義非常清楚，代表我們多年來為我們社會中最需要正義、最不可能得到正義的人爭取正義的努力。那些不知所云的字母數字，是幼童、體弱者、精神病患者和其他弱勢群體訴諸法院、獲得公平審理的最佳機會。

過去，雖然不是很久遠的過去，受害兒童可能被認為不夠成熟，根本無法參與過程。有溝通障礙的成年受害者，也可能被拒之門外，無法參加聽審。那些有能力站在法庭陳訴自己的痛苦並要求正義的人，都被期望能夠親自到法庭現場陳述。即使年幼，即使矮小，也必須走上證人席，站在書堆上讓人看見。他們必須設法告訴一屋子的陌生人他們的遭遇，無論這些事多麼羞辱可恥。他們必須在數十個人的注視下完成這一切，他們的每一次臉紅，每一次退縮，都看在這些陌生人的眼中。他們還必須面對被告律師的詰問（有時是非常嚴厲的語氣）。

我們誇耀我們制度中的「武器平等原則」（equality of arms），即一邊是律師，另一邊也是律師，但事實並非如此，因為往往是律師與證人較量——訓練有素的法醫頭腦對抗一個孩子的心智，對抗心智像兒童的成人，對抗有精神疾病、身體虛弱的人——這完全稱不上平等。當然，直到現在，大律師的工作依然是以精心準備的問題，企圖拆解證人的故事，使證人顯得前後矛盾、不可靠或完全不誠實。有時的確揭穿了那些確實前後矛盾、不可靠或不誠實的證人，但有時只是讓證人顯得前後矛盾、不可靠或不誠實，與事實背道而馳。

有很長一段時間，這種訴訟方式有它的支持者，甚至擁有崇高的地位——畢竟全世界都讚賞這個對抗制度，「這個方式無法揭示真相」的明顯事實並不重要。但漸漸人們認識到這種不公平，法律也逐步進行必要的改革。雙方在法庭面對面交手的基本原則無法取代，但我們現在承認，如果大律師要以他一身絕技和經驗對抗證人，那麼起碼證人必須站在平等的戰場上，於是出現了許多配套的「特別措施」：取得最佳證據、基本規則聽審、第二十八條，這些措施都承認了有些人在參與訴訟過程中所面臨的挑戰——分案科長只用一句話，就把法律塞在縮寫和數字中朝我輕輕送來，在上午的聽審，我將看到這些特別措施一一落實。但首先我必須弄清楚這個案子。

因此，我收起那些應該填滿我一天的未讀卷宗，進入數位案件系統，首度見到了阿克西．易卜拉欣（Akhi Ibrahim）、他的妻子以爾哈（Irhaa）和他們的孩子們——九歲的蘇格拉、四歲的艾塔和十六歲已故的庫布拉。

故事很簡單。五月某天，十一點二十七分，警方接獲通報，學校裡有個憂慮的孩子，便趕往他家，發現前門沒有上鎖，加上敲門無人回應，便逕自走了進去。客廳半明半暗，窗簾只拉起最下面的一角。易卜拉欣先生坐在沙發上，手裡拿著《古蘭經》，死去的女兒斜靠在他的肩上。他的妻子坐在椅子上，慢慢地來回搖晃身體。警察進屋時，這對父母抬起頭來，但誰也沒說話，當女兒從沙發被抬到地板上時，兩人也都沒有看她一眼。警方拒絕接受明顯的事實，對她進行心肺復甦術。他們被捕時，依然什麼都沒有說，被帶走時也不反抗。此後，兩人似乎也沒有說什麼，因為沒有任何辯護書狀上傳。不過，如果這對父母保持沉默，肯定還有其他證據可以證明他們的大女兒的遭遇。

我尋找目擊者的口供和報告，找到了。法醫人員到場，仔細檢查了客廳，拍了照片。沒有血跡，一切都乾淨整潔，只有擺放藍色清真寺大模型的矮桌被撞歪了，從地毯上的壓痕可以看出，桌子原先置於兩面牆的中央，但被推到了一邊，幾乎貼著左邊的牆。推動一定很粗魯，因為清真寺的一座塔樓部分倒塌——多少個小時的耐心和細心就這樣付之東流？桌子移動後，右邊空間變得更寬敞，能讓一個男人通過。一個女人也行。這似乎就是發生的事情，因為在桌子後方的屋角，攝影師發現踢腳板上有擦痕，還找到一條粉紅色的長圍巾。

庫布拉是不是為了閃避父親的怒火，躲到了角落裡？他是不是把桌子推到一邊去追她，把她堵在牆角？他是不是把她活活打死？還是以爾哈從她自己或庫布拉的脖子取下圍巾，用圍巾勒死了她的孩子？快速瀏覽了一下科學報告，我發現粉紅色圍巾捲進了幾根黑色長髮，其中兩根進行了ＤＮＡ檢測，頭髮是庫布拉的。但這並沒有告訴我，圍巾中有她的頭髮，是因為她戴著圍巾，還是因為有人用圍巾勒死了她……或兩個原因都對。這對父母沒有透露線索，如果他們不說，誰會說呢？也許庫布拉，或者至少她的屍體可以。

法醫病理師替她講了故事。他的報告冗長，充滿他的專業術語，但總結起來是這樣的：庫布拉是一個營養良好的十幾歲少女，死因非自然疾病、酒精或毒品。她的脖子以下，除了右上臂有一些符合被手握住的瘀痕以外，她毫髮無損，就像一個十六歲少女該有的樣子。然而，頭部以上的情況就不一樣了。庫布拉的黑長髮能夠遮住她的臉，對她妹妹來說真是一件幸事，但法醫病理師看到了，他細心檢查解剖，讓一切無所遁形。他的發現如下：

（i）左耳上方有一大塊新瘀痕。
（ii）解剖發現左前額有瘀痕。
（iii）臉部明顯充血並變形，血液異常積聚。
（iv）眼瞼內側和眼白有出血小點。
（v）上呼吸道有同樣的出血小點。

（vi）嘴唇腫脹，內層破裂瘀血，舌頭深層肌肉有更多的瘀血。
（vii）下巴、下顎和頸部的表面和深層都有瘀痕。
（viii）舌骨和甲狀軟骨骨折。
（ix）上頸部的各側和喉部有瘀痕，與用手壓迫相符，但病理學不排除也使用了寬軟的帶狀物。

法醫病理師提供了他的見解：「嘴唇、下巴和上頸的瘀痕與在嘴上嚴重施加壓力，迫使嘴唇抵住牙齒吻合。出血小點是由於血液從動脈流入，血壓上升，但不能從靜脈流出而導致。出血小點和臉部充血的程度顯示頸部壓迫的時間相當長，至少二十秒，但可能更長。頸部受壓導致死亡的四種機制有：（a）壓迫頸部靜脈；（b）切斷動脈供應，阻止血液到達大腦；（c）關閉氣道；（d）壓迫頸部的感受器導致心臟停止（迷走神經抑制）。病理證據支持第一種情況，也就是說這是一個比較漸進發展的事件，有產生大量出血的必要時間。然而，有關的機制可能不止一種。」

庫布拉用她瘀青流血的嘴巴、她破碎的嗓子盡可能大聲地說話。在黑暗中，她向我們展示那雙手如何抓住她，壓住她的嘴唇，勒緊她的脖子，或者用圍巾緊緊地圈住脖子。但她還沒有告訴我們那是誰的手。

有兩個主要嫌疑人——兩個在所有的世界中應該保護她的人。父母雙方都是殺害孩子的罪人嗎？還是其中一個是兇手，另一個只是保護他？為什麼我說「他」？因為我無法想像一個母親對孩子這麼做？哦，我完全可以想像，但我不應該想像，我根本就不應該想像，因為這不是法官的工作。不過，左上臂的圓形瘀痕很小，一個在外側，四個在內側，法醫病理師提供了每一個的尺寸，幾乎與我自己相對較小的指尖一樣大。

2

如果證據只有這些，任何陪審團都會面臨一個實際的問題，主審法官也是。勒頸的行為，特別是使用圍巾，可能是父親也可能是母親所為。頭部的重擊可能男性所施加，但不能完全確定。庫布拉臂上的指尖瘀痕，與女性的手相符，可能是為了壓制孩子，也可能是相反的情況——拚命想把她從攻擊中解救出來。

控方可能能使陪審團相信，這對父母一起行動，有意達到相同的目的。如果能夠證明這一點，無論是誰實際勒斃了庫布拉，父母兩人都同樣犯下謀殺她的罪行。但如果控方不能證明這種「聯合行動」，對兩人的指控都會失敗。即使陪審團確定父母其中一人犯了殺人罪，如果不能確定是誰，也不能確定兩人一起行動，則兩人都必須被宣告無罪。這是我們的法律，因為除非檢方讓陪審團確定被告有罪，任何被告都不能被定罪。在家庭環境中，很少有獨立的證人，死亡兒童的父母往往選擇在警局不回答問題，在審判中不提供證據，他們的沉默本身就是他們的保護，迫使法院面對一個可怕的任務，有時甚至是無望的任務。庫布拉的案子會是這種情況嗎？

二○○四年，英國議會嘗試制定新法律來減少這個問題，該項新法律不僅規定，經常與兒童接觸的家庭成員如果造成該兒童死亡，即構成犯罪行為，家庭成員未能採取合理措施，防止家中兒童受到家庭其他成員的傷害，也會構成犯罪。這項罪行相當複雜專業[50]，但其影響是，如果一位父母袖手旁觀，任由另一個父母殺害他們的孩子，他們與兇手一樣有罪，而且檢方不必證明是哪位父母扮演了哪個角色。然而，該罪刑最多只能判處十四年監禁，而殺人和過失殺人都是無期徒刑。以庫布拉一案來說，問題就在這裡：該法律只適用於十六歲以下的兒童。

因此，雖然庫布拉的屍體已經說明了一切，但還不夠，她要討回公道，就需要更多的證據。可是，除了蘇格拉和年幼的艾塔，屋內沒有別的證人。我翻閱警方報告，想知道他們後來的情況。父母被捕後，他們去外婆家，三天後，外婆帶他們到警局接受詢問，問他們知不知道姊姊的死亡情況。

我閉上眼睛，想著兩個小孩經歷了什麼，我想像他們在發生這一切之前的家。他

50. 原註：請參閱附錄Ⅰ。

們的父親堅持，一家人必須按照他虔誠堅定的信仰過生活，他們的母親照顧所有人的飲食，維持居家整潔。家裡有一個受到崇拜和愛戴的大姊姊。一夜之間，一切都消失了，無法挽回。對他們來說，關心他們的外婆是最合適的照顧者，但外婆是媽媽的媽媽，過了多久才會有人意識到，僅有的兩名潛在證人現在由僅有的兩名潛在兇手之一的母親照顧？這引發了怎樣的討論？外婆可能不當影響孩子，但替他們找到其他去處不容易，誰必須在前者的風險和後者的困難之間作權衡？還有哪裡可去呢？他們是一個關係緊密的社群，每一個親戚、每一個朋友都可能支持某一個父母。當然，還有一個選擇，就是由政府安置照顧……但對兩個困惑悲傷的孩子來說，這多麼殘忍。一方面，他們需要把他們從這種絕望情況中拯救出來的正常關愛，另一方面，社會需要伸張正義，如何平衡這些事？警方和社會服務部門集思廣益後，決定首先了解兩個孩子是否有任何證據可以提供。訊問蘇格拉和艾塔需要細心與貼心，如果他們看到或聽到了什麼，他們的證詞必須永久記錄下來，以免記憶喪失，或受到其他人的影響。而這正是「取得最佳證據」（ＡＢＥ）會談的目的。

ＡＢＥ會談只是大量「特別措施」之一，旨在確保陪審團獲得最佳品質的證據[51]。有許多措施可以採用，從最簡單的屏風（證人席的三面拉上簾子，只有法官、陪審團和大律師看得到證人），到最複雜的身分偽裝，包括證人的聲音。ＡＢＥ會談是最早引入法庭的措施之一，即在事件發生後儘快錄下弱勢證人的陳述，錄製的內容隨後可以當成證人的主要證詞呈現給陪審團。對於記憶可能受到時間嚴重影響的證人，這個措施尤其有效。顯然兒童證人的年齡越小，就越容易受到時間影響。強姦受害者也一樣，他們在事發後不久的舉止可能與他們的言語一樣有力量。但事實上，每個證人都能夠受益，因為記憶是可以改變的，每一次回想都會改變，即使是惡夢，也會污染和模糊了事件的清晰度，讓人無法回憶。

在法庭上聽取證人證詞的人，都可能有不禁目瞪口呆的經驗，因為明顯誠實的證人居然說出了明顯錯誤的證詞。誰在場，那些人長什麼樣子，什麼打扮，拿著什麼，做了什麼——同一場景的監視器畫面可能證明證人都說錯了。證人可能會忘記，因為可怕的事件快速發生，沒有留下正確的記憶，或者因為隨著時間的推移，正確的記憶遭到了侵蝕，這就是為什麼受過訓練的警察會儘快做好記錄，這就是為什麼我們越來越依賴無可爭議的證據——監視器畫面、通話紀錄、手機訊號、血液分析、DNA等等法醫學證據。但是，這些都幫不了庫布拉，我們又回到最基本的原則——蘇格拉和艾塔是否目擊到有助於陪審團釐清本案真相的事呢？

因此，姊姊去世三天後，一輛警車把外婆和她的外孫帶到為這種會談特地設置的地方——有錄音錄影設備的兒童友善房間。在這樣的房間裡，艾塔和蘇格拉輪流坐

51. 原註：請參閱附錄J。

在一個親切的女警前，女警會要求他們告訴她他們看到和聽到的一切，然後提出問題，從他們口中引導出他們自己不知道的資訊。房間與另一個房間相連，第二名警察在那裡觀察聆聽，如果有必要，可以提供其他想法和問題。

我在DCS中搜索，點擊一個連結，選擇一個檔案，然後艾塔出現在我的面前。他是一個結實的小男孩，是父母殷殷盼來的愛子，但他已經不是錄製這段錄影三天前的那個孩子了。他茫然地張望四周，被要求坐下時，爬上扶手椅坐好，兩腳高懸。訊問他的女警問他想不想拿一個玩具，她指著房間的一角，那裡堆滿了被焦慮的小手捏得光禿禿的泰迪熊和絨毛玩具。但艾塔只是盯著她。她拿了一隻泰迪熊，放在他旁邊的椅子上，他想抱的話，伸手就可以抱到，但他沒有拿。他的臉上沒有表情——沒有眼淚，沒有笑容，他把拇指放進嘴裡，然後好像想起不可以，又把手指拿出來。

親切的警察阿姨問他「有沒有上學？」「喜歡不喜歡上學？」「在學校最喜歡什麼？」在她的訓練中，這是問話中「建立融洽關係」的部分，但她無法與艾塔建立任何關係，他只是望著她，時不時發出一聲深深的嘆息。單向對話進行幾分鐘後，艾塔閉上眼睛，親切的阿姨要失去他的注意力了，她放棄建立融洽的關係，進入問話的另一部分：確認孩子是否理解真相和謊言、事實和幻想之間的區別。即使艾塔真的明白，他也沒有表現出來。他的眼皮顫動著，好像睡著了，也許這是自衛，或者是選擇離開這個他不想待的地方。親切的阿姨停下來，喊了兩遍他的名字，沒有得到回應，接著對著麥克風向隔壁房間的警官說話。她搖搖頭，然後說：「艾塔，我想你今天不想和我說話？」艾塔睜開眼睛，從椅子上滑下來，向門口走去。

「你改天再來和我談談好嗎？」

他沒有轉身，也沒有回答，伸手去握門把，然後走了出去。

「艾塔已經離開了房間。」親切的阿姨說，這樣機器才能記錄下她的失敗。

這種情況常見。受重創的孩子往往無法開口說話，這個小男孩迷失在一個陌生的世界，今天晚上，他在自己家中睡覺，是父母和兩個姊姊的心肝寶貝，明天早上，他醒來發現一切都不見了，只剩下蘇格拉。於是艾塔走出了調查，蘇格拉則走進了調查。

3

與艾塔會談失敗的警官去找他的姊姊，監控錄影顯示她把小女孩帶進房間，蘇格拉四處看看，注意到又大又軟的椅子，對著房間周圍的攝影鏡頭看了一會兒，然後轉向那堆玩具。

「妳跟我說話的時候想抱一個嗎？」親切的阿姨問。

蘇格拉想，她選了一隻藍色大象，坐到艾塔剛剛坐過的椅子。她彷彿感覺到了，問：「艾塔跟妳說話了嗎？」

女警猶豫了一下，她絕不能透露另一個孩子說了什麼，以免影響這個孩子的證言。她說：「他今天有點累了。」

蘇格拉點點頭，說：「我也好累，我想睡覺，艾塔讓我睡不著。」

但不管累不累，蘇格拉決心完成她來做的任務。她對於「建立融洽關係」沒有耐心，被要求證明她能夠區分真相和謊言時，感覺到被冒犯了。她沒時間做這些事，她來是要告訴大家她姊姊的死，這是她要做的事。

她說：「庫布拉，我想告訴妳庫布拉的事。」

根據親切阿姨所受的訓練，她接下來要給孩子自由空間，說出她目睹的事，然後再帶領她回顧這個故事，拆解每一個方面，挖掘出半隱藏的記憶，以及孩子可能沒有意識到的重要事情。

親切的阿姨鼓勵地說：「庫布拉遇到了事情。」

蘇格拉點點頭。

「妳能告訴我發生了什麼事情嗎？妳能告訴我妳看到什麼、聽到什麼嗎？」

蘇格拉再次點頭，這次更加用力。

「蘇格拉，妳只告訴我妳看到的，妳聽到的，不是別人告訴妳的，這很重要。」

蘇格拉猶豫了一下，女警表情也變得凝重。外婆給這個孩子打了預防針嗎？有人……但不是，蘇格拉只是把藍色大象換了個位置，她已經準備好開始說了。

「巴巴很生氣，因為庫布拉穿了不一樣的衣服。」

「這是什麼時候的事？」

蘇格拉說：「晚飯後。」

「妳能跟我說說這件事嗎？」

蘇格拉可以，她是一個既認真又嚴謹的證人，她描述了庫布拉穿的衣服──緊身褲，一件類似皮革質料的綠色夾克。「還有一件漂亮的上衣……」──她比出一個圓弧低領──「還有鞋跟很高很高的靴子。」女警知道蘇格拉說的都是對的，因為這就是庫布拉屍體穿著的衣物。

「巴巴對她大吼大叫。」蘇格拉站起來，鏡頭跟著她移動，她雙手扠腰，兩腿分開，模仿她父親的聲音，「這些東西妳從哪裡弄來的，庫布拉？」她坐回去。「可是庫布拉不肯跟巴巴說，巴巴就叫她回房間，但她從巴巴身邊跑出去。」

蘇格拉停下來，親切的阿姨鼓勵地點點頭。蘇格拉深吸一口氣，低著頭，但她的聲音相當穩定。

「庫布拉很晚很晚才回家，不過巴巴和阿米都在等她，他們帶她去客廳，巴巴打她，她對巴巴尖叫，巴巴又打她，拿起阿米的圍巾套在庫布拉的脖子上，庫布拉……」她又開始表演，抓著自己的喉嚨，好像要把讓人窒息的圍巾扯開。「然後她的手就不動了，她死了。」

蘇格拉講完她的故事後停下來，現在訊問的人必須深入挖掘孩子的記憶，看看那裡還有什麼。她耐心地帶領蘇格拉回顧庫布拉離開家時的情景。

女警問：「妳知道庫布拉去哪裡嗎？」

蘇格拉搖搖頭，「就是出去了，跟她的朋友一起。」

「妳怎麼知道她和朋友一起？」

「我從窗戶看出去，看到她跑去街角找她們。」

「你知道她們是誰嗎？」

蘇格拉說：「是她學校的女生。」她停了一下，略微嚮往地說：「她們也有漂亮的衣服。」

女警點點頭，做筆記，讓孩子回想庫布拉回家的情景。

「妳知道那是什麼時候嗎？」

蘇格拉想了想，認為她不知道，搖搖頭。她說：「我在睡覺。」

「什麼把妳吵醒了？」

蘇格拉又想了想。「大門打開？還是巴巴大聲說話？應該是巴巴大聲說話。」

「他大聲說什麼？」

但是蘇格拉無法回答。女警決定繼續，準備要問問客廳的情況，但蘇格拉對於細節的熱情正在迅速消退。她不記得巴巴怎麼打庫布拉，也不記得打了幾次。她不記得庫布拉大聲對巴巴說了什麼，阿米也在，但蘇格拉想不起阿米在哪裡，做了什麼或說了什麼。她不記得庫布拉是怎麼從藍色清真寺後面走到沙發上。她抱歉地說，她今天記不起來，但明天可能會想起來，她現在累了，想回去找外婆。

女警說：「當然沒問題，可是妳確定已經告訴我所有妳記得的事嗎？」

她希望得到更多的資訊，不過警方已經從蘇格拉口中獲得巴巴行為的明確證據。至於阿米，她在現場，她沒有反對發生的事情，她在庫布拉臂上留下握痕，這些已經足以讓皇家檢察署將她交由陪審團裁決。不管怎樣，這位警官不負責指控的選擇，她的工作是在下班前完成文書工作，她也確實勤奮認真地完成，替錄音做了標籤，然後封存，作為蘇格拉主要呈堂的證據。艾塔什麼也沒說，但她也完成了他那部分的文書工作，如此一來，這位親切阿姨的工作應該就算結束了。但事實並非如此，我把系統畫面往下拉，發現第二天蘇格拉作了進一步的陳述，這次陳述簡短而有力。第二天早上，外婆又帶著蘇格拉到會談室，找同一位警官，他們很快又回到了熟悉的房間，熟悉的藍色大象也回到蘇格拉的懷裡。於是我點開第三段錄影。

親切的阿姨說：「外婆又帶妳來了。」

蘇格拉說：「我要她帶我來。」她摸著藍色大象的鼻子說：「我堅持。」她特別強調了在她嘴裡聽起來太過成熟的詞，「因為我想起更多的事。」

女警謹慎地問：「怎麼想起的？」

蘇格拉聳聳肩，「我去睡覺，醒來時就想起了。」

「我懂了。」女警心想，蘇格拉一直和外婆在一起，外婆可能有理由敦促孩子幫助她的母親。「是有人幫妳想起來的，還是妳自己一個人想起來的？」

蘇格拉說：「我就是想起來了。」

警官皺起眉頭，張開嘴又閉上，畢竟她的工作是讓孩子說話。她說：「那告訴我，妳想起了什麼？」

「這個。」蘇格拉一面說，一面伸出手臂往側邊掃去，好像用手背敲打什麼硬物。「砰——巴巴是這樣打庫布拉的。」

女警盯著她，「他打她哪裡？」

「這裡。」說著蘇格拉把手放在左耳上方，法醫病理師確實在那裡發現庫布拉有新的瘀痕。「還有這裡。」孩子把手移到額頭，解剖時，那裡也發現了瘀痕。

女警點點頭，沒有可疑之處。出於某種原因，蘇格拉之前說不出來，但這不可能是她捏造的吧？她捏造不出這些。「妳還記得別的事嗎？」

蘇格拉點點頭。「我記得巴巴大聲說什麼，他說：『這是禁止的，妳是我的孩子，我告訴妳這是禁止的。』」

「妳確定嗎？」

「我還記得阿米在哪裡。」

警官沒有追問未回答的問題，因為這條新資訊更重要。她說：「說說看。」蘇格拉描述當時的情景，她說在放清真寺模型的桌子後面，庫布拉躺在地上，她看到阿米靠在她身上。

「妳確定？」女警做得很好，讓她的聲音保持平穩，沒有透露出激動。「妳確定庫布拉躺在地上時，阿米跟巴巴在一起嗎？」

蘇格拉非常確定，甚至記得巴巴怎麼把庫布拉抱起來，繞過咖啡桌，把她放到沙發上，然後坐在她的身邊，阿米又是如何把庫布拉沉重的頭靠在他的肩上。

女警沒有喊出「賓果」，但是當我聽的時候，我可以想像這兩個字在她的腦海中形成。「然後……？」

蘇格拉停了一下，想了想。「然後我就跑掉了。」

女警還有更多問題，不過蘇格拉已經說出了她來想說的事。她說完了。

4

所以，這孩子提供的主要證據上傳至數位案件系統，準備開庭時播放。在不久以前，蘇格拉這樣的證人，仍然必須在陪審團面前接受詰問，不過現在法官可以使用另一項「特殊措施」，允許她在法院大廈證人休息區的小房間，透過螢幕接受詰問，只是她還是得等上好幾個月才會接受詰問。然而，法律總算也加快了腳步，認為如果需要快速取得主要證據，詰問也需要快一點進行——這正是第二十八條發揮作用的地方。

根據一九九九年《兒少司法與刑事證據法》第二十八條，辯護律師可以在審判前進行正式詰問，並錄下詰問內容，詰問不可早於ＡＢＥ會談，當然也要等到雙方都有足夠時間做準備，但可以在記憶褪色和出現訛誤之前完成。詰問由律師在法庭進行，法官監督，證人則透過視訊連線出席。在審判期間，播放ＡＢＥ會談後，隨後就向陪審團播放詰問錄影。雖然這條法律在一九九九年就通過，但無人加以應用，沒有發揮其用處，多年後才又被挖出來，撣去灰塵，正在證明……嗯，證明什麼？今天我就會知道了，這是我第一次施行第二十八條。

蘇格拉錄製ＡＢＥ是十二週前的事，五天前，背痛的某某人還能進出法庭，他舉行了「基本規則聽審」，這是ＡＢＥ和第二十八條間最後一個環節，旨在讓整個過程順利進行。這是一場法官和大律師之間的聽審，審查允許大律師詢問蘇格拉這種證人的「基本規則」。本案法官會得到「中間人」報告的協助，中間人是一個獨立的角色，促進溝通，讓證人能夠理解與被理解。有的中間人很出色，有些則……嗯……不大行。這一位很好，她見過蘇格拉，從多方面了解她的情況，描述她是一個聰明的九歲孩子，體格結實，能使用英語和烏爾都語[52]，也能理解適合她年齡的語言。她評估孩子的注意力持續時間不超過四十分鐘，必須至少休息十五分鐘。她說，蘇格拉與一些孩子不同，不會因為我們戴假髮穿長袍而感到不安，甚至樂於我們這麼穿戴，因為她似乎相信這個場合很正式，很重要。（蘇格拉真好，比我的一些證人還棒。）中間人說，問題應該用簡短的句子，清晰明確，以適合九歲孩子的語言提出，不要使用多重子句、附加問句和雙重否定。她說事件應按時間順序描述，以避免讓孩子感到困惑。提出潛在的困難是中間人的工作之一，她提出來了：如果孩子要準確描述男性人物的攻擊行為，不該用攻擊語調提問，特別不應由男性提問。

我的法官同事讀過這份報告後，根據中間人建議，制定了一系列聽審規則。對律師來說，這些現在都是熟悉的領域，大多數人在詰問兒童或弱勢證人以前都受過嚴格的進修培訓[53]。許多人自己也有孩子，知道怎麼和年幼的證人說話，你預料他們會盡心盡力，因為誰會想在陪審團面前看起來像個惡霸？誰會想把孩子弄哭呢？我與庭務員一同走去法庭，一路上問著自己這些問題。庭務員敲敲門，宣布正式開庭，我走向我的座位，我看著下方的大律師，我的問題有了答案……布萊森．海格（Bryson Haig）。

52. 屬於印歐語系印度—伊朗語族的印度—雅利安語支，為巴基斯坦的國語，也是印度的二十四種規定語言之一。
53. 原註：請參閱附錄K。

六名大律師，檢方是一名首席律師與一名初級律師，兩名被告各有一組類似的搭檔。我站在他們面前，六個人起立向我鞠躬，但布萊森．海格的鞠躬敷衍了事，臉上帶著一種優越挑釁的冷笑。說句公道話，我不認為他是在譏笑我，布萊森．海格長得高頭大馬，態度霸道，永遠與世界為敵，他對每個人都是這樣——除了他的當事人，他以一種溫和虛假的同情心對他們。他的目的只有辯護，今天接受他溫柔目光的是易卜拉欣（Ibrahim）太太，對他的對手來說，他是「恐怖海格」，但對他的當事人來說，他是「英雄海格」，為什麼不是呢，他的當事人知道，為了確保他們的無罪釋放，他會跟每一位大律師、每一位法官、每一位證人大打出手，他會做任何他被允許做的事，甚至一些他不被允許做的事。他不會優雅地認輸，他不會優雅地競爭，他挺直的肩膀暗示，在英國的競技場上，優雅是美德，但這是一場戰爭，他不在乎誰崩潰，誰受傷，只在乎他能確保自己的當事人無罪釋放。

給他一個公平的評價：他就是收錢來據理力爭的。

但從法官的角度來看，布萊森．海格得要好好看著，他將詰問一個九歲孩子，這件事讓我感到有點不舒服，但不舒服不是重點，重點是進行這場第二十八條聽審，將案件妥善歸還給原本負責的法官。不過，對蘇格拉來說，這會是一個艱難的早晨，我希望我們為她準備了一隻藍色大象。坦白地說，我自己也需要一隻。

由於布萊森．海格帶來的情緒洗禮，我幾乎沒有注意到本案其他大律師都是我所知道工作能力很強的人，而且非常善良，但我不禁好奇，女性在哪裡？如果說有什麼案件可能指派女性，那就是這個案件了，難道沒有人想過，對一個要指證她父親的孩子，指證一個（中間人說的）具有男性權威形象的人，即使隔著螢幕，也是多麼困難嗎？

專心想著我實際要打交道的律師和我理想中的律師，我一時沒有察覺被告已經被帶到被告席。一看到他們，我對海格大律師就失去了興趣——暫時。我不知道我在期待什麼，但我期待的不是這個……這對夫妻看起來走錯了地方，走錯了路，似乎不屬於我的被告席，在那占據的空間小得令人驚訝。易卜拉欣先生並不矮小，但肩膀下垂，目光向下，人於是顯得矮小。他的妻子緊挨著他，兩人都順從地遵循法警的指示入座，然後在書記官要求他們回答自己的名字時再次起身。他們很安靜，很恭敬，他們把手疊放在膝蓋上，他拿著他的《古蘭經》，他們彷彿正在將自己從訴訟程序中抹去。他們看起來並不像殺人犯，但可以肯定的是，他們之中有一個人是殺人犯，而且可能兩個都是。我從被告席上轉回律師席，盯著海格大律師。

我說：「各位律師——」因為我又有什麼資格作判斷？「我知道今天的聽審是為了讓蘇格拉這個孩子接受詰問，詰問的內容會被記錄下來，在審判時提供給陪審團。」

他們都點頭，連海格大律師也點頭了。

「程序會按照平常方式進行，以視訊連結到遠距證人室。」遠距證人室，很華麗的說法，但只是藏在證人休息區遠處角落的小空間，蘇格拉正在那裡等候。「這個安排，是為了避免她在這個大法庭上面對許多人，也避免她作證時看到她的父母所造成的痛苦。」

海格大律師挺起胸膛，似乎在說，沒有人能從他的詰問逃脫。

「不過我們都能看到她。」我指出放在法庭四周的螢幕，「也能聽到她的聲音，她只能看到和她說話的人的臉。」

這些大律師都非常熟悉，但仍舊需要解釋，讓被告和其他感興趣的人明白。

「我打算現在過去對她自我介紹，我希望首席律師能和我一塊去。」對一個非常年幼的證人，這是常見的程序，律師往往樂於這麼做，但布萊森．海格似乎不這麼以為。我蓋上筆記型電腦時，看到他站起來了。「海格大律師？」

「我寧可不過去，庭上。」

聽他的語氣，你可能以為我邀他去色情場所，而不是證人休息室，我想介紹他給一個歡場女郎認識，而不是一個九歲的孩子。

「為什麼，海格大律師？」

「當她出現在螢幕上時，我就可以清楚看到她。」

我刻意軟化我的語氣說：「海格大律師，這個程序不是為了你，這是為了讓孩子感覺更舒適。」

我一說完就知道我不該這麼說，布萊森．海格並不打算讓這個小女孩感到更舒適。

他說：「我不相信看到我對她會有幫助。」

我看著他，他戴著灰色假髮，臉頰有點泛紅，眉毛豎起，漿平的衣領發出細碎的爆裂聲。那天我首度同意了他的看法。

這時檢方律師站起來了。「庭上，根據檢察官守則，我已經見了證人……如果海格大律師不去，我想我再去見她並不合適。」

他們一個接一個表示不去，現在父親的律師隨時也要說他也不能去——果然，他站起來了。如果我堅持，我可以強迫他們都去，但我真的希望他們擠在蘇格拉所在的小房間裡，讓海格大律師散發的敵意，造成其他人的尷尬嗎？我不想。

所以我和書記官獨自去大廈另一區的另一樓層。證人休息區有許許多多的房間，有的漆成柔和的色調，有的則是以明亮的色彩讓人轉移注意力。孩子的房間色彩繽紛，玩具書籍琳瑯滿目。有些悲痛家屬日復一日，甚至連續幾週前來追蹤審判，審判或許會給他們帶來心靈慰藉，或許不會。在證人休息區，受到驚嚇的目擊者，無論老少，都能找到庇護和勇氣。

我獲悉蘇格拉已經進了視訊室，她迫不及待想要開始。這裡有幾間視訊室，配置著與某一間法庭相連的電視螢幕，但沒有窗戶，沒有照片、海報、雜誌或玩具，沒有能夠分散證人的注意力的東西。只有一張桌子和一把椅子，對著大電視，還有負責監督訴訟程序的庭務員的座位，也許還有一位根據案件需要的中間人或通譯。我找到孩子時，她坐在那裡盯著空白的螢幕，好像能把它變成有生命的東西。她看到我，跳了起來，接著庭務員和中間人也趕緊起身，於是我們共有五個人站著，即使布萊森．海格肯來，也不可能擠得下了。

這孩子有一雙認真的大眼睛，她仔細地打量我。

我說：「妳好，蘇格拉，我們不如都坐下吧？」

我們坐下來。她坐定後，我問：「妳知道我是誰嗎？」

「法官。」她的聲音柔和而清晰，她指著我的假髮，好像根據那個判斷出我的身分。

「沒錯。」我把假髮放在桌子上。

她盯著假髮，假髮在那裡好像一隻昏昏欲睡的貓。我問：「妳想拿拿看我的假髮嗎？」

她猶豫了一下，點點頭。

我把假髮給她，說：「是用馬毛做的。」

她想了一想後問：「哪一匹馬？」

「我希望我知道，那麼就可以請牠幾顆方糖，感謝牠與我分享牠的毛。」

她想了想，認真地點點頭，把假髮還給我。

「蘇格拉，妳知道妳為什麼在這裡嗎？」

我相信一切已經向她解釋清楚，但在她與海格大律師面對面之前，應該再重複一次重點。

「妳還記得和警察說話，他們錄下妳說的話？妳有機會看到那些錄影嗎？」我知道，依據「恢復記憶」程序，昨天她看過了這些錄影。「妳知道有幾位先生會問妳問題。」

她說：「大律師。」

「對，是大律師，大律師也看過錄影了，現在想問妳一些問題，確認妳告訴警察的都是正確的，沒有錯誤。」

「錯誤？」她迅速看向門口，這是我從她身上看到的第一個焦慮跡象，好像她怕這些帶著問題的陌生男人即將進來，原本安全的小房間不再安全。大律師沒跟我一起來，也許終究是好事，否則海格大律師會感到尷尬。

「他們在另一個房間，在一間法庭，我離開這裡後，也要去那個房間。但是我們會在電視上看到妳，聽到妳的聲音。」我指著螢幕。「妳也能看到我們，聽到我們的聲音。」

這是事實，但她所看到和聽到的將受到嚴格控制，我只會讓鏡頭對準對她提出問題的人，她不會看到被告席上的父母，也不會看到旁聽席的任何人。她不會看到可能讓她分心或不安的東西。我們所做的一切，都是為了讓她能夠專注於手頭的任務。

「這些先生們會問妳問題，但我會在那裡，確保他們只問妳公平的問題，這樣好不好，蘇格拉？」

她說：「好。」

「妳有什麼問題要問我嗎？」

沒有。她似乎又變得很冷靜，準備好做她必須做的事。

5

回到法庭，海格會第一個詰問，因為他的當事人是起訴書中的第一位被告。被告在起訴書的順序由檢方決定，這可能是一個重要的策略決定，因為這也決定了大律師詰問控方證人、傳喚己方的證據和發表陳詞的順序。有時，檢方會選擇把犯罪可能性較小的人放在第一位，希望揭示一些資料，讓檢察官反過來詰問更有可能的罪犯。

如果有預錄的主要證據（如ABE會談），檢察官可能沒有進一步的問題要詢問他的證人。於是，就由海格大律師開始，對於一個大律師來說，沒有陪審團當觀眾，主要證據在他站起來之前也還未出現，要問到重點並不容易。但海格大律師很清楚該如何提問，他和蘇格拉一樣準備好了，不一樣的地方是，他知道自己在做什麼，而蘇格拉不知道。他在主場，她則是在一個陌生未知的世界。

視訊系統開啟，她的臉龐出現在螢幕上，中間人和庭務員在背景中顯得很渺小。我認為她年紀夠大，理解力也足夠，所以她承諾會說實話就會說實話，她確實這麼做了。我指示中間人，如果有任何違反基本規則的行為，請舉手提醒，如果連線有問題，或有人想進入房間，庭務員也請舉手告知。我們準備好開始了，我向布萊森．海格點個頭，他站起身來。

「請坐，海格大律師。」他一臉錯愕，他忘了，在遠距證人室中，證人坐著回答問題。「海格大律師，如果你站著，蘇格拉只能看到你的背心扣子。」他犯了這個錯誤，我是不是有點幼稚覺得高興呢？希望沒有。海格大律師皺著眉頭坐下，對著螢幕看著蘇格拉，蘇格拉也看著他。

他問：「妳是個誠實的小女孩嗎？」

哦，天哪，如果以這樣開始，那會以怎樣結束呢？有時，行使司法自由裁量權時，保持沉默比較恰當，但不是現在。「海格大律師，不行。」

「不行，她不誠實嗎，庭上？」

「不行，你不行問這個問題，海格大律師，我相信聽審基本規則不允許這個問題，這是一個可以足以挑戰學者的哲學問題，對一個九歲的孩子來說，完全不適當。」

海格大律師勃然大怒，「這個爭議點是本案的核心問題。」

「這與爭議點無關，爭議點不在於這個孩子平日是否誠實，而是她對這些事情是否誠實，如果你想介紹她的一般性格，必須根據特定的法律條款提出具體的申請。」[54]我沒有說「你應該很清楚」，我沒有說「你逼我，後果自負，海格大律師」，但我們的目光對上了，要說槓上了也行。和布萊森．海格交手總是如此。

我繼續說：「你有完全自由詢問她ＡＢＥ的敘述是否為真實，如果你希望，也可以由我來問。」我不理會他壓抑怒氣的鼻息聲，努力讓自己聽起來是願意幫忙的。在這段期間，蘇格拉隔著螢幕繼續凝視著。

她……她會不會是……在估量他的能力？也許不是，但她給人一種她來做一件事，而且打算要做這件事的氣勢。很好。

在被告席上，易卜拉欣太太始終低著頭，但她的丈夫看著海格大律師，一雙大眼越來越黯然。

大多數情況下，大律師的工作是質疑證人陳述的準確性或真實性，提出其當事人的說法。海格大律師有心挑戰，但沒有提出其他的說法，也許他的當事人沒有提供任何說法，也許他覺得對於如此年幼的證人來說不合適。不管是什麼原因，他滿足於試探，看看她的敘述中是否有哪裡能對他屈服。

他說：「蘇格拉，妳姊姊出去後，妳就去睡覺了。」孩子看著他，期待著，等待著問題的出現。

我嘆了口氣。「海格大律師，請提問，不要陳述。」

他看著我，好像我是法院庭期表冒出的新案子，但他只是說：「蘇格拉，妳姊姊出去後，妳就上床睡覺了，對嗎？」

「不要用附加問句，海格大律師。」

他臉色一沉，危險。我真心希望他接下來能好好地問，我可不想為出血性中風負責。

「蘇格拉，妳姊姊出去後，妳就去睡覺了嗎？」

她說：「對。」

「睡著了嗎？」

「睡著了。」

「什麼吵醒了妳？」

停頓片刻，接著回答：「喊叫聲，巴巴在大聲說話，庫布拉也大聲說話。」

54. 原註：二〇〇三年《刑事司法法》（Criminal Justice Act）第100條。

「但妳媽媽沒有大聲說話。」為易卜拉欣太太辯護的海格大律師只對她感興趣，但在他兩側的大律師變了臉色。

蘇格拉停頓了一下，想了想後說：「媽媽沒有。」

「然後妳做了什麼？」

「我想回去睡覺。」

「然後妳又睡著了嗎？」

她搖了搖頭，「睡不著，我聽著他們大聲說話，然後就下床。」

「下床去了哪裡？」

「樓梯口。」

「然後呢？」

她猶豫了一下，小手悄悄抓住髮梢。我心想，可憐的孩子，她不想去他要帶她去的地方，但海格大律師決心把她拖過去。

他粗暴地說：「請回答我的問題。」

「我……我下樓，然後……」

「然後？」

「然後進了客廳。」我聽出她的嘴巴很乾，中間人也聽出來了，倒了杯水放在她面前的桌子上。

海格大律師已經把她帶去了他想要的地方，現在站到了主場——他將測試她的能力，看看她能不能回憶她所說的情景，他會通過光線、距離、角度等方面測試……蘇格拉則被要求回憶她一生中發生過的最可怕的事情。你可以知道她不想回憶，因為她臉頰到嘴角突然出現深深的皺紋，肩膀也垂下了。

海格大律師問：「客廳的天花板有燈嗎？」

孩子一臉疑惑。

我說：「海格大律師，如果你要改變話題，請按照基本規則，替證人設定背景。」

海格大律師面露不悅，但還是對蘇格拉說：「我是想問妳能看到什麼，妳又怎麼看得到……」

她不情願地點點頭。

他說：「那麼，客廳的天花板有燈嗎？」

「有。」

「燈開著嗎？」

她停頓了一下，思考著。「沒有。」

「那麼妳怎麼能看見呢？」

她繃緊了肩膀，但很快就回答：「因為有別的燈開著。」

我和律師看了一下檢察官所提供的照片。

「角落椅子旁邊的落地燈？」

「對。」

「庫布拉在哪裡？」

「在清真寺的後面。」

我們又看照片，看到被推往左側的矮咖啡桌，精心組合的圓頂和白色尖頂撞歪了，但仍然可以看到完美的對稱，可以知道要有無比的耐心與愛才能重塑這些細節。我從螢幕上方看向被告席，看著建造它的男人，可以組合出這樣模型的人，可能會期望用同樣的耐心、同樣的愛來建造他的家庭生活。

「庫布拉在清真寺後面的牆邊，巴巴把桌子推到一邊，清真寺就……」她用手示範模型如何損壞。

「妳爸爸把桌子推到幾乎快靠到牆壁，然後從另一邊的縫隙走到庫布拉那邊？」

她點了點頭。

「他站在庫布拉的上面？」

「他的手……」她又遲疑了，她是一個非常謹慎的證人。「像這樣。」她把手放在脖子上示範。「庫布拉正在這樣做。」她再次對我們表演庫布拉拚命想把什麼從脖子拉開的恐怖動作，讓人看了非常震驚，就連海格大律師也沉默了，但沉默的時間並不長。

「但那是妳爸爸，不是妳媽媽。」

她說：「是巴巴，不是阿米。」

海格大律師本該停下來，問到這裡就該停了，但他不禁又問了一個問題：「妳媽媽什麼都沒有做，對不對？」

我可以忽略這個非問題的陳述，忽略他使用了禁用的附加問句，因為蘇格拉並沒分心或困惑。她說：「阿米什麼都沒做……」

海格大律師靠回了座椅。

「……直到庫布拉倒在地上。」

海格大律師猶豫了一下，但蘇格拉沒有，她說得很急，好像必須在喉嚨噎住以前把話說完。「庫布拉倒在地板上，巴巴彎下去看著她，阿米也是，然後阿米抓住庫布拉。」她指著自己的手部，用動作對我們解釋她的意思，她的小手指恰好在左肘上方合攏，海格大律師和我們都知道，那正是法醫病理師發現握痕的地方。

海格大律師再次坐直身體，蘇格拉不可能那麼幸運，猜中手臂和頭部的瘀痕位置。他知道自己不應該問最後一個問題，但他回不了頭，唯一的路是繼續追問下去。「這些妳並沒有看到，妳是個騙子。」他指責蘇格拉。

蘇格拉瞪大眼睛，眼睛充滿了淚水，淚珠掛在下睫毛上。

「海格大律師。」我發出警告。

但布萊森．海格對致命的攻擊有著敏銳的感知能力，這個男人和那個孩子隔著螢幕凝視著對方。他皺起眉頭，回頭看了照片，研究了一會兒，然後回頭看著她，冷不防問：「妳多高？」

她露出茫然的表情。

他的聲音很急切，幾乎是用喊的：「有誰知道這孩子多高嗎？」

「海格大律師，你必須對這位證人提出適當的問題，否則就結束你的詰問。」

但海格大律師並不尊重法官，他轉向蘇格拉說：「妳，妳不夠高，沒辦法從那座清真寺上面看到後面的情景，對不對？」

是嗎？他說出來了，很明顯，她不夠高，她自己也知道。她慢慢地、呆呆地搖了搖頭。

「那麼，庫布拉躺在地上時，妳怎麼看到她發生的事情？」

她咬著嘴唇，把一綹頭髮塞到嘴裡咀嚼，什麼也不說。

「如果妳說的是實話，如果妳爸爸和媽媽站在桌子右邊的空間，妳沒辦法從上面看過去，妳怎麼會看到妳說看到的東西？」

太多的「看」，太多的「說」……海格大律師正在違反每一個規則，但他說到了重點，妳從蘇格拉的眼神會知道——恐慌和挫敗。

「妳沒看見，對不對？」

哦，海格大律師，你問話非得用附加問句嗎？非得提高嗓門嗎？再來一次，我不阻止你也不行了……但我暫且不會阻止你，因為你正在為一個被指控殺害女兒的女人辯護，你即將證明控方證據是基於……基於什麼？一個謊言？

「海格大律師，請控制你的語氣。」我發出警語。「蘇格拉——」我盡量冷靜地說話，既不指責，也非不指責，只是想了解情況。「妳能告訴海格大律師妳怎麼看到妳告訴我們的事情嗎？」

「我站在桌子另一邊的縫隙？」她指的是左手邊，但她的回答是一個問句……她最後的孤注一擲，這一擲注定輸了，因為我們都能看到照片，我們都能看到桌子被推得非常貼近左牆，這個九歲的孩子不可能站在這個縫隙中。布萊森·海格找出了她的漏洞。

「妳撒謊！」他大吼。

我不能不出聲了。「海格大律師，夠了。」

「但是——」

「我說夠了，你已經表達了你的觀點。」

檢察官的表情變得堅硬。在螢幕上，中間人驚恐不已，半站起身。在螢幕上，蘇格拉的表情崩潰了，淚水從臉頰淌下。我想立即結束這一切，但她有話想說，她非常努力地想說出來，她必須獲准說出她要說的話。庭務員給了她一張面紙，她揉成一團擦拭眼睛。

她哭哭啼啼地說：「我撒謊了，我撒謊了，我撒謊了。」

這就夠了，她撒謊了，結束了。或者本該結束，但海格大律師又憋不住，他就是學不到教訓。

他大聲問：「妳為什麼撒謊？」

孩子直視著鏡頭。「因為那個阿姨說……」她抽泣著，設法控制住自己。「阿姨說我們只能說出我們自己看到的事情，艾塔不說。」

當我們消化這幾句話時，法庭陷入一陣沉默，檢察官的表情從堅硬變成了柔和，海格大律師的臉反而變得堅硬了。在被告席上，蘇格拉的母親和父親看著彼此。問題留給了我來問。

「蘇格拉，妳在說什麼？」

她哭著說：「艾塔，他看見了，他告訴我，可是他不肯告訴那位有大象的阿姨，我也不能把艾塔跟我說的告訴她，因為她說我只能說我自己看到的，所以我假裝是我看到的，但其實不是我。」她的聲音漸漸變小。

「不是妳？」

她嗚嗚咽咽地說：「不是我，是艾塔。」

6

我告訴蘇格拉我們要休息一會兒，然後下達指示，讓她留在證人休息區的兒童房。視訊關閉後，檢察官站起身來。

「庭上，我可不可以……」

可以，你可以，你可以暫時休庭，你可以去找CPS和負責對孩子問話的警官談談。你必須去，因為還要考慮庫布拉和正義。現在必須仔細想想艾塔的問話情況，有些四歲孩子完全有能力如實並準確描述他們所看到的事情，法庭曾從才三歲大的證人那裡取得了證據，但對這個小男孩來說這是一個很大的要求，必須在諮詢過專家後才能做，專家會評估他的能力和需求，這件事必須儘快解決，因為兩個孩子每天在一塊，蘇格拉的言語可能會影響到艾塔的證詞。

我對檢察官說：「兩點鐘，到時再聽聽你建議下一步該怎麼做。」

今天午餐是燻鱈魚飯，天知道燻鱈魚飯本身就是一種折磨，但我的心情比吃燻鱈魚飯還要難受。我無法將小女孩拋到腦後，她那麼努力替死去的姊姊做對的事，但卻失敗了。體制讓她失望，我們都讓她失望。

兩點鐘我們回到了法庭，易卜拉欣先生和太太再次坐上被告席，但我肯定不是在想像，他們和以前不一樣了。他們向前傾著身子，緊張地等待著，盯著檢察官站起來。

他說：「庭上……」

他將告訴我，檢察署想重新訊問艾塔，這個備受疼愛的兒子手中掌握了本案的關鍵，而現在看來似乎說謊了。他會說，經過更仔細的思考，再請一名兒童心理學家幫助規劃ABE會談，艾塔有可能，很有可能，講出蘇格拉努力為他講出的故事。檢察署需要一些時間來做這件事，在這段期間，艾塔和蘇格拉會發生什麼？當然，我會給予他所需的休庭時間，因為我的工作只有讓有罪之人受到正義的審判，無辜之人無罪釋放。但是，哦，即將在我面前發生的一切的後果，如果艾塔像蘇格拉說的那樣說出了實情，那這兩個孩子怎麼辦？如果他不說呢？那麼兩個父母都不能被認定為兇手，都可能無罪釋放，孩子可能回到姊姊遇害的房子，回到他們知道對姊姊的死負有責任的父母身邊。艾塔將背著他的沉默包袱度過一生。

檢察官正在耐心地等待。好吧，我心想，提出你的聲請，要求休庭。但他沒有這樣做，反而說：「庭上，可以再次起訴易卜拉欣先生嗎？」

我驚訝地眨眨眼睛，這只能說明一件事。

易卜拉欣先生的律師現在站起來了，「是的，庭上，我們要求重新提審易卜拉欣先生。」

我說不出話來，不過一個點頭就足夠了。書記官站起來，易卜拉欣先生也站起來，一時腳步不穩，但很快就恢復了鎮定。我從沒見過他如此鎮定的樣子，他再次成為一家之主，對自己在宇宙中的地位充滿了信心。

書記官說：「阿克西．易卜拉欣，你被指控殺人，罪行的具體內容是：五月二十日，你殺害了庫布拉．易卜拉欣，你認罪還是不認罪？」

易卜拉欣先生沒有猶豫地說：「認罪。」好像說出這兩個字是他的責任。

我不得不強迫自己別去看被告席上的那個男人，因為檢察官正在解釋一些事情，需要我的注意力。他告訴我，鑑於易卜拉欣先生的認罪，控方相信易卜拉欣太太只是想幫助她的女兒，不會進一步起訴她。

這就是他們達成的協議，父親承認犯下殺人罪，母親獲得自由。我不知道易卜拉欣先生是否是真的兇手，如果是，是否是唯一的兇手。我不知道這場命案是出於衝動之下的盛怒，還是阻止可憐的小庫布拉做出家人視為惡行的蓄意之舉。我不知道他是為了信仰犧牲了大女兒的生命，還是為了家庭而犧牲了自己。但有一點我是知道的，他和他的妻子都不準備獻出艾塔。

7

如何了解易卜拉欣夫婦？如何理解這對父母所選擇的道路——除了殺害一個女兒，還願意讓另一個女兒因為試圖揭露真相而飽受折磨？

沒有人會認為殺害一個孩子並非罪大惡極，但像我這樣的法庭，又怎麼能夠真正理解其中起作用的緊張關係呢？這個家庭一定是什麼樣的情況呢？這對夫妻的宗教和文化根基是他們人生觀的基礎。庫布拉，一個即將成年的女孩，在他們的世界和家庭之外的另一個世界中長大。蘇格拉，一個聰明又勇敢的小女孩，沒有受到他們任何人的引導，只憑自己的正義感行事。還有艾塔，小艾塔還太小，不能自己作決定，但他知道了他不想要知道的真相。

犯下的惡行無法挽回，庫布拉絕無復活的可能，蘇格拉心靈的空洞也不可能填補。但也許（也許是我希望如此）我給阿克西．易卜拉欣的懲罰，比不上他從今以後日日夜夜對自己施加的懲罰。

刑法處理家庭暴力時，效力最弱，不夠鋒利，劈不開位於家庭關係核心的情感樹叢。處理弱勢兒童證人的證據時，刑事法庭最為脆弱，受限於互相衝突的規則，必須靠誠實和正直來解開其中糾葛。因此，舉例來說，所有大律師對法庭都有一個首要的責任，即為了正義的利益而獨立行事，不會故意或魯莽地誤導法庭。辯護律師也有責任，藉由一切適當且合法的手段，為被告的最佳利益行事，包括詰問容易受傷心驚的證人他們感到非常痛苦的事。法官有責任確保證人能盡其所能作證，但也有責任確保被告不會被定罪，除非陪審團確定他有罪，要證明有罪，就必須經過嚴格公正的審判。但控方和辯方都有獲得公正對待的權利，這是每一位法官都要面對的難題。

不久前，我告訴蘇格拉，我只允許大律師提出合理的問題……但什麼叫合理的問題？阻止不相干或者只是讓人覺得不快的問題很容易，阻止那些違反清楚簡單的基本原則的問題也很容易，但當提問者的語氣或態度具有攻擊性或威脅性時，那就困難了。一個合理的問題會因為提問的方式而變得不合理嗎？布萊森．海格畢竟是挖出了真相。因此，法官的工作就是監督所有這些事，判斷何時干預，何時不干預。必須有人作出決定，除了法官，沒有其他人能夠決定。法官席可以是一個很孤獨的地方。

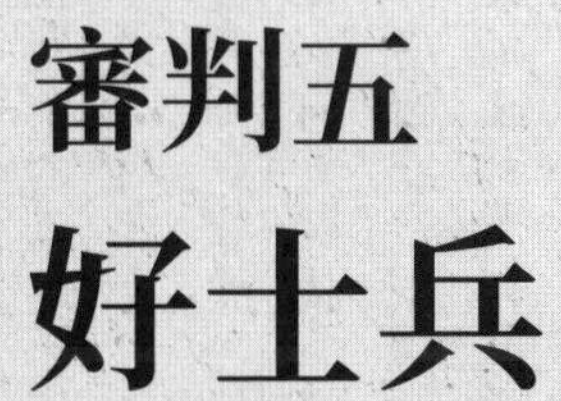

審判五
好士兵

Trial Five
The Good Soldier

倫敦熱得像地獄，連續四天氣溫攀升到三十多度，到了第四天晚上，已經快要叫人不能呼吸了。對他來說，熱不是新鮮事，伊拉克一年四季都熱，阿富汗更熱，至於敘利亞……還是別去想得好。在這種高溫下，沒有人能睡得著，他想自己比大多數人更耐熱，但四個失眠的晚上也夠讓人崩潰的。她打開了所有的窗戶，不過這間位於高樓層的公寓很小，也沒有幾扇窗可以開。他閉上眼，也許打了個盹，因為他突然發現自己身在另一個又小又高的地方——一頂搭在山邊的帳篷。這裡的空氣應該是令人喜悅的涼爽才對，所以讓他窒息的炎熱一定意味著什麼，一定意味著危險，一定意味著毒氣襲擊，或者他們放了火，或者……他掀開被單，站了起來。

她還在睡，他至少慶幸她在睡覺。他受不了她的同情，雖然他感覺最近她的同情越來越少。他想起稍早她如何質疑他，說他不能再這樣下去了……說得好像他希望繼續下去，好像他可以也不會阻止，好像他在追求這種痛苦的折磨。他盯著她，看著她的胸脯起起伏伏，看著她臉上的髮絲隨著她穩定的呼吸顫動。他心想，她老是太過焦慮，他受不了這種焦慮，他受夠了那些精神科醫師。

他討厭精神科醫師。他不明白，他們明明可以治療身體，為什麼老是在管腦袋裡的事。天知道，有很多人的身體需要幫助，想想伊拉克，想想阿富汗，想想……不，不要去想敘利亞。他們說他們知道他腦子裡發生了什麼，他們還給它一個名字，PTSD[55]。他們說，這很常見。他們說，不僅是士兵，還有受虐的妻子和受虐的孩子等等。他們知道這是什麼，但無法讓它消失。他忍受了好多年，還要繼續忍受好多年。無盡的煎熬。

至少他們給他開了藥，也許他該吃一顆吧。倫敦的夜晚，外頭響起了警笛聲，把他帶回一個令他心碎的地方。對，他要吃藥。她把藥收在廚房抽屜，計算數量，管控他的服用情況。他如果吃太多，她就對他大喊大叫，喊著說如果他不能控制自己，她就要離開他。還說她太在乎他，無法忍受他變成這副模樣。但她現在睡了。

他躡手躡腳穿過臥室，走進廚房。幽幽的月光照進來，他沒有開燈，他不想給他們線索，猜到他在哪裡，謹慎是關鍵，他們可能在瞬間就悄悄接近了你。他摸到抽屜，拉開抽屜，抓起了藥。他小心翼翼壓破錫箔紙取出膠囊。

錫箔紙啪一聲裂開，聽到這個聲音，汗水從額頭滲出，滴進了眼睛。又一聲警笛聲呼嘯而過，危險的感覺如此強烈，他覺得自己快吐了。

他走到水槽邊，找了個杯子，轉開水龍頭接了一些水。水也可以用來折磨人。他吞下藥，發現自己在顫抖，就靠著流理檯穩住身子。在他面前，他看到刀架的黑影，抽出了一把切肉刀。刀拿在手中，感覺冰冰涼涼的，刀是對付危險的好工具，最好隨身帶著，畢竟他們可能隨時出現在任何地方。他開始慢慢繞過廚房，戰戰兢兢檢查每

55. 創傷後壓力症候群（posttraumatic stress disorder），簡稱PTSD，是遭逢重大創傷的事件後，出現的嚴重壓力疾患。

一個角落，不只打開櫥櫃，還彎腰查看小桌子底下。

確定廚房是安全的，他便回到走廊，摸索著走到小儲藏室，把耳朵貼在門上，好像聽到裡面傳來粗重的呼吸聲。他一手拿刀，另一手輕輕放在門上，鼓起勇氣，接著用力拉開了門。裡頭的小燈亮起，他盯著那個行李箱，它本來放在儲藏室後面的架子上，有人動過了。他彎下腰，掂了掂重量，很重，是滿的。他慢慢打開，過了一會兒才明白自己看到什麼——她的衣服，她的盥洗袋，她正在讀的一本書。上面有一張他在軍隊的照片，底下是一張紙。「親愛的喬許（Josh）……」她又大又圓的字跡在紙上展開，「非常抱歉……我似乎沒有能力幫助你……只能等到你好一點，我也更能應付了……只是需要一些空間……學校假期似乎是一個離開的好時機……只是暫時的……愛你。」

愛！他把那張紙放在地板上，用刀尖撕開。天氣炎熱，他卻花了一、兩分鐘思考籠罩他內心的寒冷。然後他關上儲藏間的門，悄悄回去臥室。

有一會兒，他望著她躺在床上的身影，聽著她的呼吸。汗水沿著手臂流下，所以手裡的刀滑溜溜的。他強迫自己專心聽著每一個微小的聲音，他想確定他們沒有太逼近。確定後，他在她身邊躺下。他一時想不出該怎麼處理這把刀，然後讓它滑到身側，刀貼著皮膚，皮膚覺得涼涼的。

她睡在他的身旁，她這麼容易就能入睡，不公平。他思考著這種不公平，然後又想到她寫的東西。她一定不會離開他，如果她離開了呢？如果她拋棄了他？他想到了逃兵，那些丟下戰友受苦罹難的人，他們必須受到懲罰才對。在戰爭時期，逃兵的懲罰是死刑。又一陣警笛聲。他現在已經汗流浹背，胃不停地翻滾，一顆心怦怦狂跳。他想到血在他和她的體內流動，他想到了血的紅色，紅色代表危險，危險無所不在，也在裡面，必須釋放出來。他握緊了刀。

1

約書亞．古道爾（Joshua Goodall）的案子拖了很久才得以審理。他曾五度被帶上法庭，每次都由兩名護理師陪同，還有一份精神鑑定報告。一開始他被認為「不適合受審」，被診斷出許多病症，包括與創傷和喪親之痛有關的嚴重抑鬱症，引起了記者席和旁聽席的不滿，他們挑眉的表情在說：「再跟我們說一遍吧，一個男人殺了妻子，然後因為失去親人而感到抑鬱？你是認真的嗎？」他的病情顯然是很嚴重，因為監獄醫師在他還在押候審期間把他轉移到精神病院——這同樣引起了不滿。在死於丈夫的手中以前，喬伊．古道爾（Joy Goodall）是一個備受喜愛和尊重的女兒、妹妹、阿姨和老師，沒有人會憐憫殺害她的人。不過，不管是否憐憫，兩位醫師（包括檢方請來的醫師）都認為他「普里查德不適宜」（Pritchard unfit），也就是說，他無法正確遵從和參與訴訟程序[56]。

十個月後，經過一些臨時聽審，他再次回到我的面前。醫師認為他現在的身體狀況可以接受審判，但他看起來不適合做其他事情。他失去肌肉，憔悴不已，不修邊幅，頭髮蓬亂不堪——無論是軍隊還是喬伊都不會容忍這樣的外貌。不過他還是聽從指示起身或坐下，回答自己的名字，而且似乎會傾聽我和律師說話。他看起來和許多來到我面前的人一樣正常——除了會用雙手捂住眼睛，像要把自己藏起來，不讓別人看見。每次他這麼做，護理師就會溫和地催促他放下手，每次他放下手，我都看到他的眼睛又大又濕，充滿了恐懼，好像被告席的玻璃隔板是為了防止我們進入，而不是為了把他困在裡面。

他的辯護律師是史黛拉．坎登（Stella Camden）皇家大律師。她精明能幹，經驗豐富，經常替被控殺人罪的人辯護。她曾多次坐在這個法庭和其他法庭地下羈押室，與殺人嫌犯面對面。她清楚自己的工作，也有清楚的需要。替一個有精神健康問題的殺人嫌犯辯護不容易，除了一般的辯護策略以外，還需要考慮完全不同的辯護方式。約書亞．古道爾可能患有精神疾病，但這不代表他一定犯下殺人罪，也不表示他無法和其他被告一樣，因為同樣的理由而無罪開釋。和任何被告一樣，他的抗辯理由可能是：

- 「我不在場」，或者
- 「我在場，但我沒做」，或者

●「我做了，但那是意外」，或者

●「不是意外，我的行為是蓄意的，但只是為了自衛」，或者

●「我只是因為失去自我控制能力才這麼做。」

然而，有精神健康問題的被告也可能會提出精神障礙辯護：

●「我做了，但我不知道我在做什麼，或者我不知道那是錯的，因為我當時精神失常」，或者

●「我做了，但由於我的精神狀態，我對我的行為負有較少的責任。」[57]

我知道樂天的被告會試圖同時進行多種辯護策略，他們的主張大致如下：「我不在那裡，但如果我在，我也沒有做，如果我做了，那就是一樁意外，無論如何，精神失常在我的家族中很普遍。」正如某法官說過的一句令人難忘的話：「你要那麼說，那就祝你好運吧。」

如果可以選擇辯護策略，沒有人會想選擇精神障礙辯護，選不選都會遇到難關。首先，非常不尋常的是，兩種都將舉證責任從控方（通常是控方）轉到辯方身上。一

56. 原註：請參閱附錄L。

57. 原註：請參閱附錄M。

般來說，控方必須讓陪審團確定某項辯護理由不適用，但對於精神障礙辯護，被告必須讓陪審團衡量相對可能性後相信它確實適用，這不是一個容易承受的負擔。

從另一個角度來說，精神障礙辯護也並不理想，因為即使抗辯成功，被告也不會直接被宣判無罪釋放。被判定「因精神失常而無罪」後，法官通常會將被告送入醫院，他可能會被拘留許多年，直到認為可以安全釋放。以被告的角度來看，責任減輕的判決甚至更糟，雖然導致「殺人罪名不成立」的判決，但涉及另一種「過失致死罪」，可能（且通常會）導致長期監禁。

有的被告辯護選擇多到不知從何挑起，但約書亞．古道爾沒有，證據清楚顯示，他是公寓內唯一和喬伊在一起的人，她在床上睡覺時死去，持刀的手不是別人的，而是他的，乾淨俐落割斷她的喉頭，這不會是意外。於是，史黛拉．坎登只能走精神障礙辯護一途了。要進行精神障礙辯護，她需要證明她的當事人脫離了現實，但要證明並不容易。接著就只剩下減輕責任能力，如果她不能論證她的當事人對喬伊的死沒有責任，起碼可以嘗試說服陪審團，他對自己的行為沒有完全責任，因為他有精神疾病。這正是她明確表明的立場，對此她也毫不掩飾。

她說：「庭上，我的當事人被控犯下殺人罪，他對此予以否認。然而，他承認他殺了自己的妻子，他對殺人罪的辯護基於他的精神狀態，我們認為這種狀態讓他的殺人責任從殺人減輕為過失致死，如果檢方接受過失致死罪的認罪，就沒有必要進行審判。」

尼爾・塞爾溫（Neil Selwyn）皇家大律師站起來了。「我博學的朋友很清楚，檢方不認為這種辯護適用於此。我們說這是殺人罪，如果被告不接受，就進行審判，陪審團必須在殺人罪和過失致死罪之間作出選擇。」

坎登大律師和塞爾溫檢察官互瞪了一眼——兩個非常善良又通情達理的人替別人打仗，他們的敵意彷彿這場戰是他們自己的一樣。

所以尼爾・塞爾溫開審陳述時告訴陪審團：「檢方將傳喚有關喬伊・古道爾如何死亡、死於誰人之手、死於何時何地等等證據，辯方對其中的內容沒有異議，但會請你們得出一個結論：約書亞・古道爾割斷他深愛的妻子的喉嚨，這不算殺人，因為他患有精神疾病，所以責任減輕。檢方不接受這種說法——如果辯方為此調用精神鑑定證據，我們會提出質疑，以我方的精神鑑定證據來反駁。」

塞爾溫檢察官性情溫和，不喜歡誇張做作的陳述，不過喬伊是個好女人，在審判開始前，他陪著她悲傷的家人。此外，他知道旁聽席坐滿了她的友人同事，他們都希望他能表達他們對這個奪走她性命的男人的仇恨蔑視。當然，身為檢察官，他沒有表達這種情緒的義務，但尼爾・塞爾溫畢竟也只是凡人。

2

開審陳述後，檢察官開始傳喚他的證人，集中火力刻劃喬伊．古道爾的形象。在他和藹的態度底下，是他鋼鐵般的決心——要讓陪審團真正感受到她的存在與死亡。聽起來簡單，做起來卻不容易，在殺人案審判中，要讓死者活著非常困難。面對被告的在場和死者的缺席，陪審團可能忘了一個事實：這具「遺體」曾經和他們一樣真實存在，可以和他們一起坐在公車上或咖啡店裡，甚至在另一個陪審席上。不過塞爾溫檢察官做得很好，讓喬伊在我們的心中活了起來。她的照片在照片冊的第一張，旁邊是被告的照片——他們兩人齊頭並肩。在喬伊的照片中，她微微斜向鏡頭，眼睛大而明亮，張嘴露出微笑，一簇簇的鬈髮散下，那是一張善良的臉，一張富有同情心的臉，這是她曾經的模樣——一名幼兒園教師，習慣幫小傷貼貼布，為更嚴重的傷痛提供安慰。這給陪審團的潛臺詞是：「你會把自己的孩子託付給這樣的人，因為她是個好女人。」在她旁邊，照片中的約書亞一身戎裝，表情嚴肅僵硬，潛在的資訊是「不要被被告席上的人所迷惑，這才是他真正的樣子，他是一個士兵，他是一名殺手。」控方的工作是讓陪審團確信證明有罪的事實……但你不能低估情感對於陪審團裁決的影響——至少，這些照片似乎就證明了。

其後的證據更是強化了這樣的印象。檢方用三天的時間，一磚一瓦，一釘一鉚，提出他們的證據。故事從喬伊的最後一晚開始，晚間八點，她打電話給她的姊姊，兩人聊天，計畫去購物。尼爾．塞爾溫是一個經驗豐富的皇家大律師，清楚他的目的，所以他傳喚姊姊來作證，他大可不必這麼做，姊姊的證詞其實用朗讀的就可以，但當喬伊的姊姊出現時，喬伊也彷彿出現在我們的面前，證人席上的那個女人，她的眼睛與陪審團文件中看著我們的眼睛一模一樣，她用同樣的嘴唇說話，她描述最後一次和妹妹通話的情景時，悲痛的情緒明顯籠罩著她。

「喬伊非常擔心他……」

塞爾溫檢察官沒有逼她，只是輕聲地說：「擔心……？」

「他。」她苦澀地瞥了一眼被告席，約書亞．古道爾抬起頭回望她，那張臉與他曾經用力扣住的臉那麼相似，那條脖子和他割開的脖子那麼相似。陪審團變得嚴肅，他離定罪又更近了一步。

接下來塞爾溫檢察官讓我們聽九九九的電話紀錄。凌晨三點，住在隔壁公寓的阿貝拉．梅（Abella May）女士報警，這類電話一律會錄音，我們聽到了梅女士這通電話的錄音。

梅太太無形的聲音說：「有聲響，持續了一個鐘頭，是……嗯，不是尖叫，也不是哭，是一種哀傷的聲音，不對勁，你自己聽聽。」她一定把電話拿到陽臺，因為法庭頓時充滿了她無法描述的聲音，接線員毫不猶豫派出了警察和救護車。

塞爾溫檢察官放完這段錄音後，對陪審團播放了另一段錄影，這一段紀錄更令人心碎。畫面是由前往現場的警官隨身佩戴的微型攝影機拍攝，我們看到警車停下來，警察下了車，我們一起走到街區入口。他們進入時有點困難，但我們很快進入一個狹窄的大廳，一個更狹窄的樓梯。他們的腳步聲在石階上迴響，只有柵格後方零星昏暗的壁燈打破黑暗。到了六樓，他們離開樓梯，我們看到一條兩側都是門的走廊，其中一扇開著，一個男人走出來，他打著赤膊光著腳，伸出沾滿鮮血的手。警察還沒來得及說話，他就朝他們走過來說：「我殺了她，我殺死了我的喬伊。」他的語氣很平淡，只是赤裸裸地陳述事實。

陪審團不知道，如果他們自己作了這樣的供詞，聽起來會是怎樣，但從他們參與司法的共同表情來看，聽起來不該是這樣的，不會如此冷漠，如此疏離，起碼知道要哭泣，要表示懺悔。

塞爾溫檢察官說：「各位女士先生，請翻到陪審團文件二號分頁片。」

我們翻到那一部分，發現自己置身於公寓。我們一起看著喬伊斷了氣的臥室的照片，遺體已經移走了，暴露在鏡頭底下的是糾纏成團的床單，上頭有可怕的污漬，刀子陷在其中。在廚房裡，攝影師拍下了刀架和空水槽，也拍下走廊、小儲藏間和小行李箱，還有她用心寫給喬許的信，信已經撕成了兩半。任何東西都逃不過鏡頭。

接下來進入了驗屍結果。法醫病理師對喬伊的遺體進行了同樣細膩徹底的檢查，發現背部有瘀痕，一根肋骨斷裂，符合被告重重跪在她身上的情況。她的下巴有指尖掐出的瘀痕，那是因為他推著她的頭往後仰。脖子有一道裂傷，彷彿一張微笑的嘴，刀直接切斷了頸靜脈、甲狀腺和氣管。不是一刀斃命，氣管被割斷後，她仍舊掙扎著呼吸氧氣，於是血液從身上噴湧而出。法醫病理師說，她過了幾分鐘才陷入昏迷，然後死亡。她知道發生了什麼，她一定是從睡夢中被驚醒，在他壓制住她之前拚命掙扎，與他搏鬥，因為她的手和前臂有防衛傷的痕跡。我請法醫病理師解釋這些防衛傷。

他說：「在遭受持刀攻擊的情況下，受害者看到刀子襲來，會舉起手臂抵擋，或是抓住刀，努力阻止刀刺入臉部或身體，這就會造成這樣的傷痕。」

陪審團一片沉默，想像著被告席上的那個男人拿著刀，喘著粗氣，努力按住另一個人，以不可補救的快動作劃開她。

接下來，尼爾．塞爾溫帶我們去警察局，監視器畫面顯示約書亞．古道爾在拘留室。拘留室主任說：「天啊，怎麼回事？」我們心裡也有同樣的念頭，被告站在警察面前，眼窩凹陷，赤裸的軀幹血跡斑斑，頭髮也變硬了，渾身只有灰紅兩色，他宛如是但丁和米爾頓筆下從地獄走出來的角色。

最後檢察官為我們播放了警方與嫌犯談話的錄音。他們遵循適當的程序：一名醫師證明他適合接受問話，一名值班義務律師被找來提供協助建議，警方透露他將被訊問的內容，給了諮詢時間。然後律師、嫌犯和警察在一個有錄音設備的房間坐下來，一切都稀鬆平常，不尋常的是律師接下來說的話。

他說：「你們開始之前，我想說清楚，我認為我的當事人不適合接受訊問。」

警察說：「醫務人員不這麼認為。」

「那麼——」律師的專業聲音暫時變得困惑，「你的醫務人員需要再看看。」又回到專業的聲音：「我已經建議我的當事人不要回答你的任何問題。」

律師或許是對的，因為他的當事人似乎不明白這個建議的目的，他乖乖聽話，沒有回答問題，卻以冷漠清晰的聲音說：「我殺了她，我殺了我的喬伊。」而且規律地重複這句話。

不應該是這樣的情況，幾分鐘後警察的神經崩潰了。他說：「訊問結束。」於是，約書亞．古道爾被控犯下殺人罪，還押候審。律師可能真的是對的，不到幾週，監獄的醫療小組就把他送去了精神病院，他在那裡留下又長又複雜的醫療紀錄。有一件事倒是很清楚，那就是他一再堅持說他殺死了他的喬伊。

檢方用了三天提出證據，在這三天，史黛拉．坎登幾乎不曾提出問題，也沒有質疑，只是時不時釐清一個細節。約書亞．古道爾坐在被告席，雙臂無力垂下，他低垂著頭，彷彿他的思緒太重，超出了承受能力。陪審團看著他，又轉移視線，他們看到的是一個驚恐失措的可憐男人，還是一個殺手？他確實是殺手，他受過殺人訓練，殺人是他的專長——至少他把殺害喬伊的工作做得很徹底。

舉證就用了三天，但最終重要的也許不是證據，因為我們都知道，從塞爾溫檢察官的開審陳述就知道，真正的問題會是一個精神病學問題，真正的大戲還在後頭，主要演員尚未登臺，準確地說，他們坐在律師後方那排座位上。在那裡，派克（Parker）醫師和弗里克（Frick）教授一面聆聽，一面在他們的資料上認真地做著筆記。

3

擔任專家證人的精神科醫師是較為罕見奇特的證人。普通證人只能告訴陪審團他們的所見所聞，但專家證人具備專業知識和經驗，能在自己的專業領域提供意見。這種證據的目的，是向陪審團提供科學、醫學或其他技術領域的調查結果和意見，少了專業人士的協助，陪審團無法自行得出這些領域的相關結論。至少，法官必須用這番話（或類似的話）向陪審員解釋何謂專家證人。

從歷史角度來看，有法醫病理師研究身體，有精神科醫師處理心靈，有指紋專家說出自己的見解，還有專攻血濺分析……想想人們選擇什麼當為自己的終身事業，還真是有趣！但是時代已經變了，傳統慣例也不能束縛法院逐漸接受多到數不清的各種專業，ＤＮＡ和通訊專家很尋常，監視器畫面和足跡專家也經常出現，我的法庭也不時有織品、火災、昆蟲、植物、筆跡和語音辨識方面的專家，偶爾也能見到步態分析師、面部辨識專家和街頭幫派風俗行話的高手。還有一些奇人異士，比如催眠師、對耳紋瞭若指掌的人……真的不是在開玩笑。專業領域有數百個類別，但許多人仍然認為精神病學是其中最神秘的。

司法精神醫學最常處理男性，但也有許多患有精神疾病的女罪犯和兒童罪犯。司法精神醫學通常處理暴力問題，但像毒品或賭博的成癮障礙，也可能讓人去偷竊；情緒或人格障礙則可能導致性犯罪。精神病學之所以奇特，是因為它的「不可接觸性」，我們可以確認身體疾病或身體傷害的原因，比如細菌、病毒、傷口或毒藥等等，但精神疾病的原因在大腦中通常是看不見的，甚至可能無法得知。精神科醫師可以告訴你什麼事件可能誘發精神疾病，導致什麼症狀，哪些藥物或許有用，但在法庭上，我們看得到被切斷的主動脈或被擠壓的氣管，卻看不到大腦的受傷部位。精神科醫師不會告訴陪審團有ＰＴＳＤ的大腦是什麼樣子，或者與沒有ＰＴＳＤ的大腦有什麼不同，而是藉由症狀來確認疾病。對於任何難以觀察、掌握和檢驗的事物，即使是專家，也可能形成大相逕庭卻斬釘截鐵的結論。我瀏覽數位案件系統，閱讀了弗里克教授和派克醫師的報告，我知道我們將有一場典型的「專家之戰」。

這種衝突對陪審團總是不容易，因為他們如何判斷哪個專家是正確的？答案恐怕是：誰的口才好，他們就被誰說服。精神科醫師呈現證據的方式，他們如何引起陪審團的興趣，如何讓他們跟隨自己的論點，都可能決定被告是否被判殺人罪。

我剛剛說派克醫師和弗里克教授坐在那邊勤奮地做筆記，但派克醫師其實沒有弗里克教授來得勤勉。他來來去去，向庭務員等人點頭致意，因為他是老貝利的熟悉面孔，有時為控方作證，有時為辯方作證。他可能進入其他的法庭，告訴其他陪審團，這裡有精神病，那裡有精神分裂症。他那套整潔的三件式黑西服要我們相信他的專業判斷，他平穩的語調告訴我們可以信任他。我從派克醫師的報告得知，他並不看好約書亞．古道爾的辯護，報告寫著：「這名男子可能有PTSD的症狀，但這不代表他不是兇手。」

坐在坎登大律師後方的專家則截然不同，是一個我沒見過的女人。她坐著聽完每一句證據，身旁擺了一個大袋子，面前放著一大本筆記簿，跟她的袋子和筆記簿一樣，她的體格也是巨大的。她的大腦肯定也很大，因為她在報告上列出的專業資格，用去了第一頁的大部分篇幅。她顯然不習慣老貝利，帶著天真而坦率的興味觀察四周。讓弗里克教授來對抗業界經驗最豐富的司法精神醫學證人，坎登大律師可真是冒了風險，但這位教授是特定領域的專家，那個領域正是我們所關注的領域：士兵的PTSD。她擁有多個大學職位，研究過無數PTSD案例，寫了許多相關文章。她無疑有非常多的病人，關於她的主題，她該知道的都知道，但她的主題不是法庭。我看著她激烈地塗塗寫寫，不停傳字條給坎登大律師，坎登大律師頑強地忍著。派克醫師——如果他在場的話——也看到了，挑起左眉微微一笑。情況會很有趣，我拭目以待，除非坎登大律師要傳喚她的當事人作證，否則好戲會在塞爾溫檢察官結束陳述後上場。

如果約書亞．古道爾要作證，就必須在專家面前作證。我再看了一眼被告席上的那個人，他仍舊低著頭，如果我是坎登大律師，我會傳喚他嗎？我不會，我認為他上證人席對自己不會有好處，但換個角度來說，這是他的案子，如果他想直接對陪審團發言，我不會阻止他。那是他的選擇，也是坎登大律師的難題。所以當塞爾溫檢察官說完後坐下時，我滿懷期待轉向坎登大律師，她會說出約書亞．古道爾的名字？還是弗里克教授的名字呢？她悠悠地站起來。

「庭上……」

弗里克還是古德爾？二者選一。但坎登大律師誰也沒傳喚，而是要求休息一下。

我說：「休息？」

「是時候讓陪審團喝杯咖啡了。」

「現在？」

「現在，如果庭上准許的話。」

「休息十分鐘。」我告訴陪審團，他們離開法庭，我則留下來。我根本不相信律師沒來杯咖啡就不能繼續。我是對的。

「庭上，可以耽誤您一點時間嗎？」

站起來的是塞爾溫檢察官，他們在搞什麼？「庭上，我和坎登大律師持續討論審判的方向，據我所知，她還沒有作最後決定要不要傳喚她的當事人到證人席上，或者她會不會提出精神鑑定證據……」

坎登大律師承認這是她目前的情況。

「好吧，她最好快點決定。」缺乏咖啡因容易使我暴躁，我說：「因為她只有十分鐘的時間決定。」

塞爾溫檢察官輕聲地說：「需要的時間可能比十分鐘還長。」

我瞇起眼睛，準備迎接麻煩的到來。原來兩位大律師都認為，如果我能在現階段給予陪審團殺人罪和減輕責任能力方面的指示，將會有所幫助。通常，在所有證據提出之後，法官會給予這類的「法律指引」，在此之前是律師的最後發言，在此之後是事實的總結。但近年來為了協助陪審團理解證據，在審判早期提供若干法律指引變得很常見，在法律特別複雜的情況下，這是一個明智的做法，讓陪審員能夠分辨證據，集中注意力，關切對他們最終必須作出的決定有真正影響力的證據領域。

他說：「陪審團面臨的問題是減輕責任能力，可能很困難。」

絕對困難。

「我們認為，如果在這個階段，庭上可以給予陪審團殺人罪和因減輕責任能力判過失致死罪的指引，他們能夠更清楚理解精神鑑定證據。」

再次露面的派克醫師審慎地點點頭，弗里克教授貌似不知道我們在說什麼。

大律師請求我提供陪審團一份文字資料，列出陪審團必須問自己的問題，以及他們達成裁決必須遵循的步驟。所以我必須將一個讓大多數大律師頭疼的複雜法律領域，簡化成門外漢也能理解的形式。雖然殺人罪的法律總是相同，但以「裁決步驟」為標題的這份文件，根據特定案件出現的問題，涵蓋了不同的法律層面，每一回「步驟」都必須精心設計，以滿足案件的需要。有時審判必須審酌被告是否為「共同正犯」，或「幫助犯和教唆犯」，或以其他方式共同行事。有時辯護依據一般原則，例如「意外」或「缺乏必要的意圖」，有時取決於被告的具體主張，例如「自衛」、「減輕責任能力」或「失控」。舉證責任通常由檢方承擔，但某些情況由被告承擔。由檢方承擔時，檢方必須讓陪審團「確信有罪」，由被告承擔時，舉證準則通常是衡量「相對的可能性」。在任何殺人案中，草擬一套裁決步驟都是費力的工作，所以坎登大律師會有充分的時間來決定她將如何辯護。

「塞爾溫檢察官，你應該提早告訴我。」

他默默地低下頭。

所以弗里克教授只能等了，而我必須取消晚上的約會，而且……「很好，現在是三點，我讓陪審團先離開，明天上午十點半再來，在那之前的一個小時，我和兩位坐下來重新審議這件事。」

4

第二天早上陪審團被帶回法庭，庭務員發給他們一人一份我提供的資料。

我說：「各位女士先生，我們開始進行辯護之前，雙方律師認為如果我向你們解釋代表古道爾先生提出的辯護的性質，能夠幫助你們理解證據。通常情況下，我會在調查證據完畢之後，在總結時一併解釋，但這件事也可以在任何階段進行。我現在就來解釋。」

每個陪審員都拿到一份我的法律指引，他們看著文件，又看看彼此。這裡的竅門是不要給他們恐慌的時間，我繼續往下說：「你們看到標題叫『裁決步驟』，這確實也就是裡面的內容——它像一份路線圖，你們必須遵循，按照問題的順序詢問自己，然後順著答案的方向走，這樣你們每個人就能實現在審判開始時的承諾，也就是根據證據，作出真正的裁決。」

十二雙手拿著文件，十二對眼睛看著文件，十二張臉露出焦慮、沮喪和難以置信的表情。我即將與十二個門外漢解釋一些非常複雜的法律，但我盡量不露出和他們相同的表情。

我說：「看起來很難，但我們一起看一遍，就會很清楚。」起碼我希望它會變得很清楚。向非法律工作者解釋複雜的法律原則，是法官的日常工作，如果那些制定這樣困難的法律的人也必須解釋，那該有多好啊。

我給他們的文件如下，在你閱讀之前，我懇求你記住這一點：如果你讀到不耐煩，那麼你很幸運，你可以不讀了。我的陪審員卻沒有這個選擇，他們誓言會作出真正的裁決，要作出真正的裁決，就必須遵循這條路線圖，要遵循這個路線圖，他們必須了解他們被要求的事項，而我必須確定他們了解了。因為我如果不把這部分的法律說清楚，陪審團無法順利完成他們的工作，如果我說得不清楚，真正的正義不可能實現。

裁決步驟

殺人罪：判定被告犯有殺人罪之前，必須確定以下幾點：

1. 他故意殺害喬伊．古道爾。

● 辯方承認是他殺害她。

- 「故意」代表不是意外，辯方沒有暗示這次殺人是意外。
- 前往步驟2。

2. 這次殺人是非法的。

- 除非出於合法自衛，這樣的殺人行為是非法的。
- 辯方沒有暗示這次殺人行為是出於合法自衛。
- 前往步驟3。

3. 在他殺人的時候，他意圖致人於死，或者至少造成嚴重身體傷害。

- 檢方認為，如果一個人用刀把另一個人的喉嚨割開，除了造成至少是嚴重身體傷害以外，他還能有什麼意圖呢？然而，這仍然是一個你們必須確定的問題。
- 如果你不確定他意圖致人於死或至少造成嚴重身體傷害，他就沒有犯下殺人罪。如果你得出這個結論，這就是你的判決，你不需繼續遵循步驟。
- 但是，如果你確定他意圖致人於死或至少造成嚴重身體傷害，前往步驟4和減輕責任能力辯護。

我中斷了「劇本」，給他們一點時間來消化我剛才說的話。「好，在我們看『減輕責任能力』辯護以前，請容我先說兩句話。首先，如果你認為它獲得證明，結果也不會是完全無罪釋放，但確實能將『殺人罪』降低為較輕的『因減輕責任能力判過失致死罪』。其次，只有當控方讓你確信上述所有要素的情況，才能證明殺人罪，而只有當辯方讓你衡量相對可能性後相信以下所有要素時，才能證明減輕責任能力。第三，『減輕責任能力』所需的要素，包括你要考慮精神方面的問題，如『精神功能異常』和『已知病症』，這些你還沒有聽到，但你將會聽到的，而且非常詳細。辯方打算傳喚一位精神醫學專家，之後控方很可能也會傳喚一位，這兩位專家將就這些問題提供你們證詞，讓你們能夠決定在我接下來給予的步驟中怎麼走。」

陪審團和我都深吸了一口氣，接著從在我們中斷的地方繼續往下讀。

減輕責任能力：辯方是否讓你在相對可能性的衡量下確信以下情況：

4. 被告在殺人時，精神功能異常，這種異常是由已知病症引起的。

- 如果不是，則辯護失敗，他犯了殺人罪；這就是你的判決，你不需繼續遵循步驟。

● 確信他患有由已知病症引起的精神功能異常，則前往步驟5。

5. 病症嚴重損害他在以下方面的能力：

a. 了解自身行為的性質和／或

b. 形成理性的判斷和／或

c. 運用自我控制

● 在考慮「嚴重」這個詞時，問問自己，以常識來看，他在這三方面任一能力受損是否真的造成重大差異，如果可能有輕微損害，但不會真的造成重大差異，那麼這項條件就沒有被證明。

● 如果你不相信這一點，辯護失敗，他犯有殺人罪；這就是你的判決，你不需繼續遵循步驟。

● 然而，如果你衡量相對可能性後相信這一點，前往步驟6。

6. 步驟4～5中的情況為他的殺人行為提供了解釋。

● 如果精神功能異常導致被告的行為，或者是導致被告實施該行為的重要促成因素，那麼精神功能異常可以解釋被告的行為。

● 如果你衡量相對可能性後相信步驟4～5的條件得到滿足，這些事解釋了他的殺人行為，那麼被告對殺人的責任就減輕了，他不是殺人罪，而是過失致死罪。如果你不相信，那他就是犯了殺人罪。

我時常訝異陪審團能在這種複雜混亂的情況下工作，但他們確實可以，一個又一個的陪審團裁決就是證明。我的陪審團目前彷彿我剛朝他們扔了一顆手榴彈，但我希望一旦聆聽了精神鑑定證據，一切都會步入正軌，所以……

「坎登大律師？」我點頭邀請她。

她站起身來說：「不知道陪審團想不想再來杯咖啡？」

5

陪審團走後，我回頭看她，「這次又是什麼？」

「庭上，我打算向陪審團作開審陳述。」

真的？哇，我沒料到，這種情況相當罕見。我看著弗里克教授，她似乎在我眼前漸漸遠去。在解決這個新問題之前，我不會有機會聽到她的意見。

辯方先作開審陳述，這當然是可能的，只是規定很嚴格。正常審判順序如下：

1. 控方律師對陪審團「開」案，從控方的角度告訴他們事實，其中應包括被告的供詞、雙方爭議的事項。如果辯方律師認為控方律師沒有說清楚，他應該（在開審陳述結束時）站起來，用一兩句話向陪審團解釋他的辯護性質。
2. 之後控方逐一傳喚其證人，辯方對他們進行詰問。
3. 控方陳述完畢，輪辯方發言，如果他們認為控方根本沒有提出證據，可以要求法官停止審判，如果這個要求成功獲准，事情就結束了。如果要求失敗，就到了辯方陳述。
4. 只有辯方要求出庭作證的證人（除了被告本人，或者就是被告本人）能對指控的事實進行陳述，辯方才能獲准「開」案。即使辯方傳喚了這樣一位證人，也很少選擇開案……當你的貨物可能不符合預期時，何必冒險擺出攤位？但有時也有很好的理由這麼做，其中一個原因（如在約書亞．古道爾一案）是，如果辯方律師覺得面對陪審團處於劣勢，想在傳喚證人之前恢復一點優勢。

史黛拉．坎登希望有機會直接對她試圖吸引的十二個人發言，但法律只允許她在傳喚「事實」證人的情況下先開案。專家是意見證人，不是事實證人，坎登大律師找得到什麼事實證人呢？這正是塞爾溫檢察官在心中問自己的問題，他想不出答案，於是開口問她。

她一聽點點頭，說：「庭上，塞爾溫檢察官希望我告訴法庭我的證人是誰，我很樂意說，是阿貝拉．梅女士。」

塞爾溫檢察官說：「鄰居？」

「沒錯。」坎登大律師證實。

「但那是**我的**證人。」塞爾溫檢察官急忙地說，還站起身來。「庭上，阿貝拉．梅是我的證人。」

坎登大律師說：「她不是你的證人，你沒有傳喚她，你傳喚的是緊急求助專線——至少你是播放緊急求助專線錄製的錄音，那段錄音中說話的人碰巧是她，沒錯，她向警方作了證詞，但你沒有依據那份證詞。」

尼爾．塞爾溫抬起眼睛，動了動嘴，彷彿對著吸頂燈之神祈禱。可憐的人，他怎麼記得住警方在辦案過程中積累的所有證詞呢？皇家檢察署會審查這些證詞，挑出似乎有助於案情進展的證詞，可能有助於辯方的資訊都必須向辯方披露，其餘的則消失在檔案中，從此不見天日。但是，其中一份證詞像兔子跳出了坎登大律師的帽子，為了開案，坎登大律師需要一個「事實」證人，她想到了阿貝拉．梅，這有何不可呢？

我溫和地說：「塞爾溫檢察官，證人不是所有物，梅女士不是你的，檢方讓她的證詞出現過了，但你並沒有傳喚她，坎登大律師可以傳喚她當證人。」

「但是她還能對事實說些什麼呢？她知道的不是都在她那通九九九電話錄音中，而且也都提交給陪審團了？」

說得好，我朝坎登大律師方向挑了挑眉毛。

「我博學的朋友顯然不記得梅女士證詞的確切用語。」

「如果他真的記得，我倒會覺得驚訝，不過三十秒前，他都還沒有理由認為這有什麼重要意義。」

她說：「根據規定，證據不必是新的，只要是可採納的。這種持續了如此長時間的『哀傷的聲音』，一定與公寓裡發生的事情有關，因此必須被採納。」

塞爾溫檢察官說：「庭上，唯一能發出這些聲音的人是被告——這是他精神障礙辯護的一部分……」

坎登大律師說：「當然，但這仍然是當時發生的事件的證據，對死亡當下的事件設置人為障礙是錯的，檢方沒有那麼做，他們把被告在警方到達當下的行為當成證據提出，我只想提出他在那之前的行為的證據，這顯然與事件有關，而梅女士是該行為的證人。」

尼爾．塞爾溫搖搖頭，恢復了本性，禮貌地表示他不再繼續反對。

我說：「沒錯，我不能阻止坎登大律師傳喚事實證人，如果梅女士的敘述不是事實證據，我還想不出會是什麼。所以，坎登大律師可以傳喚她的證人，這麼一來，她可以作她的開審陳述。現在——」我用我希望是敏銳的眼神看著她，「審判可以繼續了嗎？」

＊

於是我們繼續了。陪審團被召回，坎登大律師起身轉向他們，停頓了一下，看著抱胸的手臂、緊閉的嘴唇、瞇起的眼睛——所有的跡象都在說：「好吧，辯護人小姐，妳認為妳怎麼能解釋這一團糟？」他們被告知，在聆聽到所有證據之前，不要妄下結論，但他們知道被告殺害一個非常正派的女人，目前他們不想聽到任何的藉口。坎登大律師選擇作開審陳述是對的，她必須攔阻他們關上她的辯護之門，至少要拖延到能夠給約書亞・古道爾一次聽審的時候。她知道這是一場苦戰，但聳了聳身上的袍子，用了一點時間吸引陪審員的目光，然後——她嘆了口氣，她任由那聲嘆息徘徊，然後漸漸消失。她搖了搖頭。

她說：「我想，你們討厭約書亞・古道爾，怎麼會不討厭呢？」她給他們一點時間來消化這個問題。「如果你們認為我會提供你們不應該討厭他的理由，那你們就錯了。」

這招有效，額頭抬起，腦袋微微轉向她，陪審團開始傾聽了。

「他做了不可原諒的事，我不會要求你們原諒他，我只要求你們作出正確的判決，我只要求你們以正確的罪名將他定罪，你們一定會給他定罪——」陪審員睜大眼睛盯著她。「——因為這個人，不是犯下殺人罪，就是犯下過失致死罪，你們不會作出其他的判決。」

他們現在用心在傾聽了，她很清楚。

她微靠向他們，吸引他們也向她靠過來。她繼續又說：「控方似乎認為約書亞．古道爾犯有殺人罪，他們當然是正確的，因為法官已經向你們解釋『因減輕責任能力』判過失致死罪，這就說明了他殺了人——但這也說明了還有另一個因素，就是他的精神疾病，他的病減輕了他的殺人責任，所以正確的判決會是過失致死罪。辯方會努力向你們證實這就是事實，我們將傳喚一名專家證人，是一位精神醫學專家，向你們解釋約書亞的精神狀況。」

坎登大律師從來不以「被告」稱呼她的當事人，她不會貶低他的人性，反而試圖把他塑造成一個人，如同塞爾溫檢察官成功地塑造出喬伊的完整形象。

她說：「我不打算請求你們原諒他，但我請求你們給他一點你們的時間——充分地考慮他的抗辯理由。」

有幾個人點了點頭，他們是否認為這才算公平，公平是他們在這裡的目的？

「你們知道，本案到目前為止，我幾乎沒有提出任何問題，也沒有質疑任何證據，因為這些都沒有爭議。我們用了三天時間聽控方舉證，但事實上這件事三分鐘就可以完成，因為我非常樂意承認塞爾溫檢察官迄今所證明的一切——在那個攸關生死的半夜，約書亞．古道爾離開他與喬伊．古道爾共眠的床，去廚房吃了一些藥，在那裡拿起一把廚房用刀，帶到臥室。他回到床上，在隨後的某個時刻襲擊喬伊，割斷她的喉嚨。這些都沒有疑問。」

她說得好像尼爾．塞爾溫一直在浪費陪審團的時間，隱瞞他們真正需要聽到的內容。一號陪審員看向二號陪審員，然後兩人都看著塞爾溫檢察官，皺起了眉頭。

坎登大律師繼續說：「約書亞做了什麼，這沒有爭議，有爭議的是，什麼讓他這麼做。當他拿著刀躺在喬伊身邊，當他最後採取行動，當他割開她的喉嚨，當他看著她呼吸困難，當他看到她的血淹到他的手上，往她的四面八方擴散開來，他的腦子在想什麼？他在想什麼？他的感受是什麼？仔細檢查這些問題是你們的工作，但你怎麼能仔細檢查一個人的大腦內部呢？當然，我可以傳喚他作證，說清楚他當時在想什麼，但那會是一個完全有理由撒謊的人的陳述。」

我心想：「啊，她也許不會把他叫到證人席。」

「但是，還有一個方法可以了解一個人的精神狀態，有的人一生都在做這件事，他們叫做精神學家。我會傳喚一位研究過此案的專家證人，她是知名的精神學家，她會告訴你，她認為約書亞．古道爾是個病人，她會告訴你們，她認為他是如何和為什麼成為一個病人，以及這對他那晚的思想過程和行動產生了什麼影響。」

史黛拉．坎登坐下來。一個很好的開場，達到了應有的效果。陪審員鬆開手臂，拉近筆記簿，似乎準備記下即將登場的證據，有一個甚至拿起了鉛筆。他們已經準備好踏上一段旅程，這段旅程將帶他們到陌生的地方，我們要在那裡考慮約書亞．古道爾的思想的形成。這會是一段漫長的旅程，因為一個人的形成是一個漫長的過程，這將決定本案的判決結果。

我問：「坎登大律師，妳準備好傳喚第一位證人了嗎？」

「準備好了。」

那麼她會傳喚約書亞．古道爾嗎？如果被告要作證，根據規定，他要早於其他的證人。坎登大律師轉身看著被告席，約書亞．古道爾微微起身，你現在可以看到，他身材高大，步履蹣跚，稀疏的白髮垂在肩上，他絕對不滿四十歲，但與照片相比渾然是兩個人，肌肉鬆弛，背也駝了，帥氣的軍人身影不再。你在他身上幾乎看不到另一個他，在他那夜殺妻之後的十個月，他成了這副模樣。

現在我必須向坎登大律師提出一系列正式的問題。她要傳喚她的當事人嗎？如果不傳喚，他是否明白這是他作證的機會？他是否明白如果他不現在作證，陪審團可能會因為他不作證而得出對他不利的推論？明白的話，他仍然選擇不作證嗎？但我問題還沒提出，坎登大律師就先回答了。

「庭上，我不準備傳喚我的當事人，古道爾先生明白這是他作證的機會，儘管他有權利不作證，但如果他不作證，陪審團的推論可能會對他不利——只是鑑於他的精神狀況，我希望他們不會這麼推論。」

雖然說得喘不過氣來，她一句話就回答了我可能提出的所有問題，最終得出了負面推論——然後又插了一句，叫他們不要得出負面推論。好樣的，坎登大律師。

「很好，那麼誰是妳的第一位證人？」

被告不上證人席，這讓精神科醫師離證人席更近了一步，但我們仍然必須等待，還有一個事實證人。阿貝拉・梅女士被傳喚了，她是一個正派的女人，喜歡她死去的鄰居，一臉厭惡地看著被告席，陪審團也隨著她的目光看過去。在這種情況下，尼爾・塞爾溫表現得很得體，沒讓自己像是替控方拿下一分。

梅女士發現自己要作證，和我們一樣驚訝，但她願意盡力。她描述她所聽到的聲音，「不是喊叫，不是哭泣，是一種哀號……不是真正的哀號，比較像是哀傷的聲音，就像——」

「就像悲痛？」坎登大律師建議。

塞爾溫檢察官說：「不許誘導。」

梅女士說：「我想是像悲痛吧。」然後又說：「或者不是，但不管是什麼，那聲音一直持續到警察來為止。」在反詰問時，塞爾溫檢察官引導她說出喬伊是一個非常討人喜愛的女人，就讓梅女士走了。梅女士其實也沒說什麼，如果史黛拉．坎登不是迫切需要一個事實證人，證明她有理由開案，還會傳喚她嗎？絕對不會，但法律就是法律，坎登大律師想這麼利用法律，沒人能阻止她。

梅女士離開後，我等著又有人來打斷我，我等著兩位大律師站起來，要求陪審團再次離席，我等著他們想出什麼法律要我處理——但是通通沒有。當坎登大律師再度站起來時，就是傳喚弗里克教授。我們終於到了關鍵的時刻。

6

這幾天我有很多時間熟讀弗里克教授的報告，她的報告和她本人一樣奔放自由，充滿學術用語和拉丁術語，真希望她能用簡單英語向陪審團解釋這些詞彙。叫到她的名字時，她站起來，這是我第一次有機會好好看著她。她骨架大，但四肢柔軟靈活，她環顧四下，好像少什麼，但又想不起來是什麼——接著想到了，她往桌底翻找，最後拿著一個大袋子得意地站起來。她拎著袋子走出那排座位，離開了藏身處，朝著出口的方向走去，結果被那裡的庭務員攔住，帶她走向陪審席。她跌跌撞撞走上兩級臺階，抱著袋子，好像裡面裝著一個嬰兒或炸彈，然後發現自己已經到達了目的地。陪審團張大嘴巴，大律師們低下頭，派克醫師看起來很困惑。只有我面對著約書亞．古道爾，只有我看見他眼前的帷幕拉得更緊，把我們都關在外面。

另一方面，弗里克教授渾然不知她給人留下的印象，四處觀望法庭。庭務員把她拉回了現實，她搖搖頭，拒絕法庭提供的宗教書籍，選擇了具結結文。她從她的大袋子取出一副小眼鏡，架在鼻梁上，以咬字清晰但濃重的東歐某地口音大聲朗讀這段文字。

坎登大律師無疑是為了讓她的專家放輕鬆，所以說：「妳想坐下嗎？我相信庭上會允許的。」庭上當然允許，但庭上懷疑坐下是否為明智之舉，庭上想到坎登大律師沒有想到的東西——證人席的折疊椅很小，弗里克教授的四肢可不小。

教授望著木頭椅板，運用她相當大的腦袋想了想，以值得讚揚的尊嚴說她寧願站著。

這樣的事會影響到案子的結果嗎？當然不應該，但可以。兩位專家將把他們對立的觀點放在陪審團面前，陪審團必須決定相信兩個人中的哪一個（如果一定要選一個的話）。派克醫師很清楚這一點，他不會做任何事，說任何話來破壞陪審團對他的信任……而他的對手呢？我們拭目以待吧。

坎登大律師已經受夠了，她抓住韁繩，重新取得控制權。她一開始先介紹她的專家的資格，真是令人刮目相看，所以我開始覺得不解，以前怎麼沒有在我的法庭上看到這位在ＰＴＳＤ領域如此傑出的精神科醫師。

塞爾溫檢察官欠身說：「庭上，按照慣例，除了學歷，證人也要有經驗——不知道坎登大律師能否好心介紹一下，她的證人在提供陪審團她……今天會啟發我們的哪種證據類型方面的經驗……」

坎登大律師還來不及阻止，弗里克教授就拉下眼鏡，好更清楚地看著塞爾溫檢察官。她說：「當然沒問題，檢察官，我曾在審判中向陪審團作證過十一次。」

「十一次。」塞爾溫檢察官這三個字含在嘴中，好像含著一棵金李子。「哇，真想不到。」

在他身後，派克醫師強忍著笑意，多年來他在我面前作證的次數遠遠不止這個數字——而我只是一個法庭的一名法官，他絕對寫過上千份涉及殺人案的報告。塞爾溫檢察官滿意地坐回座位。

然而，弗里克教授的大腦無疑大過一般的精神科醫師，她研究了被告的歷史，還從她那無底袋深處撈出一大疊文件來證明。她把文件攤在面前，不時地點一下，但幾乎不需要低頭看：他的軍旅生涯、他戰鬥過的戰區、他經歷的創傷、他身邊死去的朋友、他自己對死亡的持續恐懼——所有這些都深藏在她那碩大大腦的褶皺和曲線中，毫不費力與她的學科知識交織在一起。

她指出，「軍隊精神科醫師診斷他患有PTSD，他因病退伍，在他割開妻子喉嚨的時候，他毫無疑問仍然患有這種疾病。你們會明白，創傷後壓力症候群是一種公認的醫學疾病，符合你們的法律對於減輕責任能力辯護的要求。他會有經驗再現、侵入性的思想、睡眠困難，睡覺時會作惡夢，這些對他構成深刻的困擾，所以他會心跳加快、出汗、發抖、噁心或頭暈。他會驚慌失措，變得很容易生氣或具有攻擊性。他會變得過度警惕，難以集中心力處理日常事務。」

陪審團使勁地眨眼，但坎登大律師找不到機會使弗里克教授停下來，讓她有機會把話說得更清楚，因為這位好醫師正在講課，我們是她的學生，聽她的課，走她的路。她說：「大腦會透過疏離來保護自己，避免回想起可怕的事，最後導致情感麻木。」她揮舞手臂，說明大腦與周圍環境的隔離。「他在哪裡都不覺得安全，沒有一個地方，沒有——一個地方安全！」我們還沒來得及思考，她就繼續往下說。

「他會頭痛、頭暈——」她戳戳自己的頭。「胸痛、胃痛——」她戳了戳自己的身體。「功能失調——」我屏住呼吸，不知道現在她會比哪個人體部位，但她只是宣布「全身上下」，同時用手臂示範她對於困惑、疼痛和功能失調的印象。

她認真地對面前這群無知的人傳授知識，如此之賣力，有的地方也只能稍作妥協，像是她的英語發音。弗里克教授把「s」和「th」混為一談，都發成「z」音，「w」則成了「v」。陪審團費了很大力氣跟上她的腳步，但還是跟不上。教授停下來喘口氣，坎登大律師張嘴要說話，但不夠快。

「荷爾蒙、皮質醇、腎上腺素。」弗里克教授宣布。「戰鬥、逃亡、僵住，你們懂了吧？」

我們不懂。

「這個男人——」她伸出一根手指對著約書亞．古道爾的方向點了一下。「這個男人，當他是一個處於危險中的好士兵時，他會分泌這些荷爾蒙，而他的身體從那時起就持續不斷在分泌這些荷爾蒙。他可能再次看到他在戰區目睹的全部或部分景象，他可能會又聽到那些聲音，聞到那些氣味——甚至嘴裡嚐到了味道。他會再次感受到那種情緒、痛苦和創傷。」她最後一句話說得非常有力，坐著的我們都不由自主往後一縮。

她使勁地點頭，她說完了。

現在我對弗里克教授有了一個堅定的結論：她是一名優秀的精神科醫師，但絕非一名優秀的證人。坎登大律師可能也在想同樣的事，因為她沉默了大半晌，深呼吸穩定自己的情緒。她必須讓這個桀驁難馴的證人證實她的辯護重點。

她說：「弗里克教授，讓我們把妳剛才說的一切應用在減輕責任能力的辯護上。首先，根據妳的專家意見，約書亞殺害喬伊．古道爾時，是否患有一種名為『創傷後壓力症候群』的公認疾病？」

弗里克教授回答：「很明顯有。」

「他的精神功能有異常嗎？」

弗里克教授看著坎登大律師，好像她才是需要精神治療的人。「律師，一個頭腦正常運轉的人，不太可能半夜起來割斷他的伴侶的喉嚨。」

坎登大律師無力地笑了笑。「這種精神狀況是否嚴重影響他理解自身行為的性質，或形成理性判斷，或進行自我控制的能力？或影響到兩種、三種的能力？」

「當然，這嚴重影響他自我控制的能力。」

「這是否導致了他所做的事？」

「在我看來，是的。不只有PTSD，通常伴隨著抑鬱、焦慮、分離障礙，經常出現自殘和自殺的念頭，尤其是自殺。他是一個生病的人。」

坎登大律師盡了全力，現在輪到塞爾溫檢察官反詰問，他立刻站了起來。

「一個殺死了他熟睡妻子的生病的人。」

弗里克教授說：「這不是一個問題，我是來回答你的問題，不是來確認你的說法。」

「很好，那麼讓我問妳一個問題，妳的結論是被告的責任能力減輕了，但妳知道派克醫師不同意妳的觀點嗎？」

她不以為然地點了點頭，彷彿在說，派克醫師有他的觀點就隨他去吧，但我有我的觀點。

塞爾溫檢察官說：「妳，曾經在十一個案子中，考慮過十一次減輕責任能力的問題，妳知道派克醫師考慮這個問題的次數嗎？」

「不知道。」

「如果妳知道他為法院準備過九百多份這個問題和類似問題的報告，作證過數百次，妳會驚訝嗎？」

弗里克教授顯然確實感到驚訝，因為她在自己學科中是專家，可能無法想像中央刑事法院的世界、法醫學策略與法律的錯綜複雜。

塞爾溫檢察官估計弗里克教授的表情對他來說已經足夠了，就坐了下來。弗里克教授收拾好文件、眼鏡和袋子，拖著腳步回到坎登大律師身後的座位上，坎登大律師連點個頭對她表示同情都不肯，世界可以是很殘酷的。

現在輪到派克醫師了。塞爾溫檢察官尚未再站起身，這位控方專家已經站起來，撫平昂貴西裝上不存在的褶皺，捋了捋完美無瑕的頭髮，接著走上證人席。他比弗里克教授年輕十來歲，外表也比他的實際年齡年輕十歲。他是一個能幹的醫師，一個優秀的證人，而且他知道他要把一個同行打成肉泥。他將一份整齊的文件放在面前，不用提示卡就複誦了具結結文。塞爾溫檢察官也不需要引領他提出證據，只需給這位好醫師指出正確的方向，然後放手讓他自己走。

派克醫師告訴我們，弗里克教授應用有關減輕責任能力的法律時，有一個根本性的缺陷，他帶著一絲幸災樂禍的語氣說，可能是因為她很少被要求應用它當法律辯護。他客氣地指出，一個人可以有ＰＴＳＤ（他也同意約書亞．古道爾有），但這不表示這個人的犯罪是ＰＴＳＤ所造成的。他說：「一個人可能有這種病，但除此之外，他也是會有脾氣的，他的ＰＴＳＤ，只有在他犯罪的原因是這個疾病，而不是脾氣的情況下，才可以當成抗辯依據。如果疾病只是背景，殺人的背景，如果真正的原因是性格缺陷，比如易怒、善忌或占有欲強，由於自己的需求而不能尊重他人的權利……如果這些是他犯罪的原因，那麼ＰＴＳＤ就不是原因了。」

派克醫師對法律瞭如指掌。

「當然，這是陪審團要決定的事。」他停頓了一下，恭敬地朝陪審席點了點頭，那裡有十二雙眼睛正入迷地望著他。「但我要指出一點，被告長期患有ＰＴＳＤ，但這段期間並沒有割破他的伴侶或別人的喉嚨，當他發現她打包了行李，還有她宣稱打算離開他的那封信，這才動手殺了她。我認為發現行李箱和戰區之間沒有關聯，但我認為發現行李箱和他無法控制的嫉妒憤怒之間有很大的關聯。陪審團可能會得出一個結論：這個人是一個受過訓練的殺手，他在盛怒之下殺了人。」

塞爾溫檢察官問：「不是減輕責任能力？」

派克醫師說：「不是減輕責任能力。」

於是該由坎登大律師反詰問證人，她一時想不出該怎麼引導他，該問些什麼，留在座位片刻，瞇起眼睛。減輕責任能力當然是一種罕見的辯護理由，在這種辯護中，舉證責任在她，不在控方，而且派克醫師是一個這麼會說話的證人，而且派克醫師也這麼自信地作證，而且——

坎登大律師的長袍被人從後面拉了一下，這股力量讓她往椅背靠，弗里克教授把嘴附在這位辯護人的耳邊，認真地低聲細語，說了好久好久。弗里克教授最後還推了坎登大律師一把，鼓勵她站起來。坎登大律師轉身向證人席走去。

她開口了：「那麼，派克醫師，你是否認為，約書亞．古道爾殺害他的妻子時，只是因為發了脾氣，就打算殺死她？」

「這是很有可能的。」

「大多數人發脾氣時不會割喉。」

醫師說：「大多數人不是受過訓練的殺手。」

「但既然約書亞．古道爾是受過訓練的殺手，如果他的脾氣如同你的描述，那麼他以前不就經常在生活中發脾氣嗎？」

「也許他的確常發脾氣。」

「我想，如果他已經割開了許多的喉嚨，也許我們早就發現了。如果他在殺喬伊之前發了脾氣，是不是更有可能，這是他在經驗重現和ＰＴＳＤ發作時罕見地發了脾氣？」

精神科醫師猶豫了一下。「你是說不只ＰＴＳＤ，也不只脾氣暴躁，而是兩者都有？」

「兩者都有，也許還有PTSD的常見症狀——焦慮症、分離障礙、自殘或對自己以及對他人有破壞性行為。」

在坎登大律師後面的座位上，弗里克教授輕輕地彈了一下，嘴裡說：「正是如此。」

派克醫師皺起眉頭。「我不知道是不是『更有可能』，但是……」他畢竟是一個專家，他不對某一方負責，而是對法庭負責。「但是……」他畢竟是一名醫師，他的知識應該用於追求科學的準確，「但我想有可能。」通常情況下，「可能」二字對坎登大律師來說足夠了，但她必須證明辯方的「可能」大於「不可能」。她重複說：「有可能，而你說你不知道是否更有可能，你能不能就這個關鍵點說說你的意見？」

「這是一種措辭。」派克醫師說，他首次容許自己的語氣出現了不耐。「但既然你問了，我只能說，這不是科學意見的問題，這種事情可能會發生，至於是否發生了，則是陪審團的問題。」

坎登大律師似乎在思考。「所以說他那晚下床去了廚房，這部分沒有爭議。他的藥放在廚房抽屜，這部分沒有爭議。抽屜被打開，是被他打開，這部分沒有爭議。如果他起床去找他的藥，這不就說明了他發病了，想要吃藥？」

弗里克教授發出一聲低沉的同意聲，派克醫師只能說：「有可能。」

「如果在這種發病情況下，他偶然發現了行李和信，即使這確實讓他變得氣憤怨恨，可以肯定的是，這個疾病至少是他作出極端反應的一個重要因素。」

派克醫師狠狠地瞪著弗里克教授，弗里克教授攤開雙手，似乎歡迎他加入她的行列。派克醫師生硬地說：「那是陪審團的事。」

坎登大律師的表現超乎我們的想像，塞爾溫檢察官站起來，想了一想，搖著頭說：「庭上，沒有進一步的問題。」

就這樣，舉證完畢，明天兩造律師將作最後陳述，各自敦促陪審員從這個或那個角度看問題。然後我會提供進一步的法律指引，盡量以持平的方式總結證據。陪審團離開法庭時，將滿腦子都是弗里克教授、派克醫師和減輕責任能力等錯綜複雜的難題，他們會試圖解開這一切，進入這個在審判過程從頭到尾將我們拒之門外的人的大腦。很難說他是怎麼做到的，但不知何故，約書亞·古道爾坐在被告席上，完全遠離了我們。唯一也許真正理解他的世界的人，卻不能告訴我們他的世界發生了什麼事，喬伊不會再告訴任何人任何事了。

7

被告犯的是殺人罪還是過失致死罪，是整個審判的重點，我不知道陪審團會怎麼決定，猜測也無濟於事，無論如何，這兩項罪行都非常嚴重，所以他被判處的罪名真的重要嗎？從某種角度來說，當然重要。如果約書亞．古道爾被判犯了殺人罪，我唯一能判的是無期徒刑，然後必須決定他申請假釋之前須服的最低刑期。在這種情況下，基準是十五年。喬伊無力反抗，以及她半夜在自己家中遭遇襲擊，兩件事實都會加重罪行，提高量刑起點。如果陪審團判他殺人罪，他們就是不採納精神障礙的抗辯理由，所以儘管我可以稍微考慮他毫無疑問的疾病，但也不會太多，我可能判他十五到十七年的監禁，之後能不能假釋，決定權在於假釋委員會，如果他們認為他對公眾仍有威脅，他可能會在獄中待上更長的時間。

另一方面，如果因減輕責任能力判過失致死罪，我也有不同的判決。如果他被認為可以治療，我會把他送到精神病院，直到康復可以出院，或者直到恢復到可以轉入監獄。或者我可以直接把他送進監獄。這種過失致死罪的刑期，由於加重及減輕事由，可能有理由判處十五年左右的監禁[58]，但我會從中扣除多達三分之一，因為他始終說他會認罪。在剩下的十年中，他可能服刑三分之二，另外幾乎也可以肯定的是，從他第一次被還押的時間算起，在服刑六年八個月後就會被釋放。簡而言之，他將在監獄裡再待上五年半，而不是再待上十五年或更長時間。

這樣一來，究竟是殺人還是過失致死，這就很重要了。

但在其他方面則沒有什麼不同，法律無論如何無法讓喬伊死而復生，沒有什麼能夠修補她母親、姊姊、家人和朋友破碎的心。法律無法治好約書亞．古道爾的疾病——畢竟，無論陪審團的裁決如何，兩位精神科醫師都認為他是一個飽受病痛折磨的人。也許有一點值得指出，他的精神障礙是他為國效命參與戰爭所造成的。

這樣的案子讓人非常無奈，審判背後的人類悲劇無從化解，無論多麼殘忍嚴峻，我們都必須堅持到底，必須繼續工作，必須適用法律，必須遵守規則，因為也沒有其他的辦法。我那晚回家時，心裡這麼想著，次日早上回到法院時，仍然抱著這樣的念頭。但，原來我錯了，有人想到以另一種方式面對這場悲劇，看到了與我看到不同的結局。

在漫漫長夜，在漆黑病房（不是牢房，但很快就會成為牢房），約書亞．古道爾找到另一個解決辦法。他在床單邊緣鑽出一個洞，最後設法抽出了線頭——這需要細心和決心，但他一直堅持下去，最後撕下一條亞麻布。也許他打了個寒顫，從門後鉤子取下睡衣穿上。他有沒有停下來，坐在椅子盯著鉤子看呢？他有沒有計算鉤子的高度和手中的床單長度差多少呢？你不會認為光靠一個鉤子和一條破床單就能完成他想做的事，但你會驚訝靠著決心一個人能完成的事，約書亞．古道爾可是非常有決心，他犯了一個他無法忍受的罪行，不論你說它殺人還是過失致死都不重要，因為不管它

58. 原註：請參閱附錄N。

叫什麼，對他來說都是無法忍受。

精神疾病有時非常危險，從內而外吞噬著一個人。過去的人以為精神病患者被魔鬼附身，現在我們對精神疾病有更多的認識，但對於那些受苦的人，聽到聲音，看到經驗重現，活在一個一切都很黑暗的世界，或許真的就像魔鬼控制了他們。還有誰在夜裡對他們說話？還有誰與他們一起生活在一個別人不相信的恐怖世界裡？因此，約書亞．古道爾，他做了自己的法官，當了自己的陪審團，通過自己的判決，判了自己死刑。

審判就這麼結束了，突如其來，彷彿繩子末端的一個重物震了一下。震驚得無語的陪審團解散了，喬伊的家人在審判活動區難以置信地睜著眼睛，她在旁聽席的朋友也一樣。有人認為正義得到伸張，有人認為正義被奪走了。派克醫師被傳喚到另一個法庭，但弗里克教授回來了，坐在史黛拉．坎登身旁握住她的手。尼爾．塞爾溫一臉慘白。兩位大律師都將輾轉難眠，但接著又會疲憊得無法保持清醒。法庭的事件改變許多人的生活，但對於那些讓這些事件發生的人，案件來來去去，案件畢竟只是案件——直到像這樣的事發生。

8

二〇一四年至二〇一七年，在英國從監獄轉移到精神病院的人數，從一千零六十一人減少到九百三十六[59]，而獄中有精神疾病的人數卻穩定增加。二〇一七年，英國精神病院有九十七例自殺紀錄，二〇一八年英格蘭和威爾斯的監獄也有同樣的數字（令人不寒而慄的巧合）。到二〇一九年，精神病學研究所估計，逾半數的囚犯心理健康狀況不佳，包括抑鬱、創傷後壓力症候群和焦慮，約百分之十五的囚犯有專業精神健康需求。截至二〇一九年十二月，英格蘭和威爾斯的監獄（包括監獄運營的移民遣返中心），共記錄了六萬三千三百二十八起自殘事件。二〇二〇年這一年截至三月，有兩百八十六起的死亡，其中八十起是自殺，三起是他殺，一百八十起為自然原因，其他則「等待進一步的資訊」，有人可能認為其中不乏幾起自殺。

我不必處理所有這些無謂的死亡——這件案子所拋出的兩起死亡，已經夠我思索了。我說過，有人認為約書亞．古道爾的自殺是正義，我並不這麼認為，我想這算是「以死償死」，但在我的書中這與正義是兩回事。我想喬伊充滿愛心，寬大為懷，她會同意我的看法。

59. 原註：www.mentalhealth.org.uk

刑事法庭實踐司法制度，而司法制度適用的是我們選出來治理我們的人所制定的成文法，以及幾個世紀以來社會形成的普通法，這些法律必須確鑿無疑，我們才知道界線在哪裡。刑法的存在是為了服務所有人，有了刑法，我們就知道有可以保護我們生命、健康和財產的規則，社會對這種理解的需求，就是我們把某些行為定為「犯罪」的原因。當然，有了這樣的規則之後，如果被指控違法的人對指控表示異議，就必須有一個裁決問題的制度，沒有前面的規定，我們也就不需要後面的制度，規定是為了讓我們的社會成為一個安全、可靠、可行的生活場所，但是，一個犯錯的人，終究也是社會的一分子，該如何適應這一切呢？一般來說，如果他選擇從事犯罪行為，就選擇了將自己置於社會之外，不能（或不該）抱怨後果。但像約書亞這種情況呢？他殺害喬伊的行為的確可惡，但他從來沒有打算做什麼可惡的事，他是怎麼變成最後站在我的被告席上的那個人，成為殺害他（和其他許多人）深愛的女人的那個人？是誰訓練他殺人技巧？誰讓他經歷了讓他生病的經歷？誰沒能夠讓他恢復健康？誰沒能夠保護她不受他的傷害，或者他不受自己的傷害？誰的手沾滿了鮮血？這不是誰的錯，這是每一個人的錯。

審判六
伸冤在我

60

Trial Six
Vengeance Is Mine

安琪拉．布里奇斯（Angela Bridges）從後門走進廚房，把袋子放在桌上，打開來看包在層層薄紙中的黑色雪紡紗裙。她知道，查理（Charlie）一定會喜歡這條貼臀及膝裙，以一個四十二歲的女人來說，她的臀部也算不錯了。查理喜歡她的衣服既性感又兼具品味，吸引目光，但不會讓人有非分之想。查理就是這種人。

店裡人很多，她現在覺得又累又熱，濕漉漉的鬈髮蜷曲在頸後，口乾得很。她想，去找他前最好先讓自己涼快一下。她在水槽邊轉開水龍頭，壓下槓桿，冰涼的水流出來，有這種功能的水龍頭花了查理不少錢。她拿起杯子喝了一口水，解開上衣的第一顆扣子，涼快多了。她走進門廳，對著鏡子檢查自己的模樣，她不允許自己的金銅色頭髮有一絲的白髮，也努力保持皮膚光滑。查理喜歡這樣。

她走過餐廳（她確實喜歡擁有一間名副其實的餐廳），經過樓下的客用廁所（有多少人有這樣的廁所？），來到客廳。

「查理？」

他坐在長沙發上，懷裡抱著槍。他拿著軟布在擦槍，精心劃著小圈，讓槍在陽光下能夠輕輕閃爍。

「查理？」

他放下布，將槍的重量轉移到另一隻手。槍打開時，發出一聲輕響。他伸手拿起旁邊墊子上的小東西，把子彈塞進去——一顆、兩顆、三顆、四顆。

「查理！」

他抬起頭來。

「我以為……」她用舌頭潤了潤嘴唇，讓自己能夠說話。「我以為你不打算再用它了。」

「我沒有要用，只是拿來嚇唬人罷了。」

「嚇唬人用不著子彈。」

「別說了，安琪拉。」

她知道她不應該說，她知道她會後悔，但她控制不住自己。「你答應過的。」

「再一次就好。」

「永遠都是再一次，總有一天你會被抓。」

「閉嘴。」說著他把槍舉到面前，伸長手臂，瞇起眼睛對準一個不存在的物體。

她想了想，想到自己所經歷的一切，想到自己所擁有的一切，也想到自己即將要失去的一切。她想起自己的恐懼和憤怒，她讓這些想法慢慢充滿自己，就像空氣慢慢充滿了氣球，氣球逐漸脹大，她也逐漸脹大。怒火的熱氣蒸發了她的恐懼，他竟然拿一切來冒險，她怎麼能不生氣。

60. 典故出自《羅馬書》第十二章。

她發出懇求：「查理，我忍了好多年了，永遠不知道你會不會回家。如果你沒回來，永遠不知道我是會在太平間還是監獄找到你。我以為這一切都結束了。」她是這麼以為，至少她認為她是這麼以為。「你會被抓住，我們會失去一切。」

「要不是我做了『這一切』，我們怎麼有什麼可以失去的。」

她停了下來，因為他說的是事實。但如今他們擁有這麼多……房子、朋友、假期。現在，當然，他們沒有這一切也行……因為一切都可能消失，她知道，只要一扣下扳機，一切都有可能消失。他們用一輩子累積起來的一切可能化為烏有，某個可憐的混蛋死了，他身後留下的妻子和孩子也會失去一切，而他們甚至不明白為什麼，因為他們根本不認識查理。

她一直討厭那把槍，她一直反對暴力。她想，如果計畫得當，搶劫未必要用暴力。

「請不要用槍。」

「閉嘴，安琪。」

「起碼不要裝子彈。」

「妳惹我生氣了，安琪。」

她知道，拿著上了膛的槍的人最好不要生氣，她知道這很危險，會招來厄運。

「你會害死人，查理，你會奪走一條性命，然後你會被關上一輩子。我們擁有的已經夠了，我們——」

他放下槍朝她走來，她作好心理準備，那一巴掌打在她的腦袋旁，她往一邊倒去。她知道他不是真正生氣，因為他給她的是一巴掌，不是一拳。她突然想到，他沒有真正生氣，是因為他知道她是對的。她轉向他，但他已經走開了。

她花了一會兒時間讓自己鎮定下來，也順便想一想。她最近一直在思考，想那些巴掌耳光、那些聚會禮服，還有這棟屋子，它有獨立的餐廳，還有一轉就能流出熱水或冰水的水龍頭。現在她又想到開槍的人和被開槍的人，忽隱忽現的怒火又重新點燃起來了。

她聽到他在餐廳裡，她聽到酒櫃喀一聲打開，威士忌酒瓶碰到玻璃杯，叮噹叮噹響。她想像他喝了一口，冷靜下來，後悔打了她——他事後總要後悔。她想像他在……會是哪裡呢？加油站？賽馬會？槍，扳機，能讓一切歸零的爆裂聲。她知道可怕的事情要發生了。

她突然清晰地意識到，查理是個壞人，他對孩子、對狗都很好，但他依然是個壞人。他對她很好，除了對她不好的時候，但他依然是個壞人。他沒有殺過人，但早晚他會殺了人，然後就被抓了。那一天，就是今天，或者可能是今天。他殺的人是她，或者可能是她，但即使不是她……如果是別人，一旦他被抓住了，她一定會像他一樣失去一切。她必須阻止他，只要她能想出阻止的辦法。

他的聲音從餐廳傳來，現在變成了甜言蜜語。「來啊，安琪，我給妳倒了杯酒。」她沒有應聲。「來啊，親愛的，來喝一杯，妳不應該那樣惹我生氣，我知道……」

但他知道什麼呢？他自然不知道她拿起了槍，他不知道她把槍舉起，沿著走廊朝他走去。他不知道，那天晚上，他不會去持槍搶劫，從此再也不會了。

1

喝茶時間。我們正在喝第二壺茶，好吃的餅乾都吃完了，分案科長從門口探頭進來。

他說：「抱歉打斷你們，但我有……」他猶豫了一下。

「有危機？」（那是H。）

「有空？」（那是Q。）

「有驚喜派對？」（那是我。）

「我有一個難題。」分案科長說：「我有一個殺人案，下週得開庭審理，但我還沒找到法官。」

「你有我們十四個。」我告訴他。「我們三個人，H、Q和我，這週會完成我們的審判，怎樣的殺人案？」

他說：「槍擊案，牽扯到彈道、跳彈，總之，非常複雜。」

他引起了我們的注意。我們都喜歡槍擊案件，子彈、角度，也許還有少量的射擊殘渣，與持刀殺人案大不相同。大家都樂於審理的案子，但他的神色有些不太對勁，好像他的寶石藝術品法貝熱彩蛋破了。

H問：「什麼問題？」

「沒問題。」他立刻說，說得太快了。「事實上，這是一樁格外有趣的槍擊案，被告是一名女性，殺了她的丈夫。」

H問：「誰辯護？」

H很敏銳，找出了問題關鍵。我們有機會審理這樁有趣案子的三個人看著分案科長，請告訴我們不是……不是……

H的臉色變得非常紅。「如果是格洛麗亞．沃恩（Gloria Vaughan），我的答案是『不』，上次她在我的法庭，我差點殺了辯方律師。」

Q審理的公司過失致死案正在緩緩接近尾聲，他應當可以輕鬆對付一個沉靜的女槍手，他卻拍拍自己的胸脯，這個歉然的姿態微妙地表達了遺憾，以及一顆無法忍受「格洛麗亞．沃恩壓力」的心。

分案科長看著我說：「拜託，總要有人接。」

＊

故事就是這樣開始的，我就是這樣遇見了安琪拉．布里奇斯。這個案子不會太久，頂多兩週，兩週的案子不會對我的心理平衡造成太大的傷害吧？不會推翻我在一個熟悉和信任的制度中建立了四十多年的信念……會嗎？當然，在第一個早晨，我還不可能知道它有什麼影響力，只知道我從卷宗中看到的——或者我認為我看到的：一個受暴婦女最後起身反擊，殺死了虐待她的人。

施虐者從來都不是好人，但查理．布里奇斯（Charlie Bridges）似乎特別惡劣。我不是指他的個人行為，當他不打妻子時，似乎很有魅力，而且慷慨大方，體貼周到。只是他的魅力藏在蒙面頭套後面，他的慷慨來自搶劫所得，他的體貼通常在犯罪之後才表現。身為武裝搶劫犯，他無疑幹得不錯，多次躲過指控，警方非常確定他是多起犯罪的幕後黑手，但「非常確定」不是起訴標準。他三度上法庭，兩度被宣告無罪，唯一一次被定罪是在二十年前，當時還沒磨練出一身好本領。只是在當時，由於年輕，加上無前科，他也只坐了三年的牢。不久之後，安琪拉成了他的妻子，承諾不離不棄，甘苦與共，也似乎始終堅守著自己的誓言。她是一位受到長期家庭暴力虐待的受暴婦女，這一點我毫不懷疑。

我們說「受暴婦女」其實有點怪，這四個字不足以形容其所包含的各種痛苦和不幸。家暴一開始可能是輕微的掐擰拍打，然後逐漸惡化成拳打腳踢，扭手扳腿，通常還涉及性虐待。受害者承受的不僅有攻擊造成的心靈創傷和皮肉疼痛，還有隨之而來的精神折磨。幾個月，甚至幾年之久，他們活在隨時可能遭受攻擊的恐懼之中，永遠不知道何時會發生，不知道施虐者心情好壞，也不知道自己會被疼愛還是被傷害。在這種壓力下生活，可能產生壓力、焦慮、抑鬱和酒精依賴，儘管不是全部，但遭受這種折磨以女性居多。事實上，在精神病學術語中，「受暴婦女症候群」（Battered Woman Syndrome）屬於「創傷後壓力症候群」的子類別，大多數的情況下，暴力行為發生在沒人看見、沒人知道的密閉空間，但有時每個人都知道得很清楚，有時，警方和求助熱線天天接獲驚恐的鄰居、受害者本人或其擔憂的親屬的求助電話。有些受害者成功逃脫，有些受害者永遠沒有機會，有些受害者離開後又回來。遇害或自殺的人數不能盡數，少數人被逼得忍無可忍，最後殺死了施暴者。最後一種情況似乎就是安琪拉．布里奇斯的遭遇。

殺害伴侶後走上被告席的婦女相對較少，而且沒有兩個人的情況完全相同。有時婦女在抵抗攻擊的過程中殺了人，和其他一般被告一樣，如果能利用「意外」或「自衛」作為辯護依據，就有權被宣判無罪。有時她被逼入一種精神狀態，使她能夠提出「減輕責任能力」[61]或「失控」作為辯護[62]，有時則是明顯犯了殺人罪。

61. 原註：請參閱審判五：好士兵。
62. 原註：請參閱本章後面內容。

格洛麗亞・沃恩擅長替這種婦女辯護，她有一種無庸置疑的真誠願望，想要支持那些陷入困境所以被迫殺人的受暴婦女。她的辯護技巧相當出色，多年來許多女性對她心存感激。但她有時想支持當事人心願，該怎麼說呢？有點越了界限，也可能沒有，也許只有我、H和Q這麼想。我不懷疑格洛麗亞・沃恩的所作所為全是出於好意，但讓當事人穿上粉色系娃娃領毛衣……一有機會就抱抱她們，特別是在陪審團的眼前……唉，這些女人中許多人都有完美的抗辯理由，用不著擁抱和粉紅色毛衣。

安琪拉・布里奇斯對毛衣的依賴會有多深？只有開審後我才能知道，但我可以從數位案件系統的資料先著手。逮捕對伴侶施暴的婦女後，警方應該務必檢查她們自身是否也遭受了傷害，畢竟受暴女人身上很可能會有一些痕跡。所以我在系統中尋找，找到法醫師的報告。安琪拉・布里奇斯有家暴受害者的典型特徵，法醫師發現她的左臂有一連串慢慢消退的瘀痕，左乳房有一道剛要癒合的抓傷，頭部一側發紅，符合最近一次的打擊或掌摑。她勤快的律師已經取得她的家庭醫師紀錄，可以證明醫師有七、八次記錄下她身上出現不明原因的痕跡（在一份聲明中完整列出）。她就醫並非因為這些傷，而是為了其他的病症，被追問時，她推說自己笨手笨腳，自己撞到了東西，她又很容易瘀青。也許她確實這樣，但是這個家庭醫師很謹慎，做了仔細的記錄。因此，到目前為止，一切似乎都非常符合這種案件可怕但常見的情況。

不常見的當然是槍。施暴男人通常死於頭部重擊（例如用沉甸甸的平底鍋）或利器刺傷（像是菜刀），但在布里奇斯家槍也許和其他東西一樣唾手可得。總之，格洛麗亞・沃恩提出的辯詞是「失去控制」（關於這一點，稍後會詳細——非常詳細——說明）。如果一個男人家裡到處放了上膛的槍，還會毆打妻子，他能指望什麼……？這就是辯護書狀的主旨，所有內容都正式上傳到總是非常有用的DCS系統。

所有這些都意味我傾向於同情。

我不該如此。今日我們知道許多受虐婦女在日常生活中忍受著折磨，但身為法官不該有偏見。在一場有陪審團的審判中，根據事實裁決的是陪審員，法官的任務是管理案件，裁定法律問題，確保陪審團能夠完成他們的工作。簡而言之，我不應該有個人觀點，當然也不應該偏袒任何一方。我這個法官該得到一個懲戒。

走進法庭的那一刻，我首度感覺到這個案子並沒有按照我或格洛麗亞・沃恩的預料進行，檢察官賈斯特・芬尼曼（Chester Fenniman）皇家大律師站在他的位置上（啊，對付一個受暴妻子，檢察署拿出重槍厚盾），非常得體的臉孔掛著非常得體的表情。但是，辯護律師的座位卻是明顯空著。另一方面，被告席卻異常繁忙，除了規定的兩名法警、一名被告，沃恩律師也混入進去。天知道是怎麼回事，這違反了所有規定，她卻跑去了那裡。她背對著我，用響亮而急切的聲音對她坐著的當事人耳語，假髮歪了，律師袍飄動，一名法警快速戳她一下，她才知道我來了。她最後搖了搖頭，把假髮扣好，拖著腳步從被告席回到她的座位。芬尼曼檢察官看著她，毫不掩飾他的興味。

我趁機觀察了一下安琪拉・布里奇斯，想猜猜是什麼令格洛麗亞・沃恩侷促不安，不可能是她當事人的衣服，那是沃恩認可的風格，髮型妝容比沃恩的理想顏色要鮮豔一些，但還算合適。她冷靜地坐在被告席上，顯然對於律師的激動情緒無動於衷。但辯方陣營肯定有狀況。

沃恩律師回到座位，「庭上，非常抱歉。」她設法讓自己聽起來好像不覺得抱歉。「我沒有察覺庭上已經進入法庭。」

我能想到很多話來回她，但還是別說得好，所以我只是請書記官對被告進行身分確認。他問被告席上的女人是不是安琪拉・布里奇斯，她說是。這個程序聽起來很愚蠢，但我知道帶錯囚犯進入法庭的事情確實發生過，如果一個人只是被指控賣偷來的襪子，那可不能以殺人罪來審判他。

我無暇細讀這場審判的相關卷宗，但這並不重要，有時最好是讓事實在陪審團面前出現時自己來到你的面前。我會從芬尼曼檢察官的開審陳述聽取檢方的指控，然後聽取呈交的證據。這個案子相對來說比較簡單，用一種比較直接的方式處理可能是最好的方法。瞧，我仍然認為這是一個相對簡單的案子。

我問：「現在可以開始進行陪審團選任了嗎？」

芬尼曼檢察官說：「可以，庭上。」

「沃恩律師？」

她擔心地朝被告席的方向看了一眼，但沒有提出任何異議。面對格洛麗亞・沃恩，這是我所能期望的最好結果，所以我宣布開始選任陪審團。

2

陪審團法警送來十八名候選陪審員，他們魚貫走入法庭，我們展開了熟悉的程序，選出十二個人組成陪審團。過程異常順利。由於審判預計不會超過兩週，陪審員也料到將服務這麼長的時間，所以沒什麼人聲請豁免出任。我很快選妥了十二個人，他們也順利宣誓。七女五男，看起來從容自在，彼此都很友善，不但互相點頭打招呼，他們之間還傳來竊竊私語。目前還無法判斷他們是什麼樣的人，但看起來會是一個有判斷力的團隊，可以好好合作。

我為什麼這樣想？也許是因為他們像是同一類人：藍色牛仔褲、黃褐色長褲、格子上衣、深色毛衣。我觀察他們的不同之處，找找有沒有特別顯眼的人。有個魁梧的男人，坐在重型貨車的駕駛座上也不顯得違和。有個戴粗框眼鏡的女人，看起來不容許胡亂的行為。還有一個男人，穿著深色套頭衫，裡面的花襯衫從脖子和手腕處露出來。種族背景和（根據宣誓判斷）宗教信仰平均分配，那麼，是什麼讓我感到不安呢？我無法立刻確定，但後來我找到了答案。

十八歲到七十五歲的人有資格擔任陪審員，通常我會得到不同年齡層的人，但這裡沒有人看起來超過五十歲，也沒有人小於三十歲。當然，鑑於選任陪審員的隨機制度，這種情況確實偶爾會有。經驗告訴我，陪審團的組合越廣泛，尤其是年齡，越好。但這是我得到的陪審團，他們必須是適合的。況且他們看起來很聰明，甚至展現令人驚訝的獨立精神，讓我的庭務員忙得焦頭爛額：沒收一個偷偷夾帶進來的咖啡杯，斥責一個亂發簡訊的人，命令兩人回到指定的座位，因為他們沒有解釋原因就換位置。然而，當我按照常規指導他們陪審員的行為舉止時，他們似乎很專心。一切一定都會順利。

芬尼曼檢察官起身向我鞠躬，接著轉向他們，所有人都把注意力放在他的身上。他說：「各位陪審員，我現在要向你們作開審陳述，也就是說，我會闡述檢方對被告提出的指控的關鍵，以及你們必須解決的問題。」

這十二個人坐好，好像電視真人秀節目中的觀眾。

「本案涉及查理．布里奇斯的死亡，他四十四歲，死於結縭二十年的妻子安琪拉之手。她殺了他，這一點毫無疑問，他死時，只有她和他在現場，也就是他們共同居住的房子。」

七位女性陪審員身體前傾，他們也許有心理準備要面對一個殺妻的丈夫，但沒有料到會是一個殺夫的妻子。

芬尼曼檢察官說：「她如何殺死查理．布里奇斯，這也是毫無疑問，她的手指扣動一把裝有子彈的槍，射出一顆子彈打中他的頭部。」

七位女性陪審員眨了眨眼睛，就連男性陪審員也帶著一種新的敬意看著安琪拉，而她坐在被告席上，穿著粉色系毛衣，面無表情，謙虛地低著頭。

芬尼曼檢察官給陪審團一點時間打量她，然後繼續說下去。

「我不會向你們謊稱查理．布里奇斯是個好人，因為你們會聽到他不是一個好人。他以前是一個武裝搶劫犯，可能一直都是，但大部分的罪行都沒被抓到。但這個國家的法律保護我們所有人——不管是好人還是壞人。如果我們有誰想過著和平安全的日子，所有人都必須受到這項法律的保護，無論我們會多麼嚴厲譴責查理．布里奇斯的生活方式，我們必須要記住，安琪拉．布里奇斯選擇與他過著同樣的生活二十年，而且從他的犯罪所得中獲益。」

陪審團想了一想，有人做了筆記，又畫了一條線槓掉。

芬尼曼檢察官繼續說：「這對夫婦搬了好幾次家，越住越好，最後搬進埃平森林附近的獨棟房子。我說過了，被告顯然很樂意與查理．布里奇斯在一起，花他搶來的錢，分享他的生活。然而，我們檢方不認為他是一個好人，同樣也不認為他是一個好丈夫。」芬尼曼檢察官停了一下，看著陪審員，一個接著一個看過去，確保他們在聽。「我們不想向你們隱瞞布里奇斯先生可能是一個暴力分子，不僅在他的犯罪生涯中施行暴力，在他的家庭生活中可能也是如此。至少被告聲稱他對她施暴，也許他確實對她施暴。但是，檢方有信心向你們證明，讓你們確信，她謀殺他的行為是一次蓄意、有計畫的謀殺。」

陪審員集體吸了一口氣，他們已經忘了咖啡杯和手機，因為他們忙著形成觀點。當然，他們不該形成觀點，他們連一個字的證據都還沒有聽到呢。但是，這個主題充滿戲劇色彩，一個美麗的女人——起碼是一個有吸引力的女人——一個壞男人，還有一具屍體、一把槍、一個待解之謎。受害者是被告？還是死者呢？

芬尼曼檢察官將陪審團拉回現實。

「那麼，讓我們更詳細地看看在這次審判中將呈現給你們的證據。誰最先知道那所房子裡發生的可怕事件？當天下午三點左右，不止一個鄰居聽到了一聲巨響，但沒有人想到那是槍聲。幾分鐘後，被告打了九九九，那通電話被錄了下來，這種電話都會錄音，你們會聽到錄音，聽到布里奇斯太太泣不成聲地解釋，她和她的丈夫吵了架，他們吵架時，他常常打她，他走過來好像要打她，但這一次他拿著一把槍。她哭著說，她很害怕，所以抓住了槍，試圖把槍口轉開，結果雙方就打了起來，這時槍意外地走火了。你會聽到她乞求趕快派救護車來，否則就來不及了。這是她當時的說法，這也是她被捕後帶到警局接受訊問時重複的口供。很令人難過的故事，不是嗎？」

的確。

「聽起來很像是一場意外的悲劇，不是嗎？」

的確。

「我告訴你們一件事，你們會更相信這是一場意外。那就是那顆致命的子彈取回做了拭子檢測之後，繪製出的ＤＮＡ圖譜與死者吻合，這是一定的，因為子彈穿過他。而且，彈殼上的ＤＮＡ也與他的吻合，而不是與布里奇斯太太的吻合，這個結果當然也支持了她的說法：裝子彈的人是死者，不是她。」

我還不知道芬尼曼檢察官要走向何方，但這是一個風險很高的策略，他像釣手一樣，在我們面前把辯方主張掛在魚線上拋出去，辯方主張沉入水中，繃緊了魚線，他玩弄著魚線，語氣暗示他隨時會告訴我們一些東西，讓魚線斷裂，辯方主張就會沉入水中，消失得無影無蹤。

他說：「多麼令人信服的故事，但只有這樣而已，只是一個故事。檢方會向你證明，布里奇斯夫人整個說辭——對電話接線員的敘述，對警方的詢問，從上到下，從頭到尾，都是一個騙局。一場表演。」

「首先——」他豎起一根食指，表示這只是他論點的開始。「她懇求在來不及之前派救護車，這顯然在騙人，她絕對知道查理·布里奇斯已經死了，絕對知道。天哪——」一個辯護人居然放棄了律師語言。「那人的頭被轟掉了一半，腦漿濺得到處都是。」

「第二——」另一根手指伸出來加入第一根。「控方會傳喚一名彈道專家，證明她說槍是在徒手搏鬥中擊發的說法是假的，這位資格齊全、經驗豐富的專家認為，她的說法與他的科學發現不符。」

我現在以為檢察官會向陪審團說明辯方所找的專家，不同的專家觀點，以及陪審團必須解決的爭議點，但他沒有這麼做。我看著格洛麗亞・沃恩，她正在認真地翻閱筆記，她一定也找了專家來回答檢方的問題吧？我一邊聽著芬尼曼檢察官，一邊開始瀏覽數位案件系統，尋找辯方的專家報告。沒有。

與此同時，芬尼曼檢察官始終繃緊著那條魚線。

他說：「你們會聽取檢方專家的意見，我敢保證，你們會發現他很有說服力，起碼辯方一定會認為他有說服力，因為據我所知，布里奇斯太太一開始以『意外』作為主要辯護理由，但在警局接受問話之後就改變了，現在她會申辯說，由於丈夫過去對她施暴，她只是單純地失去自我控制。如果是這樣的話——」他特別強調了「如果」，「她就有一個辯護的理由，法官在適當的時候會向你們解釋，這是一種可以將殺人罪減輕為過失致死罪的辯護理由，但不能導致完全無罪釋放，然而——」他拍了一下桌子，「檢方認為，本案不存在這樣的『如果』，事實並非如此，這不是一起過失致死案，而是無恥的殺人案。」

3

以殺人罪定罪——芬尼曼檢察官的開審陳述將標準定得非常高，現在的問題是他能否提出與他的開場白相吻合的證據。他很有幹勁地展開了這項任務，當日下午就傳喚了三、四個鄰居。鄰居聽到一聲巨響，以為是摩托車發出逆火聲一類的狀況，其中一人說：「畢竟，在一個夏天午後，你不會想到我們這種優良社區發生了命案。」

芬尼曼檢察官說：「的確如此。」

每個證人都有他們在聚光燈下的十五分鐘，不過沃恩律師沒有試圖質疑他們的證據。這一天以那通九九九求助電話結束，陪審員拿到通話的謄本，不過我們聆聽錄音時，他們並不需要文字。那通電話的聲音十分清晰，如果閉上眼睛，你都可以想像自己就在安琪拉．布里奇斯身邊，嗅著刺鼻的火藥味和鮮血的鐵腥味。她向接線員解釋情況時，聲音充滿了淚水，我聽不出芬尼曼檢察官所聲稱的虛假之處，但我又知道什麼呢？陪審團認真地聽著，通話錄音被播放了兩遍，他們看向被告席，然後看著彼此，但我無法判斷他們在想什麼。

審判的第二天，我們就進入了正題。芬尼曼檢察官傳喚彈道專家特拉弗斯（Travers）先生。我認識他很久了，他從事這項工作多年，我在法庭見過他許多次，他的槍械知識無人能及，他身材矮小，衣領整潔，髮量比我初識他時稀疏了些，但仍有足夠頭髮劃出一條像手術刀般鋒利的分線。他把筆記資料放在證人席檯緣上，宣讀誓詞，接著介紹自己的資歷經驗。他是個沉靜的人，難以想像他在實驗室或測試場面對職業伴隨而來的聲響和氣味。但他顯然有更強硬的一面，帶領我們進入驗屍工作，沒有一絲的厭惡。

他說：「法醫病理師要求我到現場。」

芬尼曼檢察官問：「那種情況常有嗎？」他明知常有。

「哦，常常有。」特拉弗斯先生說：「當然，對於實際的……」他謹慎地猶豫了一下，「實際的解剖，我聽從法醫病理師的意見，但我有興趣看看皮膚表面和灼痕，我對槍擊殘渣也有興趣，我需要了解傷口的路徑才能評估軌跡。」

芬尼曼檢察官不想讓我們一下就吃完所有糖果，他舉起手，特拉弗斯先生順從地停下來。「你看到子彈進入死者體內的位置嗎？」

「不可能沒看到，子彈從前額射入，以大約三十度的角度向下進入他的身體，最後從背部射出。」

「你能告訴我們查理．布里奇斯被槍擊時的姿勢嗎？」芬尼曼檢察官自然非常清楚自己的問題的答案，但他不是證人，不能提供證據。無論如何，緊張的氣氛正在升溫，陪審團盯著特拉弗斯先生，彷彿他來自一個平行宇宙，他們曾經聽說過該宇宙的存在，但直到現在他們才完全相信。

「啊，可以。」特拉弗斯先生說：「死者死前的姿勢，死時的姿勢，我都可以告訴你。」他闔上文件，打開另一份。「我去了現場。」他一絲不苟提供了日期和時間。「你會注意到，這是槍擊發生後的二十八小時內，除了屍體，沒有任何東西移動過。不過犯罪現場指揮官已經標記出重要的特徵，我留意了死者倒下的位置，他身後的牆，他左邊的牆，以及他面前的桌子。我留意了在地板上發現子彈的地方。檢查房間後證實，這顆子彈先從死者背後的牆壁彈開，然後再從他左邊的牆壁彈開。我計算子彈擊中第一面牆的角度，算出的角度是十二度。利用這些資訊，加上在驗屍時的測量和觀察，得出了最後的計算結果。」

「你的計算結果是否提供給了辯方？」

「那是當然。」

「你的計算得出什麼結論？」

「我得出的結論是，死者的頭部低於扣動扳機的手，而且身體前傾，面朝右側。」

「她在他的上方？」

「我不能告訴你開槍者是男是女，我只能告訴你，死者的頭比扣動扳機的手低。」

芬尼曼檢察官對陪審團投以意味深長的眼神，沃恩律師則沒有看向陪審團。

「現在讓我們來想想另一個問題，你能告訴我們，扳機扣動時，槍離查理・布里奇斯的額頭多遠嗎？」

「我不能提供精準的數字，但可以提供一些幫助。槍在現場找到了，所以我知道它的確切尺寸，尤其是槍管長度和槍枝總長。我在驗屍時也發現了射入口周圍有火藥刺青痕，根據所有的資訊，我估計槍管末端離受害者前額大約是十八英寸。」

「不可能更近？」

「絕對不可能更近，倒可能稍遠一點。」

「那麼，開槍者在伸長手臂持槍的情況下，離受害者一定至少有幾英尺遠，而且是槍口朝下對著他的頭部？」

「這是陪審團的問題，但這是科學所指出的。」

「這是否可能是受害者和開槍者之間徒手搏鬥中發生的槍擊？」

「我不這麼認為。」

我們誰也不相信，這怎麼可能呢！

芬尼曼檢察官坐下來，過了一會兒格洛麗亞・沃恩站起來，面對著特拉弗斯先生。她沒有看陪審團，當然也沒有轉頭看她的當事人，她是否有什麼撒手鐧可以揭露特拉弗斯的專家分析中的缺陷？看樣子是沒有。她瞇起眼睛盯著他看了一會兒，但只能說出：「你當時不在現場，怎麼知道那不是意外？」

說完這句話後，她又坐了下來。

我看到陪審團中有兩位女士面面相覷，然後看著被告席上的安琪拉．布里奇斯——今天的毛衣是檸檬黃——最後看著沃恩律師，但她還能問特拉弗斯先生什麼呢？科學畢竟是科學。

我們休息一下，期間我思索了一下目前的情況。格洛麗亞．沃恩找不到人回應特拉弗斯先生，這個事實說明問題重重，如果控方傳喚專家，辯方永遠可以傳喚另一個專家來反駁——**如果**找得到的話。然而，在英國專家證人不歸屬於任何一方，他們的首要職責是向法院負責，只能依據科學替合理的論點背書，不能虛構論點迎合聘請他們的人。看來沃恩律師找不到一個專家來支持槍擊是意外的論點。

我讓此案可能的辯護方式閃過腦海。毫無疑問，被告的手指扣下了扳機，在這種情況下的選項有：

- 意外
- 自衛
- 無殺人或造成真正嚴重身體傷害的意圖
- 減輕責任能力
- 失去控制

只有前兩項才可能有無罪釋放的結果，但很難同時進行這兩項辯護。聲稱被告的手指不小心扣下扳機，恰好與聲稱她為自衛而被迫扣下扳機牴觸，況且，一旦布里奇斯太太拿到了槍，布里奇斯先生就拿不到，布里奇斯太太又怎麼可能有必要對著她丈夫的頭部開槍呢？所以自衛的理由不可能。至於意外……有了特拉弗斯先生的證詞，沃恩律師似乎也不認為她能利用這個辯詞。剩下的三種辯護理由中，每一種充其量只能導致「殺人罪不成立，但過失致死罪成立」的判決。然而，「減輕責任能力」需要精神科醫師的支持證據，顯然辯方沒有彈道學專家，也沒有精神科醫師的證據。我思考了一下「缺乏意圖」，我猜，如果是個性稍微樂天一點的人，可能會朝著一個人的手臂或大腿開槍，但不想對他造成嚴重的傷害，但朝他的眉心開槍，不可能不知道結果會很不妙吧。這麼一來，就只剩下「失去控制」了。

這是受暴妻子的經典辯護理由，長期隱忍，最後被逼得忍無可忍，終於崩潰了。如果是我替布里奇斯太太辯護，那會是我的立場，這顯然也是格洛麗亞．沃恩的立場。但，是被告本人的立場嗎？突然，我想起審判第一個早上目睹的被告席上的爭論，也許不是爭論，因為爭論需要兩個人，而安琪拉．布里奇斯坐著，從頭到腳一動不動。但我現在明白了，當時可能正在討論要對陪審團採用哪一種辯詞。

這就是我們目前的情況嗎？芬尼曼檢察官相信，「意外」的辯護站不住腳……或者裝了太多水，注定會沉下去。沃恩律師同意他，希望改採「失去控制」為辯護理由。但是，不管有沒有特拉弗斯先生，安琪拉．布里奇斯是否堅持她的第一種說法？

她是否想要得到平反，讓監獄的大門為她打開，而她的辯護律師認為她最理想也只能獲得過失致死罪的判決？

過失致死罪判決也值得認真考慮。持槍殺人可能被判處無期徒刑，需服刑約三十年才有機會假釋。在這種情況下，過失致死罪可能只判處不超過十二年的刑期，需服三分之二的刑期，因此，如果有機會獲得過失致死罪判決，等於只要服八年的刑期，何必還要冒著被判殺人罪、服刑三十年的風險呢？當然，除非他們知道那真的是一場意外，除非他們相信陪審團會判斷那是一場意外。回到法庭上，我瞇著眼睛看著安琪拉．布里奇斯，但她對我來說和這個陪審團一樣難以捉摸。

4

現在審判進行得很快，幾乎好像它有自己的動力一樣。下午，法醫病理師告訴我們更多有關屍體的訊息，有人並不想知道那麼多。犯罪現場指揮官說明他在房子找到的證據。但特拉弗斯先生早已搶走了他們的故事風頭。第四天，我們聽到在警局發生的事情，被告告訴問話的警官，那完全是一場意外，她的供詞報告被朗讀給陪審團聽，聽過了特拉弗斯先生的證詞，她的說法顯得很空洞。當然還有法醫師檢查她手臂、胸口和頭部的新舊傷的結果，為了公平起見，檢方必須提交給陪審團。不過賈斯特・芬尼曼在開審陳述中警告過陪審團，降低了這些檢查結果的影響力。總而言之，到午餐時間時，他說：「庭上，控方舉證完畢。」一切在他眼中都條理分明。

我給辯方一個下午的時間來準備。到了週五上午，格洛麗亞・沃恩說：「庭上，我要傳喚被告作證。」安琪拉・布里奇斯今天整整齊齊穿著蘋果綠的衣服，從被告席穿過法庭走上證人席。她戴上眼鏡，以聖經宣誓，微噘起嘴唇，環顧四周，然後轉向她的辯護律師。

「妳還好嗎，布里奇斯太太？」在辯護培訓中，沃恩律師的開場問題不可能推薦給菜鳥律師，但對合適的人，它有設定場景的優點，格洛麗亞・沃恩當然就是合適的人。她這是在對陪審團說：「看，看看我的當事人，穿著蘋果綠毛衣站在那裡，多麼楚楚可憐。」

不過安琪拉・布里奇斯或許沒有讀劇本，因為她只是苦笑著回答：「我已經好多了。」

沃恩律師引導她的當事人回顧這段婚姻，安琪拉・布里奇斯告訴我們，查理出獄後，她以為他不會再犯罪，誤以為他從事資產管理工作。

「這麼說也沒錯啦。」芬尼曼檢察官這句話說得並不小聲。

安琪拉說，很多年後她才察覺真相，那時已經──唉，他畢竟是自己的丈夫，她愛他，而且那時她……她搖搖頭。「我永遠不知道他會抱我還是打我，大家老是說妳為什麼不離開他，但他們不明白，你可以愛一個人，即使他有時對你很殘忍，然後這種殘忍不停累積，你就真的不知道該怎麼辦才好。」

沃恩律師點點頭，似乎她能理解——似乎這如此明顯，我們都應該理解，因為一個人顯然確實可以被這樣壓垮。然而，這裡的問題不是有些女人是否會被壓垮，問題是這個女人是否被壓垮了。如果她被壓垮了，她是否因為自己的遭遇而最後崩潰，失去了自我控制。沃恩律師遲早必須面對這個問題，在我們花了相當長的時間了解這段婚姻的歷史後，她終於開始著手處理了。

她最後說：「那麼，布里奇斯太太，在可怕的最後一天，妳去購物了？」

安琪拉點點頭，從口袋裡掏出手帕拿在手中絞著。「查理的朋友邀我們外出吃飯，他希望我穿……新衣服。我買了一件裙子，我想他會喜歡，本來打算試穿給他看。那時他在客廳，就坐在那裡，手中拿著槍。」

「槍？」

「他用了很多年的那一把，就是他準備去……時的那一把。」

「妳認為他又要去搶劫了？」

「我知道他要去，這是他拿出槍的唯一原因，我叫他別帶，如果他一定要帶，也不要裝子彈。但他不聽，生氣了，然後就打了我。」她把手放在法醫師發現發紅的腦側。「他打了我，然後離開了房間，我聽見他進了餐廳。」

「那槍呢？」

微乎其微的停頓。「我不太記得了，但我想他一定是帶走了。一分鐘後，也許不到一分鐘，他喊我，也許我不該過去找他，也許不去的話，他可能還活著。」她把手帕纏在手指上，咬住嘴唇，停了下來。

格洛麗亞．沃恩說：「鼓起勇敢，布里奇斯太太。」她的語氣讓我替H感到慶幸，還好這個案子不是他審理。「告訴我們接下來發生了什麼。」

安琪拉．布里奇斯抬起頭，眼裡充滿了淚水。「我去找他，以為他會為了打我道歉，他經常這樣。」

「那麼，發生了什麼事？」

她說：「我不知道，我至少知道他拿著槍朝我走過來，也許他只是想拿槍打我，但我以為他要開槍打我，所以我就想辦法抓住槍，我以為……我仍然認為是我們互相搶槍的時候，槍不知怎麼就走火了，但檢方的彈道專家……」

「特拉弗斯先生？」沃恩律師給了提示。

「特拉弗斯先生說不可能是這樣的，所以我不知道該怎麼說，我是真的相信那是我們搶槍時發生的意外。」

沃恩律師給了陪審團一點時間來消化這幾句話，安琪拉．布里奇斯已經獲准提出她勝算渺茫的「意外」辯護——誰能阻止她？現在沃恩律師開始替「失去控制」鋪路了。

她溫和地說：「我們都了解了妳對意外的解釋。」

「不是所有人都了解哦。」芬尼曼檢察官咕噥。

「但是，如果特拉弗斯先生是對的，妳能不能解釋一下，當子彈射出時，槍口怎麼會離妳丈夫大約十八英寸嗎？」

布里奇斯太太搖搖頭。「我沒辦法，我當時非常害怕，真的以為這一次他會殺了我。一切都很模糊，如果我做了什麼……」她深深吸了一口氣。「如果我做了芬尼曼檢察官說的事……如果我拿著槍指著查理，故意對他開槍，那我也不記得了，可能只是因為情況已經演變到我再也無法忍受的地步，而且……」

沃恩律師說：「妳失去了自我控制？」

芬尼曼檢察官厲聲說：「不要引導證人。」

安琪拉．布里奇斯說：「也許就是這樣，也許我失去了自我控制。」

格洛麗亞．沃恩無法再問什麼，便將她寶貴的當事人交給賈斯特．芬尼曼，後者像取得森林狩獵權的獵人接收她，隨著機會的到來，他似乎變得開朗可親些。他是個很出色的辯護人，可憐的安琪拉。

他說：「布里奇斯太太，讓我們從妳的婚姻關係說起。」

「我的什麼？」

「妳告訴我們妳愛妳的丈夫。」

她直視著他，「芬尼曼檢察官，我以前愛他，我現在還是愛著他，我知道你說他是壞人，我知道你很多事情說的是對的，但我比你更了解他。我可以告訴你他有很多優點，他贊助動物慈善機構，他耶誕節期間會送禮物到孤兒院，他捐了兩臺電腦給我們家附近的小學。他是一個武裝搶劫犯，一個虐待妻子的丈夫，但你也必須考慮他這些善行。」

哦，多麼聰慧的布里奇斯太太，賈斯特．芬尼曼覺得措手不及。

而且，她手中還有一張牌。「你懷疑我對查理的愛，這是很殘忍的，你們都太殘忍了，你們沒有給我哀悼他的空間，不要忘了，他是我結婚超過二十年的丈夫。」

我突然想到，在另一個世界，這個女人會成為一個非常厲害的大律師，也許芬尼曼檢察官也這麼認為，他轉變了立場，語氣也變得諷刺起來。

「妳說那是個意外，但如果不是意外，就是妳失去了自我控制。也許妳還想試試另一種辯護？自我防衛好不好？妳喜歡嗎，布里奇斯太太？」

這種言論不符合一位出色辯護人的身分，我只能猜想芬尼曼檢察官已經被她之前聰明的回答打擊了。我正要請他繼續，但她比我們兩人早了一步。

「我不會要求陪審團考慮自我防衛，芬尼曼檢察官，因為這代表我作了一個蓄意、有計畫的決定，殺死我的丈夫，以免他殺了我。我沒有作這種決定，這是否回答了你的問題？」

在她長久的凝視下，芬尼曼檢察官也知道該臉紅。我的眼角餘光是不是看到一個陪審員向她豎起了大拇指？當然沒有，一定是燈光讓我看錯了。

芬尼曼檢察官說：「讓我們直接切入問題的核心吧，讓我們想想妳失去自我控制的這個說法，妳認為是怎麼發生的？」

她說：「我不知道，我非常害怕，查理發脾氣時會變得非常可怕，我想到他所做的一切，他可能會對無辜的人做的一切，他可能會對我做的一切，因為他想再幹一票，我們可能失去一切。如果特拉弗斯先生是對的，槍擊不是意外，那麼也許我確實是突然崩潰了。」

格洛麗亞．沃恩在座位上猛點頭。

證人叛逆地說：「但我記得不是這樣的。」

沃恩律師不再點頭了。

「如果是妳扣了扳機，槍一定是在妳的手中。」

「應該吧。」

「在妳扣動扳機的那一刻，槍口一定對準了查理的頭。」

「一定是如此。」

「妳習慣用槍嗎？拿槍瞄準目標？妳槍法好嗎？」

她說：「你所有的問題，我的答案都是否定，也許這只是一次不走運的射擊。」

芬尼曼檢察官說：「對妳丈夫來說，確實非常不走運，因為妳正中他的眉心，是運氣不好，還是妳瞄得很準呢，布里奇斯太太？」

被告說：「是運氣不好。」

「那麼讓我們來考慮特拉弗斯先生的下一個觀點，妳似乎不但瞄準了受害者最脆弱的地方，而且妳在扣動扳機時處於比他更高的位置。」

沃恩律師起身，氣呼呼地說：「這種說法非常不公平，特拉弗斯先生只是說扣動扳機的手高於額頭，可能——」

芬尼曼檢察官說：「那我換個方法問好了，布里奇斯太太，妳比妳丈夫高還是矮？」

她遲疑了一下才說：「矮。」還沒等他問下一個不可避免的問題，她就補充說：「大約矮了六英寸吧。」

「這麼說，妳拿著槍，妳的手在他的上方，槍指著他，我想妳當時不是站在椅子上吧？」

「當然不是。」

「那麼我們應該想像他在妳面前蜷縮成一團嗎？」

安琪拉說：「你想怎麼想像他，隨便。」然後，她恢復了鎮定。「因為一切不是這樣發生的。」

芬尼曼檢察官給了陪審團一點時間想像他所勾勒出的畫面，然後又無情地繼續說下去。「妳說妳害怕他使用暴力，但如果妳有槍，妳究竟怎麼會認為他能夠傷害妳呢？」

她搖搖頭看著她的律師，彷彿在說：「這就是妳的『失去控制』的偉大辯護理由嗎？」

她轉向陪審團，對他們說：「聽我說，我知道有些跟我一樣被虐待的女人，她們崩潰了，做出了可怕的事，我不知道我是不是也一樣，因為我不記得發生過特拉弗斯先生說的任何事，我相信我和查理為了搶槍時徒手搏鬥，結果槍意外走火了。」

芬尼曼檢察官說：「好，讓我們來想想妳所描述的意外有沒有可能發生。」他用一種非常理性的口吻，採用這種語氣的律師，千萬要當心。「妳進了餐廳，以為妳的丈夫想和妳喝一杯酒——他常常在打妳之後以這種方式道歉。」

「對。」

「看起來這就是他的意圖，因為犯罪現場指揮官事後在地板發現兩個杯子，裡面都有酒精，一個是打碎的威士忌酒杯，另一個是完好無缺的葡萄酒杯。這麼說，妳的丈夫去餐廳拿了一壺威士忌——」

她說：「一瓶。」

「拿了一瓶酒，還拿了一只酒杯，他給自己倒了一杯，然後他拿了一瓶葡萄酒和一只葡萄酒杯，給妳倒了一杯。他的目的是一起喝酒，言歸於好，這兩個杯子可以證明他的意圖。」

她突然靜止不動，她聽得出這段話的意圖，我也能，格洛麗亞．沃恩也能。陪審團還沒抓住重點，但他們隨後就會明白了。

「讓我們想像一下，好嗎？妳的丈夫情緒失控，出手打了妳，他離開房間，恢復了冷靜。他給你們各倒了一杯和解酒，當妳進去時，他把酒杯遞給妳，邀請妳和他一起喝。如果他一隻手拿著威士忌酒杯，另一隻手拿著葡萄酒杯，那麼，布里奇斯太太，他要用哪隻手拿槍呢？」

安琪拉・布里奇斯並沒有垮掉，反而挺直了腰桿，背向賈斯特・芬尼曼，轉而看著她的陪審團，陪審團屏住了呼吸。她花了一點時間讓自己冷靜下來，然後直接對著他們說話。

她說：「我的未來全在你們的手中，你們會做你們認為正確的事，但我只想讓你們知道一點，我把我的一生都給了查理・布里奇斯。他是一個做壞事的壞人，我想我一定是個壞女人，才會讓他做那些事。他傷害我，我卻仍然和他在一起，我想這是我自己的選擇。」她皺起眉頭，似乎無法完全理解自己怎麼作出那樣的選擇。「但我從來沒有贊同他傷害其他人，因為其他人沒有選擇。我只知道他的運氣要用完了，遲早會用那把槍殺了人，我知道這種事遲早會發生，當它發生時，不但我失去一切，那個人也會失去一切，那個人的妻子孩子也會失去一切。查理・布里奇斯死有餘辜，一切都結束了。」

這段話多麼感人，震撼了坐著的陪審團，也讓賈斯特・芬尼曼的下巴都要掉下來。他詰問過數百名的被告，但從未聽過這樣的回答。

他慢慢地說：「布里奇斯太太，妳的意思是，妳殺了妳丈夫，是因為他該死嗎？妳是承認殺了人嗎？」

她從陪審團轉向拷問她的人。「我要是那樣做就太傻了，是不是，芬尼曼檢察官？在徒手搏鬥時，查理中槍了，那是意外。」

5

可憐的沃恩律師，這種情況時不時會發生，被告在證人席失控，說出他們無意說出的事，但覆水難收。我很驚訝這種情況發生在布里奇斯太太身上，因為我認為她有合理的辯護理由，也就是「失去控制」，而且她有足夠的頭腦和冷靜，可以表現得更好——但木已成舟，格洛麗亞．沃恩無法挽回，她盡了力，把布里奇斯太太的家庭醫師提供的資料放在陪審團面前。然後，舉證完畢。

快到週五的三點鐘——才審判的第五天，但不知為何感覺不止過了五天。我宣布休庭，週一上午繼續，屆時我和律師必須查閱法律條文，看看破碎的辯方理由中還有什麼。陪審團將在當天下午兩點回來。

一整個週末，我都在琢磨還有哪些辯護理由有效。法律要求我指導陪審團考慮任何可用的辯護，只要有證據支持，即使辯護理由不大可能，也都是可用的。所有證據中，他們相信哪些，不相信哪些，由陪審團自行決定。經過深思熟慮，我開始草擬一份裁決步驟供陪審團遵循。

殺人罪

在你們宣判布里奇斯太太犯下殺人罪之前，必須問自己以下問題：

步驟1。你確定是她殺害查理．布里奇斯嗎？

- 她承認她開槍打他，而這一槍造成了他的死亡。
- 請到步驟2。

第一步相當簡單，而且毫無爭議。第二步需要更多的思考，涉及了到意外的辯護理由。儘管布里奇斯太太的大律師有更好的觀點，但她自始至終都堅持這個立場。格洛麗亞．沃恩不樂於進行這種辯護的原因是，如果陪審團採納特拉弗斯先生的證據，就排除了意外開槍的可能性，那麼該項抗辯無法成立——至少以安琪拉．布里奇斯描述的方式是如此。然而，陪審團不僅要審酌特拉弗斯先生的證詞，也要審酌所有的證據，包括布里奇斯太太的證詞。由於特拉弗斯先生的專家證據，他們必須判斷不採納她的說法是否安全。這必須由陪審團來決定，不是由我。所以我草擬了第二步。

步驟2。你確定開槍的行為是蓄意的，也就是說不是意外？

●這是爭議的核心，布里奇斯太太說，在與死者徒手搏鬥的過程中，她的手指不小心扣動了扳機。控方依據特拉弗斯先生的專家證據聲稱這是不可能的。

●如果你認為她的開槍行為可能是意外，那麼她無罪，你的審議到此結束。如果你確定開槍行為不是意外，到步驟3。

步驟3是在任何人被判殺人罪之前更直接和熟悉的階段。

步驟3。你確定被告向布里奇斯先生開槍時，是想殺死他，還是至少想對他造成嚴重身體傷害？

●如果你不確定，但確定她有意傷害他（不是真正的嚴重身體傷害），她犯的不是殺人罪，而是「過失致死罪」。你的審議到此結束。

●然而，如果你確定她故意朝布里奇斯先生開槍，打算殺死他或至少對他造成嚴重傷害……

寫到這裡，我停了一下。到底要不要把「失去控制」辯護留給陪審團考慮？如果不留，上面的句子會以「她犯了殺人罪」作結。如果留，我必須告訴陪審團現在要考慮最後一個辯護理由——「失去控制」。與任何辯護一樣，我必須問自己的問題是，是否有證據證明這個理由。「失去控制」的證據是什麼？沃恩律師的期待不能代替證據的存在，有證據就有證據，沒證據就沒證據，如果有，即使我不喜歡起草這個指引——對任何陪審團來說，都是最長、最複雜和最不容易理解的指引——它也不會因此不成立。英國議會通過這樣的立法，說明它對英國初等教育制度有很大的信心。最後，我決定為這個辯護理由起草指引，在週一上午與辯護律師討論。因此，我列出了以下幾點：

你現在應該考慮「失去控制」的最後辯護。這個辯護理由適用於以下情況：

1. 被告失去自我控制，即失去根據深思熟慮的判斷而維持行為的能力，或失去正常的推理能力。

● 這涉及對她的內心想法的主觀審查。

● 在考慮這一點時，你有權考慮以下因素：

○ 你可以考慮她和查理・布里奇斯在他們關係中和那最後一天發生的事

○ 你可以考慮你認為他們之間發生的任何事情與謀殺之間的時間間隔

○ 其他相關情況

● 如果你確定她沒有失去自我控制能力，她就犯了殺人罪，你的審議到此為止。然而，如果你認為她已經或可能已經失去了自我控制能力，請至段落2。

2. 考慮她失去控制的觸發原因是否為她害怕查理．布里奇斯的嚴重暴力行為。

● 在評估這一點時，應該考慮她的心理狀態，以及所有槍擊相關情況，包括導致槍擊的歷史。

● 問問自己，即使她錯誤地感到恐懼，她的恐懼是否是真實的。她的說法是，他用一把裝了子彈的槍指著她，控方的說法是，沒有這樣的事。

● 如果你確定觸發原因不適用，她犯了殺人罪，你的審議到此為止。但是，如果你認為觸發原因適用或可能適用，請至段落3。

3. 考慮一個在她的年齡、性別、具有正常忍受力和自我克制的人，在相同處境下，是否會作出與她相同或類似的反應。

● 你應該在她的主觀立場上加上客觀的測試，問問她這樣的年齡、性別和處境的普通人會有怎樣的行為。

● 除了那些只與減少她自我克制有關的情況，你也應該考慮到她的所有情況，因為法律不允任何人因為說「我的脾氣特別暴躁」或「特別容易失去自我控制」

就得以「逍遙法外」。你應該忽略可能降低她自我克制能力的事，然而，如果你發現它們有其他關聯性，就應該考慮它們。

● 如果你確信被告這樣的年齡性別，並具有正常忍受力和自我克制的人，在她的處境下（不包括那些唯一的作用是降低她自我克制的情況），不會做出與她相同或類似的反應，那麼辯護失敗，她犯了殺人罪。如果你不確定，她犯的不是殺人罪，而是「失去控制造成過失致死罪」。

如果我以這種形式給陪審團指引，代表只有一條路線可以判定殺人罪，也就是走過路線圖的每一個步驟，旅程漫長而曲折。但有兩條不同的路線可以判定過失致死罪，也就是「缺乏意圖」或「失去控制」。

週一，我帶著指引回到法庭。

我問辯護律師：「怎麼樣？我是否要把『意外』和『失去控制』兩個爭議點留給陪審團考慮？」

芬尼曼檢察官說：「妳必須留下意外，因為被告把它當成她的主要辯護，雖然根據沒人質疑——不，我可以說是無法質疑的科學根據，那似乎是不可能的，不過控方同意那是陪審團要考慮的事。」

芬尼曼檢察官這麼說並非是慷慨大方，只是他對法律採取了純粹主義的觀點。此外，他知道他不必擔心這個辯護理由，因為他說得對，沒有人會對特拉弗斯先生的科學解釋提出質疑。他是對的。沃恩律師也說「意外」必須留給陪審團考慮，但她也說辯護的真正核心必須是「失去控制」。

我問：「這一點的證據在哪裡？被告並沒有說過她失去自我控制能力。」

沃恩律師說：「她說她可能有，這就足以提出這個辯護理由，就由控方來證明她沒有。」

她說得對，但她還沒有說完。

「而庭上還問證據在哪裡！」她話音落下，但驚嘆號懸在空中。沃恩律師已經進入慷慨激昂模式，對於脆弱體質的Q來說，他沒有主審這個案子真的很幸運。「難道我們沒有聽說過家暴的悠久歷史嗎？」她喊道。「難道我們沒有看到頭部、胸口和手臂上的傷痕？這些傷痕顯然新舊不一，說明虐待還在繼續。再加上她的家庭醫師提供的證據，任何陪審團都有權考慮，在這種累積的壓力下，一把裝了子彈的槍對著她，是否導致她的崩潰，做出她本來不會做的事。」

我轉向芬尼曼檢察官。他想了想，他是一位經驗豐富且通常行事公正的檢察官，最後他說：「檢方認為，死者從未以被告所描述的方式拿槍指著她，但如果陪審團認為他做了，或是可能這麼做了，我同意『失去控制』屬於他們的考慮範圍。」

我也同意。根據現有的證據，兩個辯護理由都站不住腳，但都必須留給陪審團考慮。安琪拉．布里奇斯起碼應該得到這個機會。

所以下午兩點，當陪審團回來時，芬尼曼檢察官對他們作了結案陳詞。他一磚一瓦，有條不紊，列出了他的證據，他的辯詞強而有力。他說完後，輪到沃恩律師，她義憤填膺為各地受暴婦女提出懇求，描繪一幅可怕的畫面：恐懼累積了數月或數年之久，當受虐者再無法承受這種壓力，啪，崩潰了，她轉向施虐者，殺死了他。她表現得非常好，盡力了。現在該由我來總結了。

我從我起草的裁決步驟開始。一看到複雜的步驟，陪審團眉頭深鎖，眨了眨眼。我也一樣。我指出，對他們來說，有一條路徑可以作出殺人罪裁決，有兩條不同路徑作出過失致死罪的裁決——「缺乏造成真正嚴重傷害的意圖」和「失去控制」。我向他們解釋，如果他們的判決是過失致死罪，他們不會被問及他們的裁決是「缺乏意圖的過失致死罪」還是「失去控制的過失致死罪」，所以在這一點他們不需要達成一致的意見，只要每個人根據自己的誓言，同意她犯下過失致死罪就足夠了。

我給他們進一步的法律指引，接著概述了證據的核心特徵。我強調這只是一個概述，因此我不得不挑選資料，但重要的是他們對證據的看法，而不是我。

星期二上午，我完成了我的工作，他們的工作則即將展開。我給他們最後說了幾句話，告訴他們必須合作，彙整他們的想法，尊重彼此的觀點。我指示他們選出一個主席主持討論，誰都可以，然後在適當的時候作出裁決。我指出，主席不比其他人更具權威，但他有責任確保每個人的聲音都能被聽到，並確保討論維持在正軌。我告訴他們：「你們要根據事實作出裁斷，將你們的裁斷應用於我給你們的法律，這樣你們就可以信守在審判開始時所作的承諾，根據證據，作出真正的裁決。」

然後，他們就離開了。

6

在接下來的日子裡，不管需要多長時間，他們都會在評議室工作，檢查證據，判斷證據的含義，看看證據會引導他們到什麼地方。我可能會收到要求澄清法律或提醒某個證據的字條，但除此之外，審判的這一部分完全掌握在他們手中。

你永遠不知道陪審團會花多長時間來思考裁決，而這一個陪審團有很多東西需要考慮。所有法官都不喜歡給予「失去控制」的指引，因為太過複雜。我想這會讓他們忙上好一陣子，所以我靜下心來等待，把時間花在考慮可能的判決上。

與以往一樣，判殺人罪比判過失致死罪容易許多，殺人罪只有一種刑罰，就是無期徒刑。接下來的任務，是找到囚犯向假釋委員會申請假釋前必須服的最低刑期。如果布里奇斯太太拿煎鍋砸她丈夫的頭，刑期的量刑起點是十五年，但使用槍枝，起點則提高到三十年[63]。當然，起點不是終點，殺人永遠是令人髮指的罪行，不僅對受害者，對受害者的家庭和更廣泛的社會，都有不可逆轉的影響。但從某種意義上說，安琪拉·布里奇斯是受害者家屬，而我想我們可以說更廣泛的社會也不太會緬懷查理·布里奇斯。我的難題是把案子放在哪個科刑區間。當然，陪審團總有可能判她過失致死罪，如果如此，量刑就不同了，過失致死罪有兩種形式，取決於此案適用哪一種[64]。

將近傍晚時，庭務員來敲我的門，我還在想各種的量刑。

「法官，陪審團字條。」她把一張折疊起來的紙遞給我。

我接過來，以為他們要問法律或證據方面的問題，或要求提前回家，或要求把暖氣調高或調低。我沒有料到會看到什麼，由於完全沒有期待，我必須讀兩遍才能看懂。但是它來了：「我們已經達成了一致的裁決。」

短短四個小時，他們必須經歷各種步驟，我無法想像他們如何公正地考慮布里奇斯太太的案子，但沒有人會質疑他們，任何人都不應該質疑陪審團的審議，因為這樣做屬於犯罪[65]。

「重新開庭。」我吩咐庭務員：「請律師下來，帶被告上來，要宣判了。」

十分鐘內我就回到了法庭，兩位大律師坐在我面前，被告在被告席，媒體堵在門口，其他聽到判決風聲的人也陸續進入旁聽席。一陣低沉的嗡嗡聲，好像有一顆燈泡不開心，當陪審團被帶回法庭時，聲音突然停止。主席（原來是粗框眼鏡夫人）在陪審席中最靠法官的傳統座位坐下，書記官站起身來，請被告和主席都起立。

書記官說：「主席女士，關於這起公訴案，你們達成了一致的裁決了嗎？」

「達成了。」

「主席女士，關於被告安琪拉．布里奇斯的殺人罪……」

在被告席上，安琪拉．布里奇斯直視著陪審團，表情讓人看不懂。芬尼曼檢察官禮貌地凝視著中間的距離，沃恩律師則望著下方，為自己打氣。每一個辯護過殺人案的人都知道她可能在想什麼，她為案子付出了很多努力，從不相信她能贏得徹底的無罪釋放，但她真心希望結果是過失致死，而判決來得如此之快，她懷疑陪審團是否好好考慮過她的辯護。對她來說，這很教人失望，對她的當事人來說，這是慘敗，當然她的當事人是一個受暴的妻子，而且——

「……你們裁決成立還是不成立？」

主席說：「不成立。」

芬尼曼檢察官小心掩飾了必然是苦澀失望的情緒，沃恩律師則鼓起勇氣抬起頭，挺直腰板，堅定地點點頭，她的當事人當然沒有犯下殺人罪。安琪拉繼續盯著陪審團。

63. 原註：請參閱附錄O。

64. 原註：請參閱附錄P。

65. 原註：一九七四年《陪審團法》（Juries Act 1974）第20D條規定，任何人故意（a）披露陪審團成員在法庭訴訟程序審議過程中所作的陳述、表達之意見、提出之論點或投票情況，或（b）徵求或獲取此類資訊，均屬刑事犯罪，但第20E至20G條的例外情況除外。

書記官現在要問第二個問題：「陪審團，你們認為被告的過失致死罪成立還是不成立？」

這一次，粗框眼鏡夫人轉身向被告席，露出笑容說：「不成立。」

書記官說：「你們裁決被告無罪。」好像她和我們一樣都不相信她所聽到的。

主席堅定地說：「沒錯。」

「這是你們所有人的裁決嗎？」

「是的。」

只有安琪拉·布里奇斯沒有透出一絲的驚訝。

7

回到辦公室，大量的文件資料還攤在桌上。二〇二〇年《量刑法》附表二十一（Act 2020 schedule 21），使用槍枝殺人案的量刑；量刑委員會對殺人罪的明確準則；二〇〇九年《死因裁判官及司法法》第54條（Coroners and Justice Act 2009 section 54），「失去控制」辯護之規定——這些都在嘲笑我。我不知道我是沮喪，還是感到鼓舞。對安琪拉·布里奇斯來說，這顯然是一個美好的結果，但對正義這代表了什麼呢？陪審團能夠得出這個裁決，唯一正當的方式就是同意「意外」的辯護。而裁定是意外或可能是意外，則代表了他們認為可憐的特拉弗斯先生那未受質疑的證據不可靠。我一點也不相信他們這麼認為，我非常確定，他們的想法是：「你缺乏意圖、你失去控制，以及你沒完沒了地草擬的沒完沒了的法律煩死人了……這是一個該死的男人，還有一個值得重獲新生的女人。」如果這是書本中的故事，我可能會發出歡呼，但在現實世界中，如果人們藐視法律，將自己的是非觀強加於人，這代表什麼呢？因為這似乎就是安琪拉．布里奇斯和她的陪審團所做的。

下樓喝茶時，我的心情焦慮不安。在我身為大律師和法官的整個職業生涯中，我所信仰的體系的中心暴露出一個大漏洞，我的情緒一定寫在臉上，因為當我走進法官餐廳，有人低聲表示關切，為我倒好茶，讓我挑選餅乾。我解釋所發生的事情時，我得到了各種不同的看法。

S說：「妳可以這麼想，如果一個受暴婦女因為遭受虐待而崩潰，失去控制，這就是她殺人罪的辯護理由。如果她被虐待但沒有崩潰，她就沒有辯護理由，儘管她和施暴者的行為是一樣的。錯的也許是法律，而不是陪審團。」

H的觀點更強硬，他說：「如果一場意外和一場殺人案之間的距離只有十八英寸，也許這並不重要。」

但我們都不相信這些，因為我們都相信法治，法治沒有「他活該」這個辯護。不能任由人到處殺人，就因為他們認為別人不配活著，如果他們這麼做，整個體系會瓦解，社會會陷入混亂。這是老貝利法官的信念，熱切抱持的信念，而這個信念的基礎是，我們可以信任陪審員，他們遵循法律指引，根據證據，作出真正的裁決。

我問S：「你怎麼看？」這個理智的仲裁者停了一會兒，然後說：「跟我來。」

「去哪裡？」H問，他還沒有喝完他的茶。

但是S走出了門，我們乖乖跟在他後面。他帶我們下樓，穿過把法官的私人區域和公共區域分開的門。幸好，大多數人都已經下班了，沒有人注意到我們經過。

S帶我們從中央刑事法院明亮現代的一側，進入二十世紀初所建造的那一區。這裡陰涼昏暗，一樓大廳有間色調柔和的大理石書房，外面是第十七、第十八和第十九號法庭。天花板較低，呈圓拱形，立柱和壁柱給人一種與世隔絕的感覺。S帶我們走到盡頭，牆上有一塊牌匾，紀念一六七〇年在老貝利進行的一場審判。

威廉·佩恩（William Penn，賓夕法尼亞殖民地就是以他的名字命名）和他的貴格會教友威廉·米德（William Mead）因為在街上非法傳教，引來一群喧鬧的人跟在後頭，所以在法庭受審。這塊牌匾不是紀念這兩位威廉，而是讚頌審判他們的陪審團的勇氣和毅力。因為士兵鎖上了會議廳的大門，所以在街上布道，陪審團認為這種行為難以接受，但要把敬畏上帝的貴格會成員貼上騷亂的標籤，他們又絕對不肯。在那段遙遠的日子，法官認為沒有合適宣告無罪的途徑，當陪審團作出「無罪」裁決時，他要他們重新考慮。陪審團堅持自己的觀點，法官就把他們關了兩天，不給食物和水。陪審團仍然沒有動搖，最後，法官對他們處以罰款。在首席大法官的介入下，陪審團有權「根據自己的信念」作出裁決，這才解決了這件事。

S說：「你們明白我的意思了吧。」

我們明白了。陪審團的無罪判決不能上訴，如果法官誤判了法律，有罪的判決可能會被推翻，但無罪裁決神聖不可侵犯，因為陪審團是神聖不可侵犯。

「這種例子不勝枚舉。」H說出了我們都不願去想的那個想法。

S微微噘嘴說：「這麼多年來，很少有陪審團會濫用這個權力，但陪審團不顧證據作出裁決的權力仍然存在，想想克萊夫・龐廷（Clive Ponting），想想邁克爾・蘭德爾（Michael Randle）和派特・波特（Pat Pottle）。」

我們確實記得他們。

一九八五年，身為公務員的龐廷，被指控洩漏福克蘭戰爭（Falklands War）[66]期間阿根廷軍艦貝爾格拉諾將軍號沉沒事件的機密文件。他坦承不諱，聲稱是為了公共利益，因為這些文件顯示當權者對事實說了謊話，貝爾格拉諾號（General Belgrano）被擊中時，其實正在駛離皇家海軍特遣部隊。法官裁定在法律上無辯護理由，陪審團則宣布無罪釋放。

66. 指一九八二年四月到六月間，英國和阿根廷為爭奪福克蘭群島的主權而爆發的一場局部戰爭。

一九六六年，蘭德爾和波特幫助喬治・布萊克（George Blake）離開苦艾監獄（Wormwood Scrubs，布萊克因向俄國人洩漏機密，判處在該監獄服刑四十二年）。一九九〇年，他們愚蠢地在一本書中說明他們協助逃獄的經過，一九九一年為他們承認的罪行在老貝利受審。他們辯護說，雖然他們絕不姑息布萊克為任何一方從事間諜活動，但四十二年的刑期既不人道又偽善，因此他們違法並沒有錯。法官駁回他們的辯護，陪審團則宣判無罪。

S說：「所以，你們看，罔顧事實的裁決有一段崇高的歷史。」

二〇〇一年，上訴法院法官奧德（Auld）審查英國刑事法庭，在檢討報告中提出一個結論：雖然罔顧事實的裁決長期以來是英國陪審團制度的公認特徵，被視為防止國家壓迫的有效手段，但完全是錯誤的。他說，一個選擇任性固執行事的陪審員，違背了他的承諾，沒有根據證據作出真正的裁決。他稱這種罔顧事實的裁決是「對法律程序的公然侮辱」，他說不應該用他們對法律適當性的看法替代議會的立法意圖，也不應該用他們對執法機構的看法替代其委任的執行。他建議「應宣布法律，陪審團無權在違抗法律或無視證據的情況下裁決被告無罪。」[67]這是奧德大法官說的話，但是，所有法官都有離開的一天，奧德大法官也不例外，而罔顧事實的裁決繼續出現[68]，陪審員（這個國家隨機抽選的人民）仍然保有最終的權力，宣布他們認為正確的裁決。

結語

今天，在英國某地將發生一起命案，很可能不止一起。日復一日，月復一月，屍體不斷累積。每年，我們身邊有數百人被與他們同住的人非法殺害。

上述故事中每一個做錯事的人，無疑都選擇了行動，必須為自己的選擇負起責任，畢竟**總是**有選擇的餘地。但是，如果我們認為事情就到此為止，我們不單愚蠢，而且蠢到邪惡的地步，我們不單盲目，還對顯而易見的事情故意視而不見。做錯事的人不會平白無故出現，他們在這樣或那樣的社會中成長，他們是誰，除了由他們的能力決定，也受到他們的經歷影響。大多數上法庭的人，在童年和青少年時期都有過特別艱苦的經驗。

在某些情況下，如果我們誠實一點，我們必須承認是我們允許他們成為他們現在的樣子。當然，每個人都不相同，沒有兩個人的起點是一樣的，他們的結局也不會一樣。但可以肯定的是，每個人都有權利享受相同的機會，如果我們想要清除目前充斥

67. 原註：參見The Auld Report（2001）。
68. 原註：參見附錄Q。

法庭的這些罪行，應該要想一想這一點，畢竟，如果大量年輕人對社會感到不滿，所以制定自己的生活規則，我們也不該感到驚訝。如果精神疾病讓許多人變得不堪一擊，那麼會有更多人成為犯罪的受害者和加害者。網路讓對兒童有變態性想法的人進入兒童的臥室，人們互相跟蹤，毒品交易不僅摧毀生命，更滋生暴力。

一天又一天，被告一個接著一個，案件一樁接著一樁，每一樁都有受害者。或是生命喪失，或是無法挽回的傷害，家庭永遠改變，友人心頭留下不可磨滅的傷痕。對於捲入其中的人來說，每一場悲劇完全都是個人的，都是獨一無二的，但每一場悲劇都是在同樣的法庭環境下展開，依據同樣的法律，遵守同樣的規則。

誰制定這些規則？答案是**我們**。每個社會有自己的法律，這些法律有相同的最基本原則，無論是獨裁、民主還是神權政治，古往今來，大多數社會有著相同的基本需求。只要有分歧，那麼就會衍生需求，逐漸變得不同。刻寫在西奈石板上的「不可殺人」和「不可偷竊」，仍舊是現代社會平穩運行的核心概念，「不可姦淫」和「應孝敬父母」，則成為了道德問題，與犯罪無關，「守安息日為聖日」，這句話現今被廣泛認為不再具有法律或道德的效力。[69]

如今，我們的法律主要由我們賦予治理權力的人制定，雖然我們仍然是一個普通法的司法管轄區，但刑法主要由議會制定，法規比以往更厚，立法比以往更快，規定了哪些行為是禁止的，哪些刑罰是可用的，哪些證據規則是適用的。如果監獄的人數和服刑時間呈指數級增長（從一九九〇年至二〇一七年，監獄人口增加了一倍），那是我們選出的人所採取的行動，以及在立法基礎上制定的量刑準則的結果。

那些優秀的頭腦試圖制定適當的規則，讓我們過上美好的生活……詢問我們是否做錯了，似乎有些冒昧，但我們肯定做錯了什麼，否則怎麼會有「一天又一天，被告一個接著一個，受害人一位接著一位。」所以，在你我分道揚鑣之前，讓我們思考一下這個問題吧。

我想，什麼是對，什麼是錯，取決於我們想要實現的目標。當然，我們希望禁止對社會造成嚴重破壞的行為和疏忽，所以這些行為和疏忽必須被貼上犯罪的標籤。到目前為止，一切都還好。然後，在確定這些罪行之後，我們希望阻止人犯下這些罪行，而我們似乎正是在這一點上迷失了方向。過去，我們懲罰不法分子，因為懲罰是他們罪有應得。然後，我們懲罰他們，是為了阻止他們（和其他人）進一步犯錯。近年，我們接受了矯治（rehabilitation）概念，即如果我們向做出犯罪行為的人指出他們的錯誤，就能幫助他們走上正確的道路。當這種方法失效時，我們舉手投降說：「好吧，如果他們不改過自新，也不被懲罰所威懾，我們就把他們關起來，這樣社會就不會受到他們的傷害。」一切都非常合乎邏輯，但是——問題就在

69. 這幾句話出於猶太教和基督教的「十誡」，相傳是上帝在西奈山上授予摩西。

這裡——它不起作用。它沒有阻止犯罪，甚至沒有減少犯罪。我們現在的情況是，我們的監獄無法收容所有根據我們制定的法律該要坐牢的人。因此，也許是時候退後一步，重新想一想了。

我有個想法。如果我們想做的是阻止犯罪，也許上述邏輯存在著一個根本的缺陷——因為所有方式都在犯罪行為發生之後才能實施，只有在犯罪發生後，受害者承受犯罪後果後，罪犯做出無法挽回的事情後，才接受矯治、承受懲罰或遭社會排斥。當然，我並不是要反對矯治和／或懲罰的必要，但我確實想知道我們如何發展成這樣一個社會，在這個社會中，這麼多年輕人在成長過程中一開始就準備要冒犯社會。也許我們應該先問問：人到底為什麼要犯罪？

你可能會說，最明顯的答案是：有些人貪婪、狡詐、憤懣、報復心強，想使用暴力得到自己想要的。但這些其實都不是答案。一個人可能具備上述某種或全部的特質，卻也沒有犯罪，很多人都沒有犯罪。犯罪之所以發生，是因為當一個人面對著可以偷竊、詐騙、販毒、逞兇鬥狠、出手傷人或傷人性命的情況時，犯罪者選擇了這樣做，其他人不會，這是為什麼呢？情況提供了犯罪的機會，我們不必抓住這個機會，但犯罪者偏要，於是犯罪的念頭出現了，他不必實踐這個念頭，但他實踐了。幾乎所有犯罪者犯罪都是出於自己的選擇，這個選擇可能是計畫好的，也可能是一時興起，但終究是自己的選擇。那麼，為什麼有些人選擇犯罪，有人卻不會呢？

刀械、毒品、幫派……任何新鮮奇妙、表面光鮮的事物都有磁力，能吸引人。當然，不成熟的大腦更難作出最好的決定，所以年輕人特別容易作出錯誤的選擇。當然，有一些人的精神特質或癮頭使他們更容易作出錯誤的選擇。但是，無論一個人日子過得多好或多差，對每一個犯罪者來說，選擇都在他們自己的手中，社會沒有責任為他們作出選擇。但是——這是一個很重要的「但是」——也許社會的責任**應該是**讓他們有能力為自己作出正確的選擇。目前我們制定法律，有人違反法律，我們就推出一套複雜的制度，皺眉、嘆息、搖手指、矯治或懲罰犯罪者。但是，如果我們在他們違法**以前**，幫助他們不要違法，也許成效會更佳。

我還有另一個想法。幾乎所有的社會都發現，制定規則既能讓每個人能做自己想做的事，也能讓其他人有同樣機會做他們想做的事，換言之，就是在權利與責任之間取得平衡——這才是人類最好的生存之道。如果人人都想從社會這個大鍋子中撈出什麼，就必須人人都給鍋子添點東西，否則鍋子是空的，沒有人能夠得到好處。一旦意識到這個觀點，這個觀點也就不難理解，一旦我們意識到每個人都需要學習這一課，這也不會是難教的一課。但是，只有能夠從中受益，我們才會願意加入一件事，目前有太多人認為，加入我們的社會體系對自己沒有好處，他們認為好處只有某些人有，不是所有人，不是他們。他們覺得我們的社會只會對他們不利，所以選擇加入另一個的社會，一個不同的部落，如街頭幫派、毒品販子等。

如果我們把這兩個簡單的想法放在一起，試著採取行動，會發生什麼？如果每個孩子從小就覺得加入我們的社會體系，遵守規則，才能做到最好，成為他們想成為的人，那會怎樣呢？如果每個孩子都有相同機會作出正確的選擇呢？如果我們承認，一個孩子餓著肚子上學，被欺凌、被輕視、被性虐待或因家庭暴力而受創，他的人生機會就與其他孩子不同，那會怎麼樣呢？如果我們真的為此做些什麼，那會怎麼樣呢？也許，我們不應該為我們的刑事司法系統的卓越表現拍手叫好，而是應該接受一個事實：任何犯罪行為的發生都是一種標誌，表明在某個地方，以某種方式，我們失敗了。

我們永遠無法阻止所有人犯罪，但我們絕對可以把孩子送到學校，相信老師不會虐待另一個像露絲的孩子而不被發現。當然，我們也可以建立和資助精神健康服務，那麼像喬伊和約書亞這樣的人就不會死去。如果我們能讓一個要伸手拿刀的男孩停下來想一想，意識到拿起刀的後果，如果我們能讓他選擇不拿，那麼我們就有了一些成果。如果有一個年輕人睜大眼睛，發現跟街頭幫派為伍是往死胡同走，決定轉身離開，那麼我們就取得了更豐碩的成果。如果我們能讓一個渴望鈔票的年輕人明白，在一個非建立於吸毒者痛苦和墮落的基礎的行業，他也能有所作為，他有其他選擇、其他出路，那麼我們可謂是成績斐然。因為所有潛在罪犯者如果暫停思考，改變心意，我們可以讓他們免於浪費生命，讓受害者不用痛不欲生，讓社會省下龐大的經濟成本，為每個人創造更美好更康樂的生活。何樂不為呢？

附錄

附錄A

這算是一份我為本案事實量身而寫的文件，提供陪審團在審議過程中參考。我要求他們按照這些步驟依序作出裁決，每一個步驟都有一系列要點引導他們完成該步驟。

裁決步驟

遵循以下步驟，分別處理每個被告：

1. 你確定你所考慮的被告就是持刀行兇者嗎？
- 如果你不確定他是持刀行兇者，前往步驟2。
- 如果你確定他就是持刀行兇者，前往步驟3。

2. 你確定他參與持刀行兇，即故意協助或鼓勵行兇者，例如在場或擔任逃逸駕駛提供支持？

- 如果你不確定這一點，他就無罪。
- 如果你確定這一點，前往步驟4。

3. 至於持刀行兇者，你確定在他行兇時打算殺死但以理，或至少讓他受到嚴重身體傷害嗎？

- 如果你確定這一點，他犯了殺人罪。
- 如果你不確定這一點，但確定他有意造成一些（不大嚴重的）傷害，那麼他不是犯殺人罪，而是犯了過失致死罪。

4. 至於以上述方式參與持刀行兇的人，你確定他和行兇者意圖一致嗎？

- 如果你判定持刀行兇者犯下殺人罪，你確定幫助犯也有意殺死但以理或者使他造成嚴重身體傷害嗎？
- 如果你確定這一點，他也犯了殺人罪。
- 如果你不確定這一點，但確定他打算讓但以理受到一些（不大嚴重的）傷害，那麼他不是犯殺人罪，而是犯了過失致死罪。如果你不確定他打算讓但以理受到任何傷害，他就無罪。

● 如果你判定持刀行兇者犯下過失致死罪，你是否確定幫助犯打算讓但以理至少受到一些傷害？

● 如果是這樣，他也犯了過失致死罪。

● 如果你不確定他有意讓但以理受到任何傷害，他就無罪。

附錄 B

這是我在法庭上宣判這些被告時會說的話。

中央刑事法庭判決

女王訴米煞、亞伯尼歌

量刑評述

引言

3. 米煞，你殺害但以理．德文，我必須判處你；亞伯尼歌，我則要判你誤殺他。你們殺害他時，他才十五歲。這幾句簡單的話背後藏著非常可怕的事實。

事實

2. 米煞和但以理以前是朋友，我沒有聽到他們友誼結束的真正原因，但米煞似乎對但以理做的一些事情感到不悅，拒絕或無法釋放他的怒氣。他放不下他所認為的委屈，決定報復。他拉了他的朋友亞伯尼歌一起犯罪，並試圖把另一個年輕人也拉進去。他計畫了攻擊行動，攜帶武器，安排交通工具，好神不知鬼不覺地到達和離開。他找到但以理，追到沒有人可以幫助他，也沒有出路的小巷。他朝但以理的胸部刺了三刀，刺得非常用力，所以刺穿他的衣物、皮膚、脂肪、肌肉和心臟。他絕對有殺人的意圖。

影響

3. 我已經閱讀了但以理的家人朋友所寫的感人聲明，了解到他的去世對他們所造成的影響，而且銘記在心。我天天看到他的母親和外婆，以尊嚴的態度面對她們的痛苦。我很同情她們，因為她們在審判期間一直坐在那裡，看著米煞自私地努力推卸責任，他顯然無法理解他所造成的不可彌補的傷害。我沒有從他口中聽到任何悔恨之詞，他也沒有作任何解釋來減輕失去親人者的痛苦。

米煞

4. 米煞，殺人罪只有一種判決，對於你這個年紀的人來說，判決叫「在女王陛下的悅納下拘留」，也就是終身監禁。你從今天開始服刑，可能永遠不會獲釋，如果你被釋放了，永遠有可能再度入獄。只有在假釋委員會認為對公眾安全的情況下，你才會被釋放。我現在的任務是決定你向假釋委員會申請假釋前必須服刑的最短時間。

5. 對於未滿十八歲的被告，量刑起點一向是十二年，接著我必須反映出持刀殺人的情況，對於一個成年人來說，這個因素讓量刑起點提高的幅度是三分之二，即使我採用一個較小的增幅，也必須得出一個不少於十八年的數字。然後，法律要求我審酌哪些因素會加重和減輕你的犯罪案件。

6. 我發現的加重事由有：

（i）這起謀殺經過精心策劃。

（ii）你曾多次違反法律，雖然沒有像這次這麼嚴重。

（iii）我注意到這起殺人案的可怕影響。

綜合這些要素，你在申請假釋前必須服的刑期增加到二十一年。

7. 至於減輕事由，唯一相關要素是你的年齡。當然，這已經反映在十二年的量刑起點上；然而，這個起點適用於十七歲以下的所有青少年。你犯案時才十五歲，十五歲和十七歲是很大的差別，因為在這個時期大腦仍在發育，判斷力、自我約束和理解能力遠遠不夠完善。我充分重視這一點，認為這一點足以抵消加重事由。

8. 因此，米煞，法庭判你在女王陛下的悅納下拘留，你至少得服刑十七年才能申請假釋，你已經被拘留的時間會列入計算，所以我會減去你已經服刑的兩百一十五天，計算出的最低刑期為十六年又一百五十天。

亞伯尼歌

9. 我要以另一項罪名對你判刑。你造成了最嚴重等級的傷害，比奪去別人的生命還要嚴重，但你的罪責很不一樣，陪審團的裁決顯示，雖然你想讓但以理受到傷害，但你從未想過傷害會很嚴重，當然也沒有想讓他死亡。

10. 我必須適用量刑委員會過失致死罪準則，但我完全相信你那天是在知道米煞有刀，而且他對但以理懷恨在心的情況下與他同行。你和他一起把但以理追到巷子裡困住，參與了一項有高度死亡或重傷風險的違法行為，你顯然或應該顯然知道這個行為的風險。如果你是成年人，這將使你的罪行被列入量刑起點為十二年監禁的類別，刑期範圍是八到十六年。

11. 至於其他加重事由，我發現你或者參與了策劃，或者協助策劃。在減輕事由部分，你幾乎沒有犯罪前科，也沒有暴力行為紀錄，這點我會當作對你有利的考量。

12. 綜合上述要素，如果你是一個成年人，我會判你十二年的監禁。然而，你犯罪時還不到十五歲，比米煞還小，我毫不懷疑他是主犯。我必須遵循另一份處理青少年犯的準則，我也是確實這樣做了。亞伯尼歌，適當考量到你非常年輕的年齡，我判你在少年矯正機構服刑八年。如果事情按照正常程序發展，你也表現良好，那麼你可以期望服刑四年即可申請假釋。你已服刑的時間將自動計入。

報導限制

還有最後一件事我必須處理。由於年齡的關係，米煞和亞伯尼歌至今都享有報導不得揭露其身分資訊的好處，除非我作出例外的指示，否則該命令會一直維持到每個人年滿十八歲為止。唯有我確信原來的命令對報導訴訟案件造成重大且不合理的限制，且撤銷命令符合公眾利益的情況下，我才會撤銷命令。我牢記本案的事實，以及兩個男孩身為兒童的權利和少年司法原則，兒少福利必須獲得高度重視，在行使免除匿名的權力時必須小心謹慎，不得馬虎。然而，兒少福利未必永遠比其他考量因素更重要，公眾有權接收公正準確的刑事訴訟報導，知道罪犯的身分和可能構成危險的人，除非有超越公眾合法利益的原因，不應限制刊登相關訴訟的報導。

青少年持刀犯罪對我們的社會造成嚴重傷害，在本案中，我注意到大眾對這種犯罪行為有強烈的正當關注，也注意到必須遏止這樣的罪行，而透露犯罪者的身分可以發揮這樣的遏止作用。在審酌所有相關因素後，我的結論是，應該取消限制。

附錄C

經二〇〇九年《驗屍官和司法法》（Coroners and Justice Act 2009）修訂的一九三八年《殺嬰法》（Infanticide Act 1938）。

第一條：殺嬰罪

（1）如果一名女子以故意行為或疏忽導致其未滿十二個月的孩子死亡，但在該行為或疏忽發生時，該女子尚未從分娩該嬰兒中完全恢復，或因分娩該嬰兒後哺乳影響，而致精神失衡，（若）情況如此，如非此項法案，應屬殺人罪（或過失致死罪），她則犯了重罪，即殺嬰罪，可處以刑罰，猶如該女子已犯誤殺嬰兒罪。

附錄D

這項罪行最高可判處十年監禁。量刑時，法官必須適用虐待兒童量刑準則，評估犯罪者的罪責和造成的傷害。罪責分三級（A～C），傷害分三類（一～三）。

A 高度罪責表現特徵包括但不限於：

- 長期和／或多次嚴重虐待事件，包括嚴重疏忽照顧
- 對受害者的無端侮辱和／或施行虐待行為
- 使用極大的力量或使用武器
- 未採取措施保護受害者免受涉及A類因素的犯罪行為的傷害
- 犯罪者對受害者負有專業責任（與犯罪有關的情況下）

B 中度罪責表現特徵包括但不限於：

- 使用極大的力量
- 長期和／或多次虐待事件，包括疏忽照顧
- 在涉及A類因素的案件中，保護受害者的措施有限

C 輕度罪責表現特徵包括但不限於：

- 由於精神障礙、學習障礙或成熟度不足，顯著降低了責任感；或犯罪者是家庭暴力的受害者
- 為保護受害者所採取的措施未達合理預期
- 疏忽程度低，或涉及一時或短暫的判斷失誤

第一類傷害

- 嚴重的心理、發展和／或情感傷害
- 嚴重的身體傷害（包括因疏忽而感染的疾病）

第二類傷害

- 落於第一類和第三類之間的情況
- 很有可能造成第一類傷害

第三類傷害

- 很少或沒有心理、發展和／或情感傷害
- 很少或沒有身體傷害

確定罪責／傷害程度後，會產生九種量刑選擇：

A1：量刑起點為六年，科刑區間為四至八年。

A2：量刑起點為三年，科刑區間為二至六年。

A3：量刑起點為一年，科刑區間為高級社區刑罰至二年六個月。

B1：量刑起點為三年，科刑區間為二至六年。

B2：量刑起點為一年，科刑區間為高級社區刑罰至二年六個月。

B3：量刑起點為高級社區刑罰，科刑區間為中級社區刑罰至一年。

C1：量刑起點為一年，科刑區間為高級社區刑罰至二年六個月。

C2：量刑起點為高級社區刑罰，科刑區間為中級社區刑罰至一年。

C3：量刑起點為中級社區刑罰，科刑區間為低級社區刑罰至六個月。

從起點開始，法官必須在區間內調增或調減，以反映出以下的加重及減輕事由：

加重事由：

- 在保釋、附條件釋放或釋後監管期間，或在違反現行法庭命令的情況下，曾被定罪或犯罪
- 未尋求醫療協助
- 在酒精或藥物的作用下犯罪
- 故意掩蓋罪行，或錯誤地將責任推給他人
- 未能回應有關行為的干預或警告
- 威脅阻止舉報犯罪行為
- 在另一名兒童面前犯下罪行

減輕事由：

- 沒有相關或最近的前科和／或有良好的品格／模範行為
- 配合調查和／或悔過
- 決心並展示解決成癮／犯罪行為的步驟
- 受撫養之親屬唯一或主要照顧者

● 需要緊急、密集或長期治療的嚴重醫療狀況
● 精神障礙、學習障礙或成熟度不足

詳細內容請參閱量刑委員會虐待兒童明確量刑準則。

附錄E

二〇〇三年《性犯罪法》（Sexual Offences Act 2003）第16（1）條。

如果十八歲或以上的人（A）符合以下條件，將構成犯罪：

（a）故意觸碰另一個人（B），

（b）這個觸摸屬於性行為，

（c）A在B的關係中處於一個受信任地位。

（d）……

（e）或是

（i）B未滿十八歲，且A不合理地相信B已年滿十八歲，或

（ii）B未滿十三歲。

如果一個人在教育機構照顧接受教育的未滿十八歲者，此人便處於受信任的地位。詳細內容請參閱第21條。

根據起訴書定罪後，最高刑罰為五年監禁。詳細內容請參閱第16（5）條。

附錄F

牛頓先生被指控性侵犯妻子，當他對她進行肛交時，他們的婚姻已經處於岌岌可危的狀態。他聲稱這是在妻子同意的情況下進行，而她表示並非如此。在一九八二年，無論女方是否同意，男性將陰莖插入女方的肛門，均構成肛交罪，但顯然，如果她同意了，對判決會有很大的影響。牛頓太太說，她的丈夫違背她的意願，試圖與她進行陰道性行為，但由於他喝醉了，所以沒有成功；當她想要逃跑時，他抓住她，並襲擊了她，然後繼續將陰莖插入她身上所有可用的洞。牛頓先生聲稱，在普通人眼中，他的行徑可能有點奇怪，但這是他們喜歡的方式，也是她想要的方式。他在老貝利就審，承認犯下肛交罪，他不得不認罪，因為無論哪一種說法，他都犯了罪，法官必須決定判刑依據。法官說，法律要求他盡可能接受被告的說法，而這不過是應用了我們的老友「舉證責任」，一般來說，這個責任落在檢察官身上，代表在任何問題尚未解決的情況下，法官必須採取對被告最有利的觀點，確實需要盡量採納被告的說法，但也許他覺得無法這麼做。總之，這位法官沒有採納牛頓先生的說法，而是依據檢方代表牛頓太太所提出的說辭進行判決。牛頓先生提起上訴，上訴法院表示，法官可以同意被告的說法，也可以聽取證據來驗證被告的口供，但他不能直接採納檢察官的說法。這項判決現在對我和所有法官都有約束力。

附錄G

在「衛報新聞和媒體有限公司（Guardian News and Media Ltd）訴AB & CD〔2014〕6 WLUK 320案」中，上訴法院裁定，法治是英國的無價之寶，也是英國的立憲基礎，司法公開原則是法治的標誌與保障，包括公開進行刑事審判、公布被告姓名等等。司法公開是普通法的基本原則，也是確保大眾對我們的法律制度保持信心的手段，例外情況罕見，必須以事實為依據，而且必須是必要的和相稱的，不得違背司法公開原則超過最低允許限度。然而，司法公開必須對更為根本的原則讓步，即法院的至高目標是秉公審理。因此，在國家安全背景下，堅持司法公開原則，很可能妨礙到司法工作，例如阻止檢察官起訴原本應該起訴的案件，在這種情形下，違背司法公開原則可能有正當理由。

附錄H

此項罪行最高可判處十四年監禁，最低可判處取消駕照兩年，並必須通過一項詳盡考試才能再取得。判刑時，法官必須適用危險駕駛致死的量刑準則。導致死亡事件總是將傷害程度提高到最高級別，然而，法官必須評估犯罪者錯誤駕駛的嚴重性，嚴重程度分三級（一～三）。

嚴重程度分級

第一級：相關駕駛行為涉及故意決定無視（或公然無視）道路規則，並明顯無視對他人造成極大危險，例如長時間、持續、故意的極差駕駛行為和／或大量飲酒或吸毒導致駕駛能力嚴重受損，和／或一組單獨或數量較少可將該罪行定為第二級嚴重程度的決定因素。

第二級：相關駕駛行為造成重大危險風險，例如極度超速、與他人競爭駕駛或明顯可避免的分心行為，如閱讀或發簡訊，或由於飲酒、吸毒、未按規定服藥或因已知疾病而導致駕駛能力受損，或一組單獨或數量較少可將該罪行定為第三級嚴重程度的決定因素。

第三級：相關駕駛行為造成明顯危險風險，例如超速駕駛／以不適合當時情況的速度駕駛，或明知缺乏足夠睡眠或休息，或明知車輛有危險缺陷或保養欠佳或裝載危險物品的情況下駕駛，或因嚴重危險操作導致短暫但明顯的危險，或在可避免的情況下分心駕駛，或未能充分考慮弱勢道路使用者。

第一級：量刑起點為三年監禁，科刑區間為七年至十四年

第二級：量刑起點為五年監禁，科刑區間為四年至七年

第三級：量刑起點為三年監禁，科刑區間為二至五年

從量刑起點開始，法官必須在區間內調增或調減，以反映出以下加重及減輕事由：

加重事由：

- 曾違反駕駛罪和／或在同一時間犯下其他罪行
- 不止一人死亡和／或重傷

- 無視警告
- 不負責任的行為，如不停車，謊稱受害者負有責任，或試圖急轉彎逃逸，將受害者甩出車外

減輕事由：

- 無意中飲酒或吸毒
- 犯罪者在碰撞中嚴重受傷
- 受害者是親屬的親密朋友
- 受害者或第三方之行為對碰撞和／或死亡負有重大責任
- 犯罪者缺乏駕駛經驗，導致犯罪行為發生
- 駕駛是為了應對一項經過證實的真正緊急情況，但實際情況無法完全構成「必要性」辯護

附錄 I

經二〇一二年《家庭暴力、犯罪和受害者（修正）法》（Domestic Violence, Crime and Victims (Amendment) Act 2012）修訂的二〇〇四年《家庭暴力、犯罪和受害者法》（The Domestic Violence Crime and Victims Act 2004）第5條。

第5（1）條規定，如果兒童或弱勢成年人（V）的死亡或嚴重身體傷害是由同一家庭成員且與V經常接觸者所造成，不僅造成傷害者負有責任，（如果有發生這種情況的重大風險）任何（i）知道或應該知道風險者，（ii）沒有採取他／她按理可預期採取之措施來保護V，以及（iii）該行為發生在他／她預見或應該預見到的情況下，也要追究其責任。

第5（2）條規定，檢方無須證明被告是造成傷害者或未能保護V免受傷害者。

第5（6）條規定，「兒童」係指十六歲以下者，「易受傷害成年人」係指十六歲或以上者，因身體或精神殘疾或疾病，保護自己免受暴力、虐待或忽視之能力嚴重受損。

第5（7）和（8）條規定，目前造成或允許受害者死亡的最高刑期為十四年，造成或允許受害者遭受嚴重身體傷害的最高刑期為十年。

詳細內容請參閱二〇〇四年《家庭暴力、犯罪和受害者法》第五條。

附錄J

一九九九年《兒少司法與刑事證據法》（Youth Justice and Criminal Evidence Act 1999）。

第16節和第17節確定有資格獲得特別措施協助其作證的證人。

第16條涵蓋所有在聽審時未滿十八歲的人，以及法院認為由於證人患有精神障礙、智力和社會功能嚴重受損，或身體殘疾或疾病而可能降低證詞品質的人。

第17條涵蓋所有法院確信其證詞品質可能因在訴訟中作證的恐懼或痛苦而降低的人。該條列出需要審酌的事項，例如被指控罪行的性質和情況、證人的社會、文化和種族出身等等。關於性犯罪或二〇一五年《現代奴隸法案》（Modern Slavery Act 2015）第1或第2條規定的罪行，原告證人主動具有資格。在各種各樣犯罪中，包括許多涉及或據信涉及槍枝或刀具的暴力犯罪中，證人都主動具有資格。完整清單和詳細內容請參閱一九九九年《兒少司法與刑事證據法》附表1A。

上述所提及的證據的品質包括其完整性、連貫性和準確性。

根據一九九九年《兒少司法與刑事證據法》第23～30條，上述特別措施包括：

- 保護證人不受被告和他人干擾的屏風
- 視訊連結，以便證人可在法庭外作證

- 在審判前錄製影片作為證人主要證據（a）；在反詰問和覆主詰問之前錄製影片（b）
- 法官和大律師脫下假髮和法袍
- 溝通協助，例如中間人、傳達員或通譯，或利用溝通協助或技巧
- 在牽涉性犯罪或受到被告以外的人恐嚇的案件，（除一名具名新聞代表外）大眾和媒體不得進入法庭

附錄K

如今，大律師每年必須接受一定時數的專業進修課程才能獲准繼續執業，很多課程傳授處理兒童與其他弱勢證人的最佳方法。獨立機構「律師之門」（The Advocate's Gateway，TAG）以「工具包」形式，針對弱勢證人和弱勢被告，提供基於實證的實用指導，這些工具包被廣泛認可為在法庭處理此類證人的適當方式。

附錄L

不適宜答辯：普里查德考驗

一八三〇年代，普里查德（Pritchard）先生因一項死罪出庭受審，從此案所衍生的法律至今仍舊困擾著我們，每當法院需要考慮被告身體狀況是否足以接受審判時，這個困擾就會浮現。現在這個問題幾乎總是與被告的心智能力有關，但普里查德先生的問題不是心智問題，而是他又聾又啞。安德森（Alderson）男爵如此裁定（in Pritchard（1836）7 C&P 303）：「有三點需要調查：——第一，犯人沉默不語是否出於惡意；第二，他是否能對起訴書進行答辯；第三，他是否有足夠的智力理解審判程序的過程，以便進行適當的辯護——知道他可以對他可能反對的任何（陪審團）成員提出質疑……」極少有裁定效力維持如此之久，男爵應獲頒長壽獎。上訴法院已經反覆審查這個問題，一九六四年《刑事訴訟（精神失常）法》（Criminal Procedure〔Insanity〕Act 1964）第４和４A條款做了些許變動，但「普里查德」仍然存在。然而，無論被告的心智多麼異常、怪異或明顯反常，只要他有能力指示律師、遵循審判程序和作證，他就可能被認為有足夠的能力接受審判。

如果有專家精神鑑定證據表明被告不適宜答辯，但在合理時間內可能恢復健康，那麼更好的做法可能是暫緩審理，觀察其恢復情況。然而，如果要處理這個問題，它是由法官單獨聽取專家證據來決定。如果辯方聲稱被告有殘疾，那麼辯方必須使法庭相信這一主張的可能性較高。如果是檢察官提出這項主張，必須以超越合理懷疑的證據來證明此事，如果被告被判適宜接受審判，審判程序就會按照正常程序進行，如果被告被判不適宜受審，就會成立一個陪審團，決定被告是否做了所指控的行為或疏忽，不考慮被告行動時的心理狀態。因此，在約書亞・古道爾一案，問題只在於他是否割斷了妻子的喉嚨，而他為什麼這樣做無關緊要。如果陪審團裁定他沒有做出該項行為，他就被宣告無罪。如果他們發現他確實做了該項行為，起訴就會暫停，直到被告有能力進行答辯（如果有的話），那時才能在某些情況下進行審判。在此期間，被告通常會被送往醫院或接受監管令。有鑑於發現無能力受審的後果，若被告有一個大有希望的辯護路線，更好的做法可能是延遲審判「不適宜」的問題，並允許控方提交證據，在審判達到可能要求被告提供證據的階段之前，看看證據是否失敗。

詳細內容請參閱一九六四年法第4A條。

附錄M

精神障礙辯護

在原則上，「精神失常」與「減輕責任能力」兩種精神障礙辯護之間有明確的區別，但在實務中未必容易分辨，兩種都涉及了犯罪者在殺人時的心理狀態。普里查德先生是不適宜答辯的經典案例，「精神失常」辯護的重要前例則是丹尼爾．麥克諾頓（Daniel McNaughten），他在一八四三年試圖暗殺當時的首相羅伯特．皮爾（Robert Peel），但最後只殺死了皮爾可憐的秘書。「麥克諾頓」也受到法規一些限制，不過同樣仍舊困擾著我們。

「精神失常」辯護需要被告由於心智疾病而處於理智缺陷之中，以致於他們不知道他們所做的行為的本質和特性；或者，即使他知道，他也不知道他所做的是錯誤的。「減輕責任能力」辯護需要他心智功能異常，這種異常源於公認的醫療狀況，嚴重損害他理解自己行為本質的能力和／或形成合理判斷的能力和／或行使自我控制的能力。這解釋了他所做的事情，例如引起或明顯促成他的行為。詳細內容請參閱一九五七年《殺人罪法》（Homicide Act 1957）第2條，該條已經由二〇〇九年《死因裁判官及司法法》（Coroners and Justice Act 2009）第52（1）條修正。

簡言之，如果約書亞·古道爾割開他妻子的喉嚨時，誤以為自己是在切週日的烤肉大餐，那麼可以以「精神失常」主張「殺人罪不成立」。如果他出於相信妻子在天堂比在人間更快樂的想法做了這件事，可以以「減輕責任能力」主張「殺人罪不成立」。

附錄N

根據量刑準則，因減輕責任能力判過失致死罪的最高刑期是無期徒刑，但大多數刑期落於三十至四十年之間，被告通常服刑三分之二。

第一個任務是評估被告實際承擔的責任程度（高度、中度或低度）。中度罪責量刑起點是十五年，科刑區間是十至二十五年。如有加重事由、相關前科、明顯預謀、造成不必要的痛苦，那麼量刑起點就會向上調整。如有減輕事由，例如品行良好、悔意，或者犯罪者為獲得心理疾病的協助做了真正持續的努力，那麼起點會往下調整。

必須考慮罪犯未來可能的危險性，並評估非刑罰性的「心理健康處置」是否比監禁更適當。如果需要刑罰，是否應該在轉入監獄之前先接受醫院治療。

詳細內容請參閱量刑委員會因減輕責任能力判過失致死罪的明確準則。

附錄O

二〇二〇《量刑法》附表21

2（1）如果（a）法院認為罪刑的嚴重程度……特別高，並且（b）犯罪者在犯罪時已年滿二十一歲，適當的量刑起點是終身監禁令（即永遠不得獲釋出獄）。

2（2）通常屬於第2（1）款的情況包括：

（a）殺害兩人或以上，且每宗殺人案涉及以下任何一項：

（i）有相當程度的預謀或策劃

（ii）綁架受害人或

（iii）性行為或虐待行為

（b）涉及綁架兒童或性行為或虐待動機的兒童謀殺

（c）殺害正在執行勤務的警察或獄警……

（d）為推動政治、宗教或意識形態事業目標而謀殺

（e）曾被判有殺人罪的犯罪者所犯的謀殺

3（1）如果（a）案件不屬於第2（1）項的範圍，但法院認為該罪行的嚴重程度……特別高，並且（b）犯罪者在犯罪時已年滿十八歲，則確定最低刑期的適當起點為三十年。

3（2）通常屬於第3（1）（a）款的情況包括：

（f）在二〇一五年四月十三日之前犯下的罪行中，謀殺執行職務的警務人員或監獄人員

（g）涉及使用槍枝或爆炸物的謀殺

（h）為獲得利益的謀殺……

（i）旨在妨礙或干擾司法程序的謀殺

（j）涉及性行為或虐待狂行為的謀殺

（k）謀殺兩人或更多人

（l）因種族或宗教敵意或與性取向有關的敵意而加重的謀殺

附錄P

在所有犯罪中，法官都必須確定造成的傷害和犯罪者的罪責程度。在所有過失致死案中，由於已經造成了死亡，傷害會是最嚴重等級。罪責的分類取決於過失致死的類型。

在非故意殺人或造成嚴重身體傷害的非法過失致死的類別如下：

A 以下情況可能顯示罪責嚴重

- 一個或多個罪責B類因素的極端特徵和／或
- 罪責B類因素組合

B 如果死亡是在以下非法行為過程中造成的，則可能顯示罪責較高

- 犯罪者的意圖不足以造成嚴重身體傷害和／或
- 犯罪者清楚或應該清楚具有很高的死亡或嚴重身體傷害風險和／或
- 藏匿、銷毀、污損或肢解屍體

C介於高度罪責和輕度罪責之間的案件顯示為中度罪責，包括但不限於在以下過程中所造成死亡的情況

- 違法行為涉及犯罪者造成傷害的意圖（或對是否會造成傷害漠不關心），其程度介於高度和低度之間和／或
- 逃脫較輕微罪行，或在進行較輕微罪行中，犯罪者扮演了較重要的角色

D如果死亡是在以下非法行為過程中造成的，則可能顯示罪責較輕

- 為了保護自己或他人（如果不足以成為辯護理由）和／或
- 犯罪者沒有造成任何傷害的意圖，也沒有明顯的超過輕微傷害的風險和／或
- 犯罪者在其中發揮了次要作用和／或犯罪者的責任因精神失常、學習障礙或成熟度不足而大幅降低

根據上述類別，法官將計算出以下的量刑起點和科刑區間：

A類：量刑起點為十八年監禁，科刑區間為十一至二十四年

B類：量刑起點為十二年監禁，科刑區間為八至十六年

C類：量刑起點為六年監禁，科刑區間為三年至九年

D類：量刑起點為兩年監禁，科刑區間為一年至四年

在失去控制的情況下過失致死的類別如下：

A 高度罪責的情況可能是

- 策劃犯罪活動……在失去控制之前
- 在其他嚴重犯罪活動背景下犯下的罪行
- 使用槍枝（無論是否帶到現場）
- 失控資格的觸發條件剛被滿足
- 藏匿、銷毀、污損或肢解屍體……

B 介於高度罪責和低度罪責之間的情況為中等罪責，因為

- 高度和低度罪責要件同時存在，互相平衡和／或
- 罪責介於高度罪責和低度罪責所描述的要件

C 如果失控資格的觸發條件代表極高程度的挑釁，可能顯示罪責較低。

根據上述類別，法官將計算出以下的量刑起點和科刑區間：

A類：量刑起點為十四年監禁，科刑區間為十至二十年

B類：量刑起點為八年監禁，科刑區間為五至十二年

C類：量刑起點為五年監禁，科刑區間為三至六年

與所有罪行一樣，在所有過失致死案件中，法官必須考慮到加重和減輕事由。

加重事由包括：

- 相關前科
- 在保釋或附條件釋放或在法院命令下所犯的罪行
- 罪行基於對受害人的宗教、種族、殘疾、性取向或跨性別身分的實際或假定敵意，或顯示出這種敵意
- 針對在執行其工作時的緊急救援人員所犯的罪行
- 犯罪者對受害人有暴力或虐待的歷史
- 透過脅迫、恐嚇或剝削而牽涉他人
- 對已故受害人造成重大心理或身體痛苦
- 犯罪行為發生時受害人正在執行公共服務或職責

- 犯罪行為發生時，犯罪者受酒精或藥物影響
- 持續存在的暴力行為
- 罪行涉及使用武器
- 違法行為使他人面臨傷害的風險
- 事件發生後的行動，例如試圖隱瞞證據

減輕事由包括：

- 無前科或無相關或最近的犯罪紀錄
- 良好的品格或模範行為
- 悔意
- 意圖造成嚴重傷害而非殺人
- 由受害者開始的暴力，或受害者對犯罪者有重大暴力／虐待史
- 需要緊急、密集或長期治療的嚴重醫療狀況
- 精神疾病或學習障礙
- 年齡和／或成熟度不足
- 受扶養親屬唯一或主要照顧者
- 坦承犯行

附錄Q

二〇二二年一月初，「女王訴Skuse, Graham, Ponsford和Willoughby案」的被告（稱為「the Colston 4」）無罪釋放。他們被指控參與推倒、損毀十七世紀布里斯托爾（Bristol）販奴者雕像[70]，並將雕像拖至河邊扔入水中，涉嫌刑事損害。審判時，被告不否認做了這些構成所指控罪行的行為，甚至聲稱他們的行為有正當的理由，因為雕像的存在讓人反感——但這不構成任何已知的辯護理由。陪審團判定被告無罪。

檢察總長曾表示要行使權力，將此事提交上訴法院，以闡明法律，但從某種角度來看，法律似乎非常清楚。

規則似乎是，陪審團有權打破規則。Vivat lex！[71]

70. 二〇二〇年六月七日，在英國南部城市布里斯托的一場萬人大遊行中，有示威者憤怒地將已有百年歷史的地方慈善商人愛德華．科爾斯頓（Edward Colston）的銅像給推倒、丟入河港。科爾斯頓是一名英國商人、奴隸販子、慈善家和保守黨議員，他在十七世紀時靠著黑奴買賣致富，雖然也積極回饋鄉里，廣作慈善，但也無法抹滅其種族剝削行為。

71. 拉丁語：「法律萬歲！」

致謝

衷心感謝幫助我完成這本書的每一個人，他們都付出了許多。首先感謝我在Curtis Brown經紀公司的經紀人艾莉絲・盧丹詩（Alice Lutyens），她堅持要我嘗試寫寫日常工作，並寬宏大量讓我一步步找出最好的呈現方式，沒有她無休止的督促與鼓勵，我不可能開始動筆。即使提起了筆，若少了Transworld出版社整個團隊的大力支持，我也完成不了這本書；謝謝蘇珊娜・韋德森（Susanna Wadeson）、帕齊・歐文（Patsy Irwin）、艾瑪・伯頓（Emma Burton）、凱瑟琳・考德雷（Katherine Cowdrey）、維夫・湯普森（Viv Thompson）、理查德・奧格爾（Richard Ogle）、傑克・史密斯（Jack Smyth）、丹・巴拉多（Dan Balado）、莎拉・斯嘉麗（Sarah Scarlett）和露西・貝雷斯福德・諾克斯（Lucy Beresford-Knox），當然，還有開啟這一切的安德里亞・亨利（Andrea Henry）。你們都棒極了，你們的無微不至讓我備受鼓舞，你們找到了我，我真的好幸運。

謝謝Curtis Brown Creative寫作學院的安娜・戴維斯（Anna Davies），她給了我一個課程的名額，使我踏上這段旅程。謝謝當地的書店，把安娜的傳單貼在櫥窗，吸引我去申請那個名額。我還要謝謝參加同一課程的學員，雖然只有六週時間，他們的支持和親切的陪伴卻持續了很久很久：阿莉亞（Aliyah）、傑夫（Geoff）、伊安（Ian）、路易絲（Louise）、齊拉（Ziella）——他們都是作家。

我的姊姊伊莉莎白（Elizabeth Mills）一直是我的第一個讀者，早在童年時就看過我的胡思亂寫，而她從未失去提出堅定、善意和建設性批評的習慣。謝謝妳，莉莎（Liz），沒有人能比妳更慷慨地付出時間幫助我。

我的丈夫伊恩・傑伊（Iain Jay）始終耐心地傾聽，該皺眉就皺眉，該點頭就點頭，在我沉溺於寫作的快樂時，繼續維持我們的生活秩序。親愛的伊恩，沒有你，我連第一章也寫不出來。

我謹向所有在過去四十六年多的時間與我一同走過法庭的人致以謙卑的感謝——大律師、法官、庭務員、書記官。也謝謝耐心的分案科長、法院工作人員、法官餐廳承包商、緩刑監護官、羈押候審室人員、安全人員、陪審團法警和為證人提供支持的志工。謝謝老貝利的每一個人，他們豐富了我的生活，陪伴在我的左右。最後，我有幸學到的大部分東西，都來自於法庭所服務的對象——證人、陪審員、被告、受害者以及他們的家人朋友。你們開啟了我的眼界，我感激不已。

國家圖書館出版品預行編目資料

成為惡人之前：老貝利法院最具聲望女法官的6個人性思辨 / 溫蒂．約瑟夫 著；呂玉嬋 譯--初版.--臺北市：平安文化, 2023.09 面；公分. -- (平安叢書；第768種) (我思；20)
譯自：Unlawful Killings: Life, Love and Murder: Trials at the Old Bailey

ISBN 978-626-7181-82-9 (平裝)

1.CST: 刑事審判 2.CST: 個案研究 3.CST: 通俗作品 4.CST: 英國

585.8 112012918

平安叢書第0768種
我思 20

成爲惡人之前

老貝利法院最具聲望女法官的6個人性思辨

Unlawful Killings: Life, Love and Murder: Trials at the Old Bailey

作　　者—溫蒂．約瑟夫
譯　　者—呂玉嬋
發 行 人—平　雲
出版發行—平安文化有限公司
台北市敦化北路120巷50號
電話◎02-27168888
郵撥帳號◎18420815號
皇冠出版社（香港）有限公司
香港銅鑼灣道180號百樂商業中心
19字樓1903室
電話◎2529-1778　傳真◎2527-0904
總 編 輯—許婷婷
執行主編—平　靜
責任編輯—蔡維鋼
美術設計—嚴昱琳
行銷企劃—鄭雅方
著作完成日期—2022年
初版一刷日期—2023年9月

法律顧問—王惠光律師

讀者服務傳真專線◎02-27150507
電腦編號◎576020
ISBN◎978-626-7181-82-9
Printed in Taiwan
本書定價◎新台幣480元／港幣160元